W0086519

Bibliografische Information der Deutschen Nationalbibliothek:
Die Deutsche Nationalbibliothek verzeichnet diese Publikation
in der Deutschen Nationalbibliografie; detaillierte bibliografische
Daten sind im Internet über www.dnb.de abrufbar.

© 2022 oekom verlag, München
oekom – Gesellschaft für ökologische Kommunikation mbH
Waltherstraße 29, 80337 München

Layout und Satz: Markus Miller
Lektorat: Christian Vierl und Jochen Abeling
Korrektur: Silvia Stammen
Umschlaggestaltung: Sarah Schneider, oekom verlag
Druck: Elanders GmbH, Waiblingen

ISBN: 978-3-96238-406-7

Michael W. Bader

WIRTSCHAFT OHNE MACHT UND GIER

Perspektiven einer postkapitalistischen Wirtschaftsordnung

Mit einem Essay von Gerhard Schuster zum Verhältnis von Demokratie und Wirtschaft

Inhaltsverzeichnis

Vorwort

Die hiermit vorgelegten Perspektiven einer postkapitalistischen Wirtschaftsordnung sind das Ergebnis eines über 40 Jahre dauernden Arbeitsprozesses und einer umfassenden Studienarbeit, welche aus unterschiedlichsten Quellen gespeist, von Mitgliedern der Achberger Schule zusammengetragen, kompiliert und in unterschiedlichen Zusammenhängen publiziert wurde.[1] Die Achberger Schule steht historisch in enger Verbindung mit dem sog. Achberger Kreis[2] (Gründungspartner der Partei Die Grünen) und ist aus der Arbeit des Achberger Instituts für Sozialforschung und Entwicklungslehre hervorgegangen, das 1972 von dem Soziologen Wilfried Heidt gegründet wurde.

Achberg war insbesondere in den 1970er- und 80er-Jahren ein wichtiges Zentrum geistig-politischen Aufbruchs und steht für eine Reihe von Initiativen und Unternehmen, welche um das 1971 gegründete Internationale Kulturzentrum Achberg (INKA) entstanden waren. Hierzu gehören neben dem Institut die Achberger Kaffee- und Teestubenbetriebe, der Kongress- und Tagungsbetrieb am Internationalen Kulturzentrum Achberg mit viel beachteten Veranstaltungen und Sommer-Universitäten sowie der Achberger Verlag. Hierzu gehörte auch die praktische Umsetzung neuer Wirtschaftsideen im Rahmen eines von Achberg ausgehenden Unternehmensverbandes, in den Jahren 1979–2000 mit ca. 20 Unternehmen aus unterschiedlichen Branchen und Bereichen.[3]

1 Einleitung

Ein Gespenst geht um in der Welt – das Gespenst des Kapitalismus –, gegen welches sich immer mehr kritische Stimmen erheben, von denen viele dem eher konservativen Lager zuzuordnen sind. So formuliert Papst Franziskus in seiner Enzyklika Fratelli tutti sehr direkt:»Es gibt heute in der Welt weiterhin zahlreiche Formen der Ungerechtigkeit, genährt von verkürzten anthropologischen Sichtweisen sowie von einem Wirtschaftsmodell, das auf dem Profit gründet und nicht davor zurückscheut, den Menschen auszubeuten, wegzuwerfen und sogar zu töten. Während ein Teil der Menschheit im Überfluss lebt, sieht der andere Teil die eigene Würde aberkannt, verachtet, mit Füßen getreten und seine Grundrechte ignoriert oder verletzt.«[4] Neben dem Papst könnte auch Kardinal Reinhard Marx angeführt werden, der bereits 2014 feststellte, dass man »über den Kapitalismus hinausdenken« müsse, »denn Kapitalismus ist nicht das Ziel, sondern wir müssen ihn überwinden.«[5] Und genau in die gleiche Richtung äußerte sich auch der ehemalige Bundesminister und langjährige Generalsekretär der CDU Heiner Geißler: »Der Kapitalismus ist genauso falsch wie der Kommunismus.«[6] Und nicht zuletzt fordert der ehemalige CSU-Minister für wirtschaftliche Zusammenarbeit und Entwicklung Gerd Müller die deutsche Wirtschaft dazu auf, zur Rettung des Klimas sich vom traditionellen Kapitalismus abzuwenden. »Der Immer-Weiter-Schneller-Mehr-Kapitalismus der letzten 30 Jahre muss aufhören.« – »Die Corona-Krise ist ein Weckruf an die Menschheit, mit Natur und Umwelt anders umzugehen. Ein Auslöser der Pandemie liegt auch im Raubbau an der Natur, in der Rodung der Regenwälder. Deswegen müssen wir umdenken und können nicht einfach zur Normalität der Globalisierung zurückkehren.«[7]

Wenn bereits aus traditionell-konservativer Sicht, die nicht im Verdacht steht, links-ökologische Weltverbesserung zu propagieren, so argumentiert wird, kann perspektivisch nicht davon ausgegangen werden, dass es bei einem andauernden »Weiter so« bleiben kann. Die internationale Völkergemeinschaft wird auf längere Sicht nicht akzeptieren, dass Finanzblasen, die die Wirtschaft gefährden, in einer kompletten Disparität von sogenannter Finanz- und Realwirtschaft, massivem Energiemissbrauch, Umweltbelastung sowie eklatanten Einkommens- und Vermögens-Ungleichverteilungen, inklusive davon ableitbaren antidemokratischen Entwicklungen, einfach nur fortgeschrieben werden können. Die Betterplace-Gründerin Joana Breidenbach weist darauf hin, dass heute 73 Prozent der Arbeitnehmer:innen keinerlei emotionale Verbindung zu ihrer Arbeit haben, während Burn-out- und Abwesenheitsraten steigen. Immer mehr sehen keinen Sinn darin, rein für Profitsteigerung zu arbeiten, sie wollen sich persönlich weiterentwickeln und einer Beschäftigung nachgehen, die sie als sinnvoll erachten.[8]

> Der grenzenlose Finanzmarktkapitalismus, eine hierzu vergleichsweise kleine Realwirtschaft mit Profit- und Wachstumszwang, massive Überproduktion, abnehmende Ressourcen, Vermögensakkumulation bei immer weniger Menschen etc. unter Wegfall überkommener Erklärungsmuster, all dies hat sich selbst mittlerweile ad absurdum geführt. Mangels kollektiver Akzeptanz sind deshalb fundamentale Veränderungen längst überfällig.[9]

Genaugenommen befinden wir uns bereits mitten in diesem Transformationsprozess, der realistisch gar nicht mehr aufgehalten werden kann. Die Frage ist nur, ob sich dieser gesellschaftliche Wandel zu einer gleichermaßen nachhaltigen wie auch reduktiven Moderne[10] – mit Mathis Wackernagel – »by Design oder by Disaster«[11] vollziehen wird, ob also die Menschen aus Einsicht oder gezwungen, durch massive soziale Verwerfungen, die notwendigen Schritte einleiten werden.

Neue Ideen, Zukunftsvisionen und realistische Utopien stehen jedenfalls in beachtlichem Umfang zur Verfügung. Immer mehr Wirtschafts-, Sozial-, und Politikwissenschaftler:innen aus vielen Ländern und Hochschulen, aber auch kritische Journalistinnen, Philosophen und auch ganz »normale« Menschen melden sich verschärft und höchst konstruktiv zu Wort. Elinor Ostrom, Lisa Herzog, Thomas Piketty, Maja Göpel, Mathias Horx, Richard David Precht, Harald Welzer, Kate Raworth und Tim Jackson stehen für viele andere, die eigentlich in ihren jeweiligen Einzelbeiträgen »zusammengedacht« werden müssen. Das meiste an wichtigen Vorüberlegungen zum Einstieg in eine konstruktive Moderne ist also eigentlich schon gesagt und müsste nur verbunden und in einen funktionierenden gesellschaftlichen Gesamtrahmen gepackt werden, der verhindert, dass Gemeinwohl immer wieder durch Eigennutz ausgehebelt werden kann. Deshalb gilt es, möglichst viele unterschiedliche Positionen der Gegenwart mit in die eigenen Überlegungen und Analysen einzubauen, zu überprüfen, wie andere die Problemlagen sehen, und sich genau damit auseinanderzusetzen. Zusammendenken eben! Es geht darum, möglichst viel Zeitgeist einzufangen und dabei aufzuzeigen, dass von unglaublich vielen Stimmen ein gemeinsamer Ton angeschlagen wird, der in die Richtung einer gemeinsamen gemeinwohlorientierten Zukunft schwingen könnte.

Es mangelt also nicht an Ideen und es steht der systemerhaltenden Rechtfertigungsformel »There is no Alternative« eine ganz neue Alternativlosigkeit gegenüber, nämlich schlicht die Notwendigkeit, unsere Lebensgrundlagen auf dem Planeten Erde noch rechtzeitig zu retten, wie Gerhard Schuster anlässlich der Gründungsveranstaltung der Initiative »Economy for Future« formulierte,[12] oder wie Kate Raworth feststellt: »Unsere Generation ist die erste, die in vollem Umfang erfasst, welchen Schaden wir unserem Planeten zufügen, und sie ist wahrscheinlich auch die letzte Generation, welche die Chance besitzt, etwas dagegen zu unternehmen.«[13]

Durchgreifende gesellschaftliche Veränderungen sollten perspektivisch auch nicht mehr allzu lange auf sich warten lassen, um nicht noch mehr Raum für Nationalismus und Populismus zu eröffnen. Denn die Einkommens- und Vermögenskonzentration des aktuellen Systems ist offenbar komplett außer Kontrolle geraten und führt zu immer weiter wachsenden sozialen Spannungen, wie nicht zuletzt auch Thomas Piketty in seinem jüngsten Buch »Kapital und Ideologie« feststellt.[14] Seiner Auffassung nach ist es der Mangel an einer wirklichen, »universalistisch angelegten politischen Perspektive, die Aussicht auf größere Gleichheit für möglichst viele eröffnet«, welcher identitären und nationalistischen Aufspaltungen in der Gesellschaft Vorschub leistet.[15] Deshalb gilt es, sich mit Zukunftsbildern für eine Wirtschaft von morgen mit neuen Einkommens- und Vermögensverhältnissen zu befassen, die dem Anspruch an Gerechtigkeit und Nachhaltigkeit entsprechen. Wie also könnte sie aussehen, eine Wirtschaft ohne Macht und Gier, was gibt es bereits an konstruktiven Antworten auf diese Frage?

2 Vom Ende des Kapitalismus

Wie es aussieht, sind die Tage des historisch bekannten Kapitalismus wohl ohnehin vorüber. Wie sich zeigt, bieten weder die klassischen wirtschaftlichen Verfahren eine Gewähr für eine sozial- und umweltverträgliche sowie am Gemeinwohl der Menschen orientierte Zukunftsentwicklung, noch taugen die geltenden Geldordnungen für den Einstieg in eine nachhaltige Moderne. Die alten Reparaturmechanismen ebenso wie die alten Erklärungsraster haben offensichtlich ausgedient. Besonders fragwürdig ist hierbei die Vorstellung einer »Selbststeuerung« des Marktes durch Angebot und Nachfrage[16] sowie des »freien Spiels der Kräfte« zwischen Anbietern und Käufern. Diese vermeintliche Selbststeuerung, die ohnehin praktisch nie zu funktionieren schien und die aus systematischen Gründen auch niemals funktionieren konnte, wurde in den letzten Jahren durch fiskalische Maßnahmen,[17] permanente Währungsmanipulationen und Leitzinseingriffe der Zentralbanken, insbesondere der FED und der EZB,[18] ad absurdum geführt.[19]

2.1 Kapitalismus, Neoliberalismus und der Markt

Kapitalismus steht ursprünglich für eine unter den Produktions- und Arbeitsbedingungen des späten 18. Jahrhunderts und frühen 19. Jahrhunderts entstandene Wirtschafts- und Gesellschaftsordnung, welche sich durch die Konstitution des privaten Eigentums an Produktionsmitteln sowie Grund und

Boden,[20] Konkurrenz und Wettbewerb, Zins und Zinseszins, das Prinzip der Gewinnmaximierung sowie des Wirtschaftswachstums und der erwähnten Selbststeuerung auszeichnet.[21] Hierbei wird »der Markt« als eine Art naturgesetzliche Größe betrachtet, der vor allem in ordoliberaler Lesart eine eigene Identität zugesprochen wird. Ein solches selbstwirksames Eigenwesen »Markt« gibt es allerdings nicht, es handelt sich bei dem, was wir heute als Märkte bezeichnen, eher um eine durch den Staat geschaffene Konstruktion und wirtschaftliche Ordnungsform, welche dieser durch permanente Anpassung entsprechender Rahmenbedingungen hinsichtlich Vertragsrecht, Eigentumsrecht, Rechtssicherheit, Monopolgesetzgebung etc. absichert.[22] Wie zu zeigen sein wird, ist vor allem die Erzählung von der »Selbststeuerung« der Märkte aufgrund der massiven Staatseingriffe der letzten Jahre und Jahrzehnte in der Wirtschaftspraxis de facto überholt.

Wie aber verhält es sich mit der dazugehörigen Wirtschaftstheorie, welche von Wissenschaft und Politik seit vielen Jahrzehnten kolportiert wird und die sich im Laufe der Zeit zu einer alle Bereiche der Gesellschaft durchdringenden Weltanschauung entwickelte? Die Rede ist von der Theorie des Neoliberalismus, wie diese von dem österreichischen Ökonomen und Sozialphilosophen Friedrich August von Hayek (1899–1992) entwickelt und publiziert wurde, der neben Ludwig von Mises (1881–1973) einer der wichtigsten Vertreter der sogenannten »Österreichischen Schule« und des Wirtschaftsliberalismus oder Neoliberalismus im 20. Jahrhundert war.

Wie auch Adam Smith und John Locke, sah Hayek die wirtschaftliche Ordnung als das unangestrebte Resultat menschlichen Handelns auf Grundlage der Wirkungsweise einer »unsichtbaren Hand«. Wenn sich alle Marktakteure an der Maximierung ihres eigenen Wohls orientieren, so das Credo, wäre der Nutzen für alle am größten. Diese unsichtbare Hand des Marktes überführe das eigennützige Verhalten der einzelnen Marktteilnehmer in das Wohl der Allgemeinheit. Smith formulierte im Originaltext wie folgt: »It is not from the benevolence of the butcher, the brewer, or the baker that we expect our dinner, but from their regard to their own interest. We address ourselves, not to their humanity, but to their self-love, and never talk to them of our own necessities, but of their advantages.«[23]

Nach Adam Smith wird also durch den Einzelnen, der nur seine eigenen Interessen verfolgt, ungewollt und unbemerkt das Wohl der Allgemeinheit gefördert. »Wir wenden uns nicht an ihre Menschenliebe, sondern an ihre Selbstsucht, und sprechen ihnen nie von unseren Bedürfnissen, sondern stets nur von ihrem Vortheile.«[24] So Smith, der den Eigennutz als eine mächtige Triebkraft und Leistungsmotivation bezeichnete.[25] Für Smith arbeitet jeder also stets in seinem eigenen Interesse: »Tatsächlich ist es nicht das Allgemeinwohl, sondern sein eigener Vorteil, den er im Blick hat«, aber »er wird in diesem, wie auch in vielen anderen Fällen von einer unsichtbaren Hand geleitet, um einen Zweck zu fördern, den zu erfüllen er in keiner Weise beabsichtigt hat«.[26] Auch wenn Smith eindringlich auf die Gefahren unternehmerischer Eigeninteressen hinwies, ebenso wie darauf, dass der Staat die Wirtschaft entsprechend zu bändigen habe, so hat doch diese Metapher von der unsichtbaren Hand eine maximale Wirkungsgeschichte im Sinne der Befürwortung des ungezügelten Marktes gezeitigt, wie nicht zuletzt auch der Ökonom Edward Robinson anmerkt: »Das große Verdienst des kapitalistischen Systems liegt darin, dass es ihm gelingt, die gemeinsten Motive der widerlichsten Menschen letztendlich für das Wohl der Gesellschaft zu vereinnahmen.«[27] Durch die angenommene Selbstregulierung des Wirtschaftslebens soll eine optimale Produktionsmenge und -qualität ebenso wie eine gerechte Verteilung der Güter und Dienstleistungen entstehen.[28] Nur der sogenannte »freie Markt«, so wird behauptet, bilde mit seinem Preissystem alle wichtigen Informationen ab und führe zu sinnvollen Allokationen und zum Nutzen der gesamten Gesellschaft.[29] Hierbei entziehen sich nach Auffassung von Hayek die Wirkprinzipien dieses Marktes der betrachtenden Analyse. Außerdem wäre die Kompetenz des Einzelverstands einzelner Marktakteure, sachgerechte Einzelfallentscheidungen treffen zu können, schlicht nicht gegeben. Ähnliches gilt für die empirische Nachprüfung seiner Axiome, welche wegen zu hoher Komplexität der Sachverhalte schlicht unmöglich wäre. Die Falsifizierbarkeit einer Theorie, so seine Auffassung, nehme in dem Maße ab, wie deren Komplexität zunehmen würde.[30]

Eigentlich sprechen diese Behauptungen für sich selbst, deshalb nur kurz zur Klarstellung: Weder kann begründet a priori von Grenzen der Kompetenz des Einzelverstands einzelner Marktakteure bezüglich sachgerechter Einzelfallentscheidungen ausgegangen werden, noch sollte die prinzipielle Falsifizierbarkeit einer Theorie, wegen deren angeblicher Komplexität nach geltender Wissenschaftsmethodik, in Abrede gestellt werden.

Walter Otto Ötsch arbeitet in seinem Buch »Mythos Markt. Mythos Neoklassik« detailliert heraus, dass mit dem Begriff des »Marktes« oder des »freien Marktes« auf eine rein fiktive Wirtschaft ohne jeden empirischen Beleg verwiesen wird.[31] Nach seiner Analyse gibt es in der Realität keinen solchen »Markt«, bei dem es sich demzufolge um eine Art ideologischer Figur und Kampfvokabel handelt, die allerdings über eine maximale internationale Wirkungsgeschichte verfügt.

Über viele Jahrzehnte hinweg hat dieser Kunstbegriff in Form der Ideologie und Begriffsbildung – auch der sogenannten »Sozialen Marktwirtschaft« – die ganze Welt beherrscht und bildete die Leitideologie der politischen und ökonomischen Entscheidungsträger ebenso wie den verbindlichen Erklärungsrahmen für Medien und Wirtschaftswissenschaften. Politiker wie Angela Merkel gehen bis heute von der Fiktion aus, dass unsere Demokratie »marktkonform« sein oder werden müsse, man dürfe den Markt in seiner eigenen Gesetzmäßigkeit nicht störend beeinflussen, um die Wirkungen der Marktmechanismen nicht zu gefährden, und es wäre »die parlamentarische Mitbestimmung so zu gestalten, dass sie trotzdem auch marktkonform ist, also dass sich auf den Märkten die entsprechenden Signale ergeben.«[32] Der Staat habe nach dieser völlig unbewiesenen These bei einem »Marktversagen« – wie z. B. der Finanzkrise 2008 oder der Corona-Krise – nur kurzfristig einzugreifen, um rasch wieder zu den selbstregulativen Mechanismen des Marktes zurückzukehren. »Man sollte ›ihn‹ – so meint Merkel – respektieren und seine Besonderheiten beachten. Vor allem müsse die Politik vermeiden, ›ihn‹ zu beunruhigen. Denn ›die Märkte‹ ›reagieren‹ sensibel auf das, was die Politik macht. Nicht die Politik müsse die Wirtschaft lenken, sondern ›Wir müssen die Märkte überzeugen‹.«[33] Dem »Markt« wird damit der Charakter eines Eigenwesens zugesprochen, welches in seiner Gesamtheit selbstständig agieren und für Ausgleich unter verschiedenen Interessen sorgen würde, genau wie ursprünglich von Hayek ideell veranlagt. So gesehen würden diese unsichtbaren Kräfte des Marktes auch für Merkel kein Chaos bewirken, sondern wiesen im

Gegenteil sich selbst regulierende Mechanismen auf, die ihre Wirkungen automatisch entfalten, ohne dass die Politik »eingreifen« müsse oder solle.[34] Diese Sicht auf ein immanentes und nicht zu konterkarierendes Eigenleben des Marktes lässt sich empirisch in keiner Weise ableiten, es gibt schlicht keinerlei Evidenz für diese Behauptung. Eindeutig nachweisbar allerdings ist die andauernde Wirkung dieses Denkmodells auf die tägliche Wirtschafts- und Gesellschaftspraxis. Denn »der Markt«, wie er heute postuliert und eben auch von Angela Merkel verstanden wird, steht für eine Gesellschaftsphilosophie und ein Weltbild, welches vor 100 Jahren von Ökonomen erfunden worden ist[35] und dabei mitgeholfen hat, den Status quo zu stabilisieren und eine wirksame Regulierung der Kapital- und Geldmärkte zu verhindern. Die logische Konsequenz aus diesem Denkansatz war die konsequente Privatisierung und Deregulierung, der Aufbau privater Alterssicherungssysteme, der Abbau des Sozialstaats und weltweit »freier« Handel und »freier« Kapitalverkehr. Dies war aus Sichtweise des Neoliberalismus auch richtig, denn der Markt würde sich schon selbst regulieren und selbst für wirtschaftliche Effizienz und Kontrolle sorgen, hat allerdings leider so nicht funktioniert!

Und genau hier findet sich die Schnittstelle zwischen dieser »Markt-Philosophie« und dem Kapitalismus als Gesamtphänomen. Im Glauben an die selbstregulierende Wirkungsweise des Marktes, in die eben nicht eingegriffen werden dürfe, konnte nicht nur ein fortgesetztes »Weiter so« bezüglich Arbeits-, Eigentums- und Kapitalbegriff durchgesetzt werden, es konnte auch das Finanzsystem immer weiter anwachsen und sich der Kapitalismus zu einem Finanz- oder Renditen-Kapitalismus wandeln. Ötsch erteilt aus diesen Begründungszusammenhängen berechtigterweise der scheinbar normativen Macht des Marktes eine klare Absage und macht damit den Raum frei, über Alternativen zum Vorhandenen nachzudenken.

Auch Jule Govrin befasst sich mit dem Leitspruch neoliberaler Politik, nach dem der Wirtschaftsliberalismus die einzig mögliche Gesellschaftsform darstellt, und verweist auf den Unsinn des Produktivitätsparadigmas und der Marktrationalität. Während das erste Axiom als Garant für Freiheit und Fortschritt, Gerechtigkeit und Wohlstand gilt, zeigt die Geschichte der Globalisierung der letzten Jahrzehnte, dass die sozialen Ungleichheiten zwischen Ländern sowie innerhalb von Ländern massiv zugenommen haben und der Markt also zumindest keine Garantie für Gerechtigkeit und Wohlstand aller dargestellt hat.[36] Ähnlich verhält es sich mit dem Prinzip der sog. Marktrationalität und damit der »Idee, dass dem Markt eine eigene Vernunft innewohne, die das wirtschaftliche Geschehen umsichtig lenke«.[37] Auch hier gibt es unzählige Beispiele dafür, dass der Markt keineswegs selbstständige Steuerungsaufgaben zum Nutzen aller übernimmt, Beispiele sind, wie erwähnt, die Finanzkrisen 2000 und 2008 und natürlich auch die Wirkungen der Corona-Pandemie[38], bei der nicht zuletzt auch eine deutliche Unterfinanzierung des Gesundheitssystems in vielen Ländern der Welt offenkundig wurde. Wie Rahel Jaeggi feststellt, habe die Pandemie logischerweise immer dort besonders drastische Züge angenommen, »wo Gesundheitssysteme nicht vorhanden sind oder solche Allgemeingüter unter dem Motto der Marktförmigkeit sehr stark runtergespart, prekarisiert worden sind.«[39]

Üblicherweise wird in diesem Kontext der Wettbewerb als entscheidender Garant für die optimale Versorgung der Verbraucher angesehen. Die herkömmliche Betrachtungsweise sieht im Wettbewerb »nach wie vor das beste Instrument, um Innovationskraft, Kundenorientierung und unternehmerischen Erfolg im Interesse aller zu fördern.«[40] Dies vor allem auch deswegen, weil ohne entsprechenden Wettbewerb eine Seite den Preis für ein bestimmtes Produkt diktieren könnte. »Würden hingegen die Teilnehmer auf einer Marktseite untereinander kooperieren und zum Beispiel ein Kartell bilden, könnten sie die andere Marktseite übervorteilen.«[41] Wie sich in den letzten Jahrzehnten marktwirtschaftlichen Kapitalismus allerdings eindrücklich feststellen ließ, war der Wettbewerb keineswegs Garant für die optimale Versorgung der Verbraucher. Dies weder unter dem Gesichtspunkt eines vernünftigen Umgangs mit Ressourcen noch bezüglich der Versorgung aller gesellschaftlichen Schichten mit den notwendigen Gütern und Dienstleistungen des täglichen Lebens.

Interessant auch die traditionelle Sicht auf Kartell und Monopol, welche ebenfalls am Beispiel der Raab-Stiftung exemplifiziert werden kann. Hier wird z. B. platt konstatiert, dass in Abwesenheit von Konkurrenzdruck stets Monopolbildungen einträten, was zu einer schlechteren Güterversorgung, höheren Preisen und damit zu »gesellschaftlichen Wohlfahrtseinbußen«[42] führe. In diesem Zusammenhang wäre anzumerken, dass in der Realität trotz massiver Konkurrenz eine z. B. im High-Tech-Bereich feststellbare Monopolisierung bei Google, Facebook, Amazon und Co. nicht verhindert, sondern durch Übernahmen und Aufkauf von Firmen, eine fortschreitende Monopolisierung geradezu beflügelt worden war, wie ganz grundsätzlich die neoliberale Marktwirtschaft systembedingt immer wieder zur Ausbildung von Oligopolen und Monopolen führt. Im Übrigen kann bei den drei genannten Beispielen keineswegs von »schlechter Güterversorgung zu höheren Preisen« gesprochen werden: Das Geschäftsmodell grenzt zwar alle potenziellen Wettbewerber aus und ist in hohem Maße undemokratisch, bietet aber erstklassigen Service zu vertretbaren Preisen, zumindest dann, wenn man den Wert der eigenen Daten außer Betracht lässt, die Google & Co ungefragt jeden Tag über uns erheben und die ohne Zweifel in diese Rechnung miteinbezogen werden müssten.

Gerade bei den genannten Wirtschaftsgiganten lässt sich noch ein weiteres wichtiges Phänomen bezüglich liberaler Markt-Sichtweisen aufzeigen. Wie Richard David Precht in seinem Buch »Künstliche Intelligenz und der Sinn des Lebens« darstellt, brachte das »zweite Maschinen-Zeitalter« nicht nur die digitale Beschleunigung und einen deutlichen Effizienzgewinn durch immer leistungsstärkere Computer, sondern auch mit Google, Facebook, Amazon und teilweise auch mit Apple eine ganz neue Art von Wirtschaftsordnung. »Der Plattform-Kapitalismus revolutionierte die liberale Ökonomie und veränderte ihre Spielregeln so stark, dass heute von liberaler Ökonomie und freien Märkten vielfach nicht mehr die Rede sein kann. Nicht nur beherrschen sehr wenige Firmen sehr große Teile des bedeutendsten Marktes, wie allgemein bekannt, sondern diese Firmen sind nun selbst der Markt.«[43] Sie sind vor allem deswegen zum eigentlichen Markt geworden, weil die ökonomische Bedeutung von Plattformen wie Amazon oder Alibaba und Suchmaschinen wie Google so groß geworden ist, dass viele Hersteller genau hier unbedingt und natürlich kostenpflichtig präsent sein müssen, um ihren Absatz zu gewährleisten. Die wechselseitige Verstärkung der unterschiedlichen Prozesse und Services, wie Geo-Lokalisierung, Suchmaschinen-Optimierung, User-spezifisches Profiling und entsprechende personalisierte Produktangebote etc. auf den betreffenden Plattformen, schafft erhebliche Marktvorteile für alle Mitwirkenden.

Und es gibt auch noch einen weiteren wichtigen Glaubensgrundsatz geltender Wirtschaftstheorie, die Erzählung vom Prinzip grenzenloser Bedürfnisse bei endlichen Ressourcen. Dieses Axiom ist ebenfalls von paradigmatischer Bedeutung für die Erklärung wirtschaftlicher Verhältnisse nach traditioneller Sichtweise und die Rechtfertigung geltender Wirtschaftspraxis. Wie z. B. Mankiw und Taylor in ihrem Standardwerk zur Volkswirtschaftslehre feststellen, gilt bislang immer noch weitgehend unwidersprochen: »Die Gesellschaft wird nie genügend Ressourcen haben, um Waren und Dienstleistungen in dem Maße zu produzieren, dass alle Wünsche und Bedürfnisse ihrer Mitglieder befriedigt werden können,«[44] es wird also immer um eine Art Verteilungskampf gehen und es wird nach dieser Sichtweise nie genug für alle geben, oder, wie dem führenden deutschen Lehrbuch der Betriebswirtschaftslehre zu entnehmen ist: »Die menschlichen Bedürfnisse sind praktisch unbegrenzt.«[45] Diese Annahme gilt allerdings nur, wenn das Prinzip des »Immer-Mehr«, das Prinzip der Gier und der Unersättlichkeit gleichsam als anthropologische Grundvoraussetzung gewählt wird. Wenn es also nicht darum geht, »wie viel« und »was« nach Gesichtspunkten des realen Bedarfs und der Umweltverträglichkeit hergestellt und angeboten werden soll, sondern darum, was mit maximalem Werbeeinsatz »an den Mann oder an die Frau« gebracht werden kann. Wenn also Bedürfnisse nicht nur stimuliert, sondern neu erfunden und neu geweckt werden: Wer hat z. B. noch vor wenigen Jahren »Stand Up Paddle Boards« gekannt, heute von keiner Wasseroberfläche mehr wegzudenken. Unter dieser Versuchsanordnung, und nur unter dieser, gilt das oben genannte Prinzip, welches Nachhaltigkeit und Umweltverträglichkeit ignoriert oder als Werbegag instrumentalisiert, ganz zu schweigen von Qualitäten wie z.B. Bescheidenheit, Genügsamkeit und Selbstbeschränkung, statt Wachstum, Wettbewerb und Eigennutz.

Die Autoren Lütge und Uhl bekennen sich z.B. ganz offen und ungeniert in ihrem 2018 erschienen Buch »Wirtschaftsethik« zum Prinzip des Eigennutzes: »Man kann das Eigeninteresse – innerhalb der geeigneten Rahmenordnung – gewissermaßen als eine ›moderne Form der Nächstenliebe‹ begreifen, da sie Wohlstand fördert und die Menschen dazu bringt, das zu produzieren, was ihren Mitmenschen am meisten nützt. [...]. Es gilt also nicht mehr der traditionelle Gegensatz zwischen gutem, altruistischen Verhalten und schlechtem Egoismus.«[46] Dieser Wegfall ethischer Prinzipien für die Gestaltung von Wirtschaft ist keine Einzelmeinung und wird z.B. auch von Hans-Werner Sinn bestätigt: »Die Wirtschaft ist keine ethische Veranstaltung. Wer sich ihr mit moralischen Ansprüchen nähert, hat die Funktionsweise der Marktwirtschaft nicht verstanden.«[47]

In Anbetracht dieser Fülle von wirtschafts-philosophischen Voraussetzungen wird schnell deutlich, dass es keineswegs um vorurteilsfreie wissenschaftliche Erkenntnisse und empirische Ableitungen bei der Beschreibung ökonomischer Abläufe geht, sondern um normative Setzungen zur Rechtfertigung von wirtschaftlichem Egoismus, Gier und Profitinteresse. Selbstverständlich gäbe es jenseits dieser Setzungen alternative Formen der Wirtschaftsgestaltung, bei denen es nicht um die Verwaltung grenzenloser Bedürfnisse bei endlichen Ressourcen ginge, sondern um ein vernünftiges und nachhaltiges Haushalten, jenseits des Prinzips der Maximierung von Eigennutz.

2.2   Das Auseinanderklaffen von Finanz- und Realwirtschaft

Betrachten wir nach diesem kurzen Ausflug in die Theorie des Marktes und einigen damit verbundenen Annahmen im Folgenden die praktische Seite dieser Märkte und ihrer wesentlichen Funktionsmechanismen. Hier in der Praxis gibt es den »reinen« Markt im Sinne neoliberaler Vorstellungen erst recht nicht, denn der moderne Kapitalismus steht vor allem für eine Schönwetter-Wirtschaft, die permanent von einem starken Staat gestützt und schon in leichten Stürmen immer wieder von diesem gerettet werden muss. Das System funktioniert zwar heute immer noch irgendwie, weil der Staat, bei entsprechenden, der Bevölkerung schwer vermittelbaren, Übergriffen der Wirtschaft diese immer wieder in ihre Schranken verweist und entsprechend bändigt. Im Übrigen scheinen die Anhäufung großer Schulden bei Staaten, Unternehmen und Konsumenten sowie die nahezu unbegrenzte Versorgung der Märkte mit Liquidität durch die Zentralbanken die richtigen Maßnahmen zu sein, die das kapitalistische System künstlich am Leben erhalten.

Die Konsequenz der Dysfunktionalität oder schlichten Abwesenheit irgendwelcher selbstregulierender Marktgesetze hätte man spätestens nach der Finanzkrise 2008 ziehen können, denn seit damals befindet sich die Weltwirtschaft im fortdauernden Krisenmodus.[48] Die Wiederkehr des Wachstums insbesondere auch in den Schwellenländern des globalen Südens erweckte zwar den Eindruck, die Talsohle sei überwunden. Diese Hoffnung erwies sich allerdings als trügerisch, weil, trotz des Erstarkens der Realwirtschaft an einigen Stellen und des unvorstellbaren Aufschwungs der Finanzwirtschaft insgesamt, systemische Schäden sichtbar waren, die bereits lange vor der Corona-Krise festgestellt werden konnten.

Und damit zu dem praktischen Auseinanderklaffen von sogenannter Finanz- und Realwirtschaft. Unter Realwirtschaft[49] versteht man hierbei die Produktion, den Vertrieb sowie den Konsum von Gütern und Dienstleistungen. Der Finanzmarkt wiederum umfasst die Bereiche Geldmarkt, Devisenmarkt sowie Kapitalmarkt einschließlich Kreditmarkt,[50] wobei der Finanzmarkt massiv an Bedeutung gewonnen hat und die Realwirtschaft an Volumen und systemrelevanter Bedeutung in den Schatten stellt. So hat sich z. B. das weltweite Bruttoinlandsprodukt (BIP) 2018 auf insgesamt circa 84,9 Billionen US-Dollar erhöht, wobei USA, China, Japan und Deutschland hierbei mit einem BIP von rund 42,9 Billionen US-Dollar mit mehr als der Hälfte der globalen Wirtschaft vertreten sind.[51] Für das Jahr 2020 rechnete man – wie bei Statista ausgewiesen – mit 90,52 Billionen US-Dollar, wobei Corona-bedingt das weltweite BIP im Jahr 2020 gegenüber dem Vorjahr etwas sinken wird.[52] Diesem globalen BIP steht nun zum Zeitpunkt des damaligen Allzeithochs am 20. Februar 2020 ein Aktienmarkt mit 89 Billionen US-Dollar sowie Staatsanleihen in Höhe von ca. 60 Billionen US-Dollar[53], insgesamt also ein Volumen von fast 150 Billionen US-Dollar gegenüber. Dieses Verhältnis eines nahezu doppelt so großen Spekulationsvolumens zum globalen BIP ist komplett unverhältnismäßig und zeigt, wie insbesondere auch der internationale Finanzmarkt aus dem Ruder gelaufen ist. Große Unverhältnismäßigkeiten zeigen sich aber auch an aktuellen Unternehmensbewertungen, die z. B. im Jahre 2018 eine Marktkapitalisierung der börsennotierten Unternehmen weltweit in Höhe von rund 65,7 Billionen US-Dollar[54] aufweisen. Deutlich zeigt sich anhand dieser Zahlen ein massives Missverhältnis zwischen Real- und Finanzwirtschaft. Während die Realwirtschaft großen zyklischen Schwankungen und einem dramatischen Wandel von Industrie- und Produktions- hin zu Dienstleistungsgesellschaften unterliegt, explodiert der Finanzmarkt und zeitigt ein Wachstum in unvorstellbaren Größenordnungen.

Und es ergeben sich weitere Absurditäten wie zum Beispiel bei der Bewertung des E-Mobil-Herstellers Tesla. Das Unternehmen, das im Januar 2020[55] einen Börsenwert von mehr als 100 Milliarden US-Dollar aufwies und Volkswagen auf Platz 3 verdrängte, bewerkstelligte diese Kapitalisierung mit einer Anzahl von 376.000 verkauften Autos in 2019[56], die sich im Vergleich zu den VW-Produktionszahlen von 10,97 Millionen Fahrzeugen im selben Jahr[57] geradezu als surreal ausnehmen. Tesla ist Mitte August 2020 fast doppelt so viel wert wie die beiden absatzstärksten Autobauer der Welt Volkswagen und Toyota zusammen. Beachtlich natürlich auch die absurden Börsenbewertungen der klassischen Hightech-Giganten wie Apple, Google, Microsoft, Amazon oder Facebook, die zusammen fast ein Fünftel des Börsenindex S&P 500 ausmachen[58] und zusammen Ende Februar 2020 eine Marktkapitalisierung von unvorstellbaren 4,2 Billionen US-Dollar auf die Waage bringen. Wäre Apple z. B. eine in BIP gerechnete Volkswirtschaft würde dieses Unternehmen auf Platz 9 und damit vor Italien, Russland und vielen anderen rangieren.[59] All dies sind Absurditäten, die durch die Geldschwemme der Zentralbanken, Aktienrückkäufe und Ähnliches mehr hervorgerufen werden. Allein diese unvorstellbaren Größenordnungen zeigen deutlich, dass das System der Gier nach immer höheren Bewertungen notwendigerweise irgendwann an seine Grenzen stoßen und die aktuelle Blase platzen wird, es kann unmöglich einfach immer weiter nach oben gehen.

Aber nicht nur mit Aktien einzelner Firmen mit immer höheren Bewertungen wird gehandelt, es entstehen immer neue Finanzprodukte, die aus der Verbindung unterschiedlichster Einzelwerte, Korrelationen zu Indizes, Knock-out-Kriterien und sonstigen Merkmalen bestehen und durch ein riesiges Optionsgeschäft an den weltweiten Finanzmärkten weiter aufgebläht werden. Der Finanzkapitalismus verwandelt alle materiellen und immateriellen Zukunfts- und Gegenwartswerte in handelbare Finanzinstrumente und davon abgeleitete Derivate. In dieser Form wird jede Arbeit, jede Sache und jede Dienstleistung zu einem handelbaren Produkt[60] und ermöglicht entsprechenden Finanzinvestoren, Vermögen auf den Kapitalmärkten zur Anlage zu bringen und gleichzeitig über neue Instrumente zusätzliche Liquidität zu generieren, die dann wiederum erneut ertragreich angelegt werden kann.[61]

Zusammengefasst zeigt sich ein enormes Auseinanderklaffen von Finanz- und Realwirtschaft, bei dem unvorstellbare Kapitalakkumulationen insbesondere durch den Finanzsektor entstanden sind. Billionen an Marktkapitalisierung bei Einzelfirmen werden mittlerweile für ganz normal gehalten, man spekuliert – aus Angst, etwas zu verpassen (FOMO – Fear of missing out) – weiter auf deren Wachstum. Allein die Größenordnung aktueller Markt- und Unternehmensbewertungen zeigt die Maßlosigkeit, mit der das Prinzip wirtschaftlicher Gier wirkungsvoll umgesetzt wird. Kapitalanleger werden dabei in der Regel immer reicher, während sich die Realwirtschaft, auch in vormals lukrativen Branchen, wie z. B. der Automobilwirtschaft, großen Problemen gegenübersieht. Probleme, die nicht erst seit der Corona-Pandemie bestehen und längst gesamtgesellschaftlich und gemeinwohlorientiert hätten angegangen werden müssen. Würde beispielsweise auch nur ein Bruchteil der gigantischen Geldmengen, die täglich verspielt und gewonnen werden, in die Realwirtschaft und den nachhaltigen Aufbau von Infrastruktur, z.B. in den USA, gesteckt, wäre viel reales Umsatz- und Beschäftigungspotenzial unschwer freizusetzen. Ohne geldpolitische Dauerinterventionen und zentralplanerische Markteingriffe der Notenbanken wäre unser aktuelles Wirtschaftssystem wohl längst Geschichte.

Ein ähnliches Bild ergibt sich z.B. in den USA auch im Bereich fiskalischer Maßnahmen, insbesondere durch die Steuersenkungen des damaligen US-Präsidenten Trump in 2018. Hier wurde spätestens 2019 deutlich, dass, von den 500 wichtigsten Betrieben der US-Wirtschaft, 91 überhaupt keine Steuern bezahlt haben, obwohl diese insgesamt einen Gesamtgewinn von 100 Milliarden US-Dollar erzielten. Allein der Onlinehändler Amazon hat trotz 11 Milliarden Gewinn nicht nur keine Steuern bezahlt, sondern erhielt auch noch eine Steuererstattung von 130 Mio. US-Dollar. Unternehmenssteuern – ursprünglich ein wichtiges Finanzierungsmittel staatlicher Ausgaben – spielen hierfür nur noch eine untergeordnete Rolle. In Anbetracht dieser Zahlen kann jedenfalls festgehalten werden, dass Steuersenkungen durch den Staat und Steuervermeidung auf Unternehmensseite zu immer mehr Reichtum bei einigen wenigen, wie z.B. den Amazon-Eignerinnen, führen, ökonomisch kontraproduktiv sind und dem Gemeinwohl in keiner Weise dienen.

Ein besonders interessantes Beispiel für die Verzerrung wirtschaftlicher Realitäten und Bewertungsmaßstäbe sind auch die durch die Niedrigzinspolitik möglich gewordenen Aktienrückkäufe durch Unternehmen.[62] Mit billigen Krediten und überflüssigen Cash-Beständen werden solche Buybacks in globalem Maßstab durchgeführt, im 4. Quartal 2018 erreichte das annualisierte Volumen von Aktienrückkäufen der im S&P 500 notierten Unternehmen ein neues Allzeithoch von etwa 900 Milliarden US-Dollar.[63] Auch wenn die Rückkäufe seit diesem Peak etwas zurückgegangen sind, lagen sie im 3. Quartal 2019 immer noch bei etwa 700 Milliarden US-Dollar.[64] Nutznießer dieser Rückkäufe ist vor allem das Management, welches in der Regel eine ergebnisabhängige Vergütung erhält, die eben meist am aktuellen Aktienkurs gemessen wird.

Auf diese Weise sind zumindest in den USA die Unternehmen die größten Käufer ihrer Aktien geworden und setzen hiermit das ohnehin infrage stehende scheinbar freie Spiel von Angebot und Nachfrage gänzlich außer Kraft. Anstelle also in Fabriken, Maschinen, Produkte und Jobs investiert zu werden, wurden von den Unternehmen des S&P 500 in den vergangenen zehn Jahren fünf Billionen US-Dollar für eigene Aktien ausgegeben, wobei 90 Prozent der Firmen hierfür mehr als die Hälfte ihrer Gewinne eingesetzt haben. Auch wenn deutsche Firmen in diesem Bereich etwas vorsichtiger agieren, gibt es auch hier ein großes Aktien-Rückkauf-Programm. Dank der billigen Kredite der EZB kauften DAX- und MDAX-Unternehmen 2018 eigene Aktien im Umfang von 8,6 Milliarden Euro zurück und damit 20-mal mehr als 2009.[65] So haben viele Dax-Konzerne ihr Jahresergebnis durch Aktienrückkäufe und sonstige Bilanzkosmetik »aufgehübscht« und erhöhte Nettogewinne in Milliarden-Höhe ausgewiesen.

Zentralbank-Interventionen, Aktienrückkäufe oder Steuermaßnahmen verzerren die realen wirtschaftlichen Verhältnisse in so fundamentaler Weise, dass an keiner Stelle mehr von funktionierenden Marktprinzipien gesprochen werden kann. Hierbei von einem selbstregulierenden System des fairen Spiels von Angebot und Nachfrage auszugehen, ist geradezu absurd, denn der Staat, bzw. staatsähnliche Institutionen, greifen in riesigem Ausmaß in die wirtschaftlichen Abläufe ein und beeinflussen damit die realen Verhältnisse in der Real- ebenso wie in der Finanzwirtschaft. Das Auseinanderklaffen von Finanz- und Realwirtschaft und die damit verbundenen gigantischen Kapitalinvestitionen und Kapitalakkumulationen zeigen überdeutlich, dass hier ganz offensichtlich jede angemessene Verhältnismäßigkeit verloren gegangen ist und blanker Irrsinn herrscht. Die geschilderte Lage einer immer größer werdenden Schere zwischen Finanz- und Realwirtschaft und den umlaufenden Geldmengen und realen Wirtschaftsvorgängen sowie eines immer weiter anwachsenden Einflusses des Staats auf die Wirtschaft, hat sich mit der Corona-Pandemie weiter verschärft, wenn auch nicht grundsätzlich verändert. Die beschriebenen Probleme einer Wirtschaft, deren Funktionsfähigkeit von permanenten staatlichen Eingriffen abhängt, bestanden bereits deutlich vor der Pandemie, auch wenn sie durch diese noch vergrößert wurden.[66]

Während durch die weitgehenden Lockdowns von Wirtschaft und öffentlichem Leben die schnellste Rezession aller Zeiten eingeleitet und Millionen von Menschen in Kurzarbeit oder komplette Arbeitslosigkeit geschickt wurden, entwickelten sich die Aktienmärkte nach einem Rückgang von über 40 Prozent in wenigen Wochen zu einem neuen Allzeithoch. Die Wallstreet boomte, während nebenan Corona-Tote wegen kompletter Überforderung des US-Gesundheitssystems in Kühllastern untergebracht werden mussten. Die Wallstreet boomte dabei auch durch staatliche Wirtschaftshilfen, die direkt in die Finanzmärkte geflossen sind, indem

z. B. Corona-Hilfsgelder durch viele US-Bürger an der Wallstreet höchst spekulativ angelegt wurden.

Spätestens seit der Corona-Krise zeigt sich damit sehr deutlich, dass der immer wieder postulierte »freie Markt« eine reine Fiktion und liberale Wunschvorstellung ist und der Staat längst massiv in die Wirtschaft eingreift. Märkte können – vor allem unter Belastung und Stress – nur noch mit staatlicher Unterstützung arbeiten und überleben. Es gibt ihn also nicht, den reinen und freien Markt und der Kapitalismus funktioniert eben nur, wenn er von einem solchen starken Staat unterstützt, gebändigt und im Notfall gerettet wird.

Firmen und Betriebe wären ohne staatliche Vorleistungen wohl kaum in der Lage, ihre wirtschaftlichen Aktivitäten zu entfalten. Große Unternehmen und Kapitalgruppen verlangen nationale und internationale Absprachen zur Sicherung von Handel und Kapitalverkehr von ihren jeweiligen Staaten und nutzen gleichzeitig steuerliche und sonstige Unterschiede in den regionalen und nationalen Gegebenheiten zulasten eben dieser Staaten.

2.3   Fazit: Freie Marktwirtschaft bankrott

Der bislang immer noch vielfach für alternativlos gehaltene neoliberale Denk- und Handlungsrahmen einer »freien Marktwirtschaft«, welcher auf dem angeblich »freien Spiel der (Markt-)Kräfte« basiert, ist faktisch bankrott und damit Geschichte, bzw. hat in dieser Form nie existiert. Für die wachstumsorientierte und sich scheinbar selbst regulierende Wirtschaft klassischer kapitalistischer Prägung gilt: *Game over!*

Damit entfällt eine Neuauflage des historisch gescheiterten Kapitalismus als Leitidee eines nachhaltigen und gemeinwohlorientierten Zukunftsbilds für die Wirtschaft. Deshalb stellt sich die Frage, ob es andere brauchbare Zukunftsoptionen gibt, welche, nicht zuletzt auch als Folge des Corona-Ausnahmezustands, vielleicht sogar als tragfähig erkannt werden könnten.

Und hier kann vielleicht heute tatsächlich eine neue Qualität zivilgesellschaftlichen Aufbruchs ausgemacht werden, welche sich in Hunderten kritischen Veröffentlichungen – insbesondere auch von Fachwissenschaftlern, dem »Netzwerk Plurale Ökonomik« – in neuen pluralen Lehreinrichtungen[67], vielfältigen Formen zivilgesellschaftlichen Widerstands und Neuaufbaus auch international zum Ausdruck bringt. In der Tat könnte sich die Chance ergeben, auf die auch der Soziologe Hartmut Rosa hinweist, dass nämlich die Menschen »als kreativ handelnde Akteure eingespielte Pfade (zu) verlassen, geltende Reaktionsweisen und -ketten außer Kraft (zu) setzen und genuin Neues hervor(zu)bringen. Lasst uns die Moderne neu erfinden!«[68] Oder wie Richard David Precht meint: »Aber ein nachhaltiger Wiederaufbau, warum sollte er nicht möglich sein? Die jetzigen Maßnahmen sind alternativlos; die Rückkehr zur genau gleichen alten Normalität ist es nicht. Das Fenster, in Alternativen zu denken, steht sperrangelweit offen.«[69] Es mehren sich die Stimmen, die durch die Corona-Pandemie eine große Chance für substanzielle gesellschaftliche Veränderungen sehen. So argumentiert der US-Soziologe und Historiker Mike Davis kühn, dass jetzt mehr als nur ein zweiter »New Deal« anstünde und es um nicht weniger als »social ownership and the democratization of economic power«[70] ginge. Und auch die bekannte Globalisierungskritikerin Naomi

Klein sieht in der Corona-Krise die Chance für einen Evolutionary Leap (Evolutionssprung). Für sie geht es, etwas vorsichtiger als Davis formuliert, nicht gleich um einen neuen Eigentumsbegriff, aber doch zumindest um den genannten »Green New Deal«. »Instead of rescuing the dirty industries of the last century, we should be boosting the clean ones, that will lead us into safety in the coming century.«[71] Auch Thomas Piketty bekennt sich wie Mike Davis zu neuen Eigentumsformen, jenseits der im Kapitalismus systemisch bedingten Ungleichverteilung von Eigentum und Einkommen und argumentiert für einen partizipativen Sozialismus, der, insbesondere durch mehr Steuergerechtigkeit, für einen fairen Ausgleich gesellschaftlichen Reichtums sorgt. Die Einkommens- und Vermögenskonzentration des Kapitalismus im 21. Jahrhundert ist nach Piketty offenbar komplett außer Kontrolle geraten und führt zu wachsenden sozialen Spannungen. Seiner Auffassung nach ist es der Mangel an einer wirklichen, »universalistisch angelegten politischen Perspektive, die Aussicht auf größere Gleichheit für möglichst viele eröffnet,«[72] welcher identitären und nationalistischen Aufspaltungen in der Gesellschaft Vorschub leistet. Spaltungen, die in den USA, Europa, Indien, Brasilien, China und im Nahen Osten zu beobachten sind. »Wenn man die Menschen glauben macht, zu den bestehenden sozio-ökonomischen Verhältnissen und Klassenungleichheiten gebe es keine glaubwürdige Alternative, dann ist es kein Wunder, dass alle Hoffnung auf Veränderung sich auf die Feier der Grenze und der Identität verlagert.«[73] Deshalb wird man – wie eben auch Piketty – gar nicht darum herumkommen, sich sehr ernsthaft und grundsätzlich mit neuen Einkommens- und Vermögensverhältnissen zu befassen, die dem Anspruch an Gerechtigkeit und Gemeinwohl-Orientierung entsprechen.

Piketty entwirft in Kapital und Ideologie das Modell eines partizipativen Sozialismus, mit dem das Privateigentum und damit auch der Kapitalismus überwunden werden soll. Er setzt hierbei zum einen auf »Sozialeigentum und Aufteilung von Stimmrechten in Unternehmen«, zum anderen auf »Kapitalzirkulation und Eigentum auf Zeit.«[74] Während es sich bei seinen Vorschlägen zu Sozialeigentum und Stimmrechtsaufteilung um die Gestaltung von Mitbestimmungsrechten und die Deckelung der Stimmrechte in Unternehmen handelt, geht es nach Piketty bei Kapitalzirkulation und Eigentum auf Zeit um drei große Progressivsteuern: eine jährliche progressive Eigentumssteuer, eine progressive Erbschaftssteuer und eine progressive Einkommenssteuer. Mit Einnahmen aus den Eigentums- und Erbschaftssteuern in Höhe von 5 Prozent des Nationaleinkommens ließe sich z. B. eine Starthilfe in Form einer Kapitalausstattung für jeden jungen Erwachsenen von 25 Jahren finanzieren, die 60 Prozent des Durchschnittsvermögens eines Erwachsenen entspricht und für Piketty ein wichtiges Element gerechter Eigentumsverteilung darstellt.[75] Wichtig für Piketty ist auch die Bereitstellung eines garantierten Grundeinkommens, welches als garantiertes Mindesteinkommen für Personen ohne andere Mittel 60 Prozent des Durchschnittseinkommens ausmachen könnte.[76] Piketty belegt auf über 1.200 Seiten, dass das Wirtschaftswachstum in den Jahren 1950 bis 1980 angestiegen ist, obwohl in dieser Zeit hohe Einkommens-, Vermögens- und Erbschaftssteuern erhoben wurden und die Ungleichheit – statistisch nachgewiesen – in dieser Zeit tatsächlich zurückging. Es ist also nach Piketty durchaus möglich, die obersten Einkommens- und Vermögensschichten steuerlich höher zu beanspruchen, ohne die Wirtschaft dadurch über Gebühr zu belasten und Wachstum auszubremsen, unabhängig davon, ob genau dies, nach Auffassung der Autoren dieser Arbeit, vielleicht in Zukunft erforderlich sein wird. So engagiert, wohlmeinend und geradezu sozialrevolutionär Piketty argumentiert, so präzise er die Verhältnisse beschreibt und seine Ergebnisse statistisch sauber belegt, so wenig rüttelt er an den eigentlichen Grundwurzeln des Kapitalismus, nämlich dem Eigentumsbegriff und dem Wachstumsdiktat. Während Ersterer immer wieder neues übervorteilendes Eigentum und damit neue Unrechtsverhältnisse generiert, welche Piketty zufolge immer wieder erneut über Steuermaßnahmen bekämpft werden müssen, wird der Wachstumszwang als solcher nicht infrage gestellt, was allerdings dringend geboten wäre. Deshalb gilt es auch mit den Argumenten von Piketty und dabei über dessen Ansatz hinausgehend, gemeinwohlschädlichen Entwicklungen in der Wirtschaft aktiv entgegenzutreten, auch wenn es schon kurz nach 12 Uhr zu sein scheint.

3   Profit und Geld

Geltende Rechtsordnungen und insbesondere das geltende Eigentumsrecht ermöglichen ein von staatlichen Eingriffen weitgehend unabhängiges Wirtschaften, dessen konstitutives Merkmal das Streben nach Gewinn durch möglichst effiziente Ausnutzung der menschlichen Arbeit und der Naturgrundlagen darstellt.[77] Es gilt eine Wirtschaftsordnung, bei der die entscheidende Größe der private Gewinn darstellt, dem alle anderen Gesichtspunkte wie Umwelt- und Sozialverträglichkeit, Nachhaltigkeit und maßvoller Ressourcenverbrauch nachgeordnet sind.[78] Piketty definiert: »Grundlage des Kapitalismus ist die Konzentration wirtschaftlicher Macht in den Händen der Kapitaleigentümer. Eigentümerinnen von Immobilienkapital können sich prinzipiell aussuchen, an wen sie zu welchem Preis vermieten wollen, und Eigentümer von Finanz- und Gewerbekapital haben nach dem Prinzip ›eine Aktie, eine Stimme‹ die alleinige Kontrolle über die Führung von Unternehmen, was ihnen vor allem die souveräne Entscheidung darüber erlaubt, wen sie für welchen Lohn einstellen.«[79] Das Grundprinzip dieser Wirtschaftsordnung ist Wachstum, ohne welches der derzeitige Kapitalismus nicht existieren kann. Und genau diese Systemausprägung der Wirtschaft, hat die moderne Gesellschaft in die Klimabelastung ebenso geführt wie in immer wieder auftretende größere oder kleinere Finanz- und Wirtschaftskrisen. Die Wirtschafts- und Finanzsysteme der Gegenwart sind offensichtlich an ihre Grenzen gestoßen und genau deshalb ist eine Beschäftigung mit ihren Grundlagen angezeigt.

Im Kapitalismus wird nicht primär für reale menschliche Bedürfnisse produziert, sondern für einen gewinnträchtigen Absatz, wobei alle Unternehmen in einer ständigen und unmittelbaren Konkurrenz zueinander stehen. Sie unterliegen hierbei einem systemimmanenten Wachstumszwang, welcher in der Regel zu Ressourcen verschwendender Überproduktion, Misswirtschaft und Umweltbelastung führt.[80]

3.1 Von der Tauschwirtschaft zum integralen Wirtschaftssystem

Die Geschichte des Wirtschaftslebens weist mehrere Etappen auf, deren Ausgangspunkt die Selbstversorgerwirtschaft darstellt, in der sich Familien- und Stammesgemeinschaften grundsätzlich mit allem Notwendigen selbst versorgen mussten und autonome und autarke Wirtschaftseinheiten bildeten. Diese frühe Erscheinungsform der Wirtschaft wurde im Zuge einer sich langsam entwickelnden Differenzierung der Arbeitsprozesse (Arbeitsteilung) von der Warentauschwirtschaft abgelöst. Wirtschaftliche Leistungen wurden innerhalb dieser weiteren Entwicklungsphase unter den verschiedenen Wirtschaftssubjekten aufgeteilt und Warenwerte gegen Warenwerte getauscht. Diese Entwicklungsstufe fand nach der Vereinfachung des Warentausches durch Wertäquivalente wie Gold und Silber erneut ihre Ablösung durch die Geldwirtschaft. Geld wurde zum universellen Tauschmittel, auf welches bezogen die Warenwerte leichter getauscht werden konnten.[81]

Die Wirtschaftswissenschaft beschreibt die heutige komplexe Wirtschaftsordnung des Industriezeitalters als noch immer grundsätzlich tauschwirtschaftlich organisiert.[82] Mit

Geld kann man Waren, Arbeit, Kapital oder z. B. auch Gesellschaftsanteile an Unternehmen in Form von Aktien »tauschen«; mit Geld kann man buchstäblich alles kaufen. Geld kann sich – so die Vorstellung – durch Zins und Zinseszins selbst »vermehren«, es kann in Produktionsmittel »umgetauscht« oder in Grund und Boden »investiert« werden. Obwohl sich – wie zu zeigen sein wird – die wirtschaftlichen Prozesse nicht mehr als Tauschprozesse beschreiben lassen, verhält man sich so, »als ob« tatsächlich immer noch Tauschverhältnisse zwischen autonomen Wirtschaftssubjekten existierten, die mithilfe des Tauschmittels Geld ausgeglichen und harmonisiert werden könnten.

Anders als landläufig beschrieben, entstand allerdings bei genauerer Betrachtung mit dem Übergang der Wirtschaft von der Geldwirtschaft zu der hochkomplexen modernen Industrieform der Gegenwart ein Weltwirtschafts-Gesamtsystem, welches durch hochgradige Arbeitsteilung, Vernetzung und die fortschreitende Digitalisierung eine vollständig neue Qualität der Zusammenarbeit hervorgebracht hat. Diese moderne Wirtschaftsstruktur zeichnet sich durch eine hohe Interaktion jeder gesellschaftlichen Leistung mit jeder anderen aus. Unternehmerische Fähigkeiten, technisches Know-how, Erfindungen und Wissenschaftsergebnisse auch vergangener Generationen werden ständig weltweit angewandt.

Mit Eugen Löbl, zur Zeit des Prager Frühlings 1968 Direktor der Staatsbank in Bratislava, kann festgehalten werden: Jede gesellschaftliche Leistung hängt mit jeder anderen untrennbar zusammen, die Herstellung eines jeden Produkts in nahezu jedem Bereich ist von fast allen übrigen Produktionszweigen abhängig. Außerdem bedarf die moderne Massengüterfertigung eines komplexen Transport-, Bank- und Verteilungsnetzes.[83] Dieser bereits vor über 50 Jahren konstatierte Sachverhalt gilt für nahezu alle Fertigungszweige und zeigt, wie auch Lisa Herzog feststellt, dass die wirtschaftlichen Einzelfunktionen der jeweiligen Produktionsvorgänge ineinander verschachtelt und hoch integriert sind. »Wir stellen nur einen winzigen Teil dessen, was wir zum Überleben benötigen, selbst her, und wenn, dann oft mit Geräten und Hilfsmitteln, die wir wiederum nicht selbst erzeugt haben.«[84] Durch die beschriebenen Phänomene ist die moderne Wirtschaft – im Unterschied zu der tauschwirtschaftlichen Betrachtung – zu einem Gesamtsystem verschmolzen, welches dadurch charakterisiert ist, dass bei kaum einer der einzelnen Wirtschaftseinheiten eine komplett selbstständige Rolle bei der Schaffung von Wirtschaftswerten beobachtet werden kann. Alle Bereiche sind zunehmend aufeinander angewiesen und ein einzelnes Unternehmen, auch wenn es heute rechtlich selbstständig operiert und auf eigene Rechnung arbeitet, kann nicht mehr als vom Rest der Wirtschaft getrennte und damit autonome Einheit betrachtet werden. Es kann diese Gestalt der modernen Weltwirtschaft, die auf umfassender Interaktion beruht, sachgemäß als komplett vernetzt und verwoben oder, um mit Löbl zu sprechen, als »integrales System«[85] beschrieben werden. Moderne Produkte entstehen innerhalb eines solchen Systems nur unter der Mitwirkung vieler Akteure innerhalb eines Produktionsbereichs ebenso wie auch unter Mitwirkung von Institutionen außerhalb des Produktionsbereichs, wie Schulen, Hochschulen, Banken oder Verteilungsnetzen.[86] Moderne Fertigung ist damit auf das Engste mit Institutionen und Funktionen innerhalb und außerhalb eines spezifischen Produktionsbereichs verbunden, es gilt, wie Lisa Herzog formuliert: »Menschliches Wissen baut auf dem Wissen auf, das in der Vergangenheit erworben wurde. Kein Internet ohne Elektrizität, keine Verwendung von Elektrizität ohne die dafür grundlegenden physikalischen Erkenntnisse, die über Jahrhunderte reiften und die ein gemeinsames Erbe der Menschheit sind. Man kann sich deshalb durchaus die Frage stellen, ob neue Erfindungen und die mit ihnen erzielbaren Gewinne nicht in viel höherem Maß direkt der Gesellschaft zufließen sollten, anstatt von einzelnen Individuen oder Firmen abgeschöpft zu werden – schließlich bauen sie in hohem Maß auf diesem gemeinsamen Erbe auf.«[87]

3.2 Digitalisierung

Diese Funktionsweise der Wirtschaft im Sinne einer umfassenden Verbindung und Vernetzung jeder gesellschaftlichen Leistung mit jeder anderen wurde in den letzten 30 Jahren durch die Digitalisierung und das Internet weiter verstärkt, welche zu einer noch engeren Verbindung und Verschmelzung der gesellschaftlichen Leistungen führten.[88] Hierbei steht Information in einem völlig neuen Ausmaß abrufbar zur Verfügung und kann in Form riesiger Datenmengen (Big Data) zur Steuerung und Überwachung sämtlicher wirtschaftlicher und gesellschaftlicher Prozesse verwendet werden. Die moderne Wirtschaft basiert zunehmend auf Wissen und Information, wodurch immaterielle Ressourcen einen hohen Stellenwert im Produktionsprozess erhalten und die Wertschöpfung vieler Unternehmen aus dem intelligenten Umgang mit Wissen und Informationen resultiert, wobei Produkte immer wissensintensiver werden. Fortschreitende Digitalisierung und elektronische Kommunikation ermöglichen zunehmend eine bedarfsgenaue Organisation und Einrichtung von Güteraustauschprozessen. Hierbei kann über durchgängige Material- und Informationsflüsse entlang der gesamten Wertschöpfungskette eine effiziente Bereitstellung aller Leistungen sichergestellt werden.[89] Alle Wirtschaftsprozesse werden damit immer weiter ineinander verschachtelt, jede Leistung ist in immer noch größerem Maße von jeder anderen direkt abhängig. Digitalisierung und besonders auch das sogenannte »Internet der Dinge« (IoT) sorgen dafür, dass Prozesse nicht mehr nur parallel laufen, sondern eine komplette Synchronisierung aller wirtschaftlichen Abläufe stattfindet. Die hochgradige Verfügbarkeit von Information für alle Fertigungs- und Produktionsprozesse verstärkt ihrerseits die fortschreitende Vernetzung der Wirtschaft, durch immer weitere Verdichtung entsteht eine neue Dimension umfassender Integration.

> Aus den bislang entwickelten Überlegungen folgt, dass, aufgrund der hohen Vernetzung jeder gesellschaftlichen Leistung mit jeder anderen, die wirtschaftlichen Prozesse nicht mehr tauschwirtschaftlich beschrieben werden können, sondern ein hoch integriertes und integral vernetztes Ganzes bilden.

3.3 Geldkreislauf und Wirtschaftsleben

Die vorhergehende Darstellung elementarer Wirtschaftsabläufe ergibt ein von herkömmlichen Auffassungen abweichendes Bild der ökonomischen Verhältnisse, welches insbesondere auch für eine sachgemäße Beschreibung des Geldwesens von großer Bedeutung ist. Traditionell wird das Geld als universelles Tauschmittel und als handelbare Ware verstanden, mit dem, wie oben beschrieben, neben

Waren und Dienstleistungen auch Arbeit, Grund und Boden sowie Produktionsmittel erworben werden können. Wie vom Autor an anderer Stelle dargestellt[90], kann der Weg des Geldes durch die Wirtschaft allerdings nicht mehr nur als Tauschprozess verstanden werden. Betrachtet man die realen wirtschaftlichen Abläufe und die sie begleitenden Geldprozesse, so lässt sich rasch feststellen, dass das Geld ganz andere Funktionen erfüllt: Unternehmen erhalten von den Banken mit entsprechenden Laufzeiten versehene Kredite, um Einkommen für die Mitarbeiterinnen und Mitarbeiter zu finanzieren. Die Unternehmen verpflichten sich im Gegenzug dazu, die Fähigkeiten der Mitarbeitenden in den Betrieben entsprechend einzusetzen. Gelangt das Geld in Form von Einkommen an die Mitarbeiterinnen und Mitarbeiter, dient es dort zur Bestreitung des Lebensunterhalts und wird zu einem Bezugsrecht für benötigte Waren und Dienste. Aus der Rechtsbedeutung der Verpflichtung zum Einsatz der Fähigkeiten wird ein Anrecht auf den Bezug von Konsumgütern und Dienstleistungen. Das Geld, egal ob es als Giralgeld, Banknoten oder Münzgeld auftritt, ist jetzt eine rechtsgültige Anweisung und selbst keine Ware, die gegen andere Waren getauscht werden kann.[91] Wird Geld im Kaufakt eingesetzt, um entsprechende Güter und Dienstleistungen zu erwerben, ist auch diese Funktion erfüllt, das Geld verliert die Rechtsbedeutung eines Anrechts auf Warenbezug. Es gelangt, vereinfacht gesprochen, zurück in die Hände der Unternehmen, die es als Einkommen ausgegeben hatten. Hier schließt sich der Kreis, da die Unternehmen auf diese Weise in die Lage versetzt werden, ihre für die Verpflichtung zum Einsatz der Fähigkeiten sowie die für Rohmaterialien, Vorprodukte, Maschinen, Anlagen und Dienstleistungen gewährten Kredite entsprechend abzulösen.

Ein wichtiges Thema ist hierbei die Frage nach der Preisbildung, wie viel also kalkulatorisch auf die jeweiligen Waren und Dienstleistungen aufzuschlagen ist. Hierbei müssen zunächst die Kosten zur Abdeckung der Kredite für Einkommen, Investitionen sowie für die benötigten Rohmaterialien, Vorprodukte und Dienstleistungen einkalkuliert werden. Im Weiteren ist zu beachten, dass es gewisse Waren und Dienstleistungen gibt, die für einen höheren als den zur Bereitstellung benötigten Preis verkauft werden können, während andere Waren und Dienstleistungen durch gesellschaftliche Konvention unter Preis verkauft werden, z. B. weil sie uneingeschränkt allen Menschen als Grundversorgung zur Verfügung stehen sollen. Es wird also darauf ankommen, über die Preiskalkulation aller Warengruppen und Dienstleistungen für einen Ausgleich zu sorgen, sodass Unternehmen, die ihre Waren und Dienstleistungen unter Preis abgeben, über entsprechende Ausgleichsströme ebenfalls in die Lage versetzt werden, ihre Kredite für Einkommen, Rohmaterialien, Anlagen und Dienste etc. abzulösen. Wobei hier nicht etwa schlecht geführte Unternehmen subventioniert werden sollen, vielmehr soll dafür gesorgt werden, dass bei solchen Betrieben, die für ihre Waren oder Dienstleistungen, z. B. aufgrund gesellschaftlicher Übereinkünfte oder sachlicher Gründe, nicht oder noch nicht genügend erlösen können oder sollen, ein entsprechender Ausgleich erfolgt.

Wobei es innerhalb hochvernetzter Gesellschaften eher nicht darum gehen wird, dass jedes Unternehmen einzeln für sich seinen jeweiligen Anteil für notwendige Unterschuss-Finanzierungen in die eigene Preisbildung einzukalkulieren hätte. Dies wird über gesellschaftlich vereinbarte, z. B. warengruppenspezifische, Aufschlagparameter zu erfolgen haben, ähnlich den heute üblichen Besteuerungsverfahren, nur eben auf der Basis eines erneuerten Steuerverständnisses und auf Grundlage eines hierüber hergestellten demokratischen Konsenses. Damit geht es um einen aus unterschiedlichen Komponenten bestehenden generellen »Ausgleichsaufschlag« auf Waren und Dienstleistungen, über welchen entsprechend »ausgeglichen« werden könnte.

> Zusammengefasst könnte man sagen, dass es bei den gesellschaftlichen Geldkreisläufen um einen Ausgleich zwischen Überschüssen und Unterschüssen geht, also zwischen solchen Betrieben, die entsprechende Preise auf dem Markt erzielen können, und solchen, bei denen Unterdeckungen zeitweise oder dauerhaft gewollt sind. Auf diese Weise werden die Kosten der »Unterschuss-Betriebe« (z. B. Bildung, Soziales, Gesundheitswesen, öffentliche Verwaltung und Dienstleistung etc.) in die Kalkulation der Betriebe mit Überschusscharakter eingerechnet, wie dies auch, wenn auch unter anderen Vorzeichen, heute ohnehin durch Steuern und Abgaben der Fall ist.

Gestaltungsvorgaben für die Steuerung der gesellschaftlichen Ausgleichsprozesse werden sich aus der Arbeit bereits vorhandener Branchen-Cluster und neu zu bildender Beratungsgremien sowie unter Umständen auch durch KI-gestützte digitale Big-Data-Analysen ergeben können, die erforderliche Planungen und Entscheidungen vorzubereiten hätten und einen entsprechenden Bedarf bereits heute problemlos ermitteln können. Aus dem Dargestellten geht hervor, dass aufgrund der sachlichen Beschreibung der tatsächlichen und notwendigen Prozesse ein zusätzlicher Gewinnaufschlag, der im Unternehmen als Profit verbleiben würde, aus rein wirtschaftlichen Erwägungen weder gerechtfertigt noch notwendig wäre. Dies auch, weil, wie zu zeigen sein wird,

Zinsen auf Produktionskredite und Gewinnaufschläge als Risikoprämien für Unternehmer:innen, unter dem Gesichtspunkt einer am Gemeinwohl orientierten Wirtschaft, ebenso wie damit verbundene zusätzliche Kosten zukünftig entfallen können. Deshalb dient das von den Unternehmen eingenommene Geld primär der Rückführung der für die Finanzierung der Einkommen und Investitionen in Anspruch genommenen Kredite sowie dem dargestellten Ausgleich gesellschaftlicher Kosten. Geld hat also, richtig beschrieben, nicht die Funktion eines universellen Tauschmittels, mit dem Arbeit, Maschinen, Fabriken oder Grund und Boden eingetauscht werden könnten. Geld muss vielmehr als ein mit Berechtigungen und Verpflichtungen verbundenes Rechtsdokument angesehen und gehandhabt werden, mit dem über sachgemäße Steuerung dafür gesorgt wird, alles gesellschaftlich Notwendige zu finanzieren und Unterschüsse mit Überschüssen entsprechend auszugleichen.

> Gesellschaftlich geht es also darum, alle mit der Bereitstellung der erforderlichen Waren und Dienstleistungen verbundenen Kosten durch alle Unternehmen auf geeignetem Wege zu finanzieren. Dies gilt unabhängig davon, ob diese Kosten in erwerbswirtschaftlich operierenden oder gemeinwirtschaftlich orientierten Unternehmen entstehen. Solange es aus sachlichen Gründen und gesellschaftlichen Übereinkünften eine Unterscheidung in erwerbswirtschaftlich und gemeinwirtschaftlich ausgerichtete Unternehmen gibt, müssen die Unterschüsse der öffentlichen und heute steuerfinanzierten Unternehmen sowie alle sonstigen gemeinnützigen Institutionen und Arbeitsbereiche eben aus den Überschüssen der erwerbswirtschaftlich tätigen Unternehmen finanziert werden – wie denn auch sonst?

Versteht man das Geld in der beschriebenen Form, kann man es nicht mehr als Wirtschaftsgut betrachten, es gliedert sich als solches aus dem Wirtschaftsleben heraus. Geldprozesse können nicht mehr als Wirtschaftsvorgänge betrachtet und behandelt werden, sie begleiten diese steuernd und strukturierend.[92] Entgegen dieser Sichtweise kann das am Warenmarkt eingenommene Geld heute nach Belieben gegen Arbeit »getauscht«, von den jeweiligen Eigentümer:innen entsprechend privat angeeignet und damit auch z. B. in Produktionsmittel sowie Grund und Boden reinvestiert werden. Es wird das am Warenmarkt eingenommene Geld und hierbei insbesondere der Gewinnaufschlag auf die Kosten wie »individuell erworben« und »verdient« gehandhabt, obwohl an allen mit der Wertschöpfung verbundenen Prozessen immer das gesamte Wirtschaftssystem gemeinschaftlich beteiligt war. Die am Warenmarkt erzielten Erträge und kalkulierten Überschüsse als Gewinn und abschöpfbaren Ertrag zu betrachten, heißt, die Wirklichkeit wirtschaftlicher Wertschöpfung auf den Kopf zu stellen.

3.4   Vom Profit zum Gemeinwohl

Die Wirklichkeit wird auch dann auf den Kopf gestellt, wenn die Erwirtschaftung von Gewinnen als zentrale und einzig plausible Wirtschaftsabsicht verstanden wird, ohne die keine ökonomische Initiative vorstellbar sei. Werden die wirtschaftlichen Abläufe sachgemäß beschrieben, gibt es, unter anderem wegen des dargestellten »integralen« Charakters der modernen Wirtschaft und der dadurch gegebenen gegenseitigen Verbundenheit aller Leistungen, keine wirklich hinreichend begründbare Berechtigung für die private Aneignung gemeinschaftlich erwirtschafteter und gesellschaftlich finanzierter

Werte. Dies gilt vor allem auch wegen der bereits erwähnten kulturellen und wissenschaftlichen Leistungen heutiger und vorangegangener Generationen, die in jede Wirtschaftsleistung und damit auch in jeden Überschuss mit eingeflossen sind. Die ganze Gesellschaft ist also an jedem einzelnen eingenommenen Cent eines jeden Unternehmensertrags beteiligt.

Entgegen dieser Einschätzung wird allerdings immer noch davon ausgegangen, dass wirtschaftliche Tätigkeit ausschließlich aus Gewinninteresse stattfindet. Unternehmer:innen, so wird geargwöhnt, würden kaum Geld und Fähigkeiten einsetzen, wenn über den Bezug eines ausreichenden Einkommens hinaus nicht auch noch der Gewinn als Belohnung des eigenen Engagements winken würde. Bezeichnend ist in diesem Zusammenhang eine Argumentation der Wirtschaftskammer Österreich im Kontext der Auseinandersetzung mit der Gemeinwohl-Ökonomie (GWÖ): »So hat sich z.B. gezeigt, dass mit der Unterdrückung von Erwerbs- und Gewinninteressen auch die Bereitschaft zu Leistungssteigerungen aus eigenem Antrieb rapide abnimmt, weil sich eine freiwillige Leistungssteigerung für den Einzelnen nicht auszahlt.«[93] Fälschlicherweise wird mit der Behauptung einer Abnahme von Leistungssteigerungen bei Wegfall von Gewinninteressen auf staatssozialistische Wirtschaftsmodelle verwiesen, deren Versuchsanordnungen sich allerdings erheblich von den hier vorgestellten ebenso wie auch von den z.B. von der Gemeinwohl-Ökonomie vertretenen Überlegungen unterscheiden. Etatistische Wirtschaftsformen bieten keinerlei Identifikationsmöglichkeiten mit dem jeweiligen Arbeitsplatz, Unternehmensziel und wirtschaftlichen Gesamtmodell. Hierauf, und nicht auf die Abwesenheit maximaler Bereicherungsmöglichkeiten Einzelner auf Kosten aller anderen, ist die ausbleibende Motivation und in der

Folge die fehlende Innovation und Optimierung wirtschaftlicher Leistung im Staatssozialismus zurückzuführen.[94]

Dennoch stellt sich an dieser Stelle die Frage nach dem Profitinteresse als funktionierende Motivation für Unternehmer:innen, ohne die scheinbar niemand bereit wäre, zu arbeiten und zu investieren. Dass Profitinteresse heute noch eine große Rolle spielt und viele wirtschaftlichen Tätigkeiten wahrscheinlich ohne diese Profitperspektive gar nicht stattfinden würden, steht aufgrund traditioneller und nicht weiter reflektierter Denk- und Handlungsgewohnheiten sicherlich außer Frage. Außer Frage steht allerdings auch die immer wieder nachgewiesene Tatsache, dass der Mensch ein fundamentales Interesse daran hat, seine Fähigkeiten möglichst nutzenstiftend in die Gemeinschaft einzubringen, um gemeinsam mit anderen einen konstruktiven Beitrag zum Gemeinwohl zu leisten.

Hier wäre z. B. die Maslowsche Bedürfnispyramide ins Feld zu führen, deren unterste drei Stufen die sogenannten Defizitbedürfnisse abdecken (physische Grundversorgung, persönliche Sicherheit sowie soziale Beziehungen), gefolgt von den sogenannten Wachstumsbedürfnissen, mit sozialer Anerkennung beziehungsweise individuellen Bedürfnissen (Status, Geld, Macht, Karriere). Die Spitze der Pyramide liegt in der Selbstverwirklichung, dem Erkennen und Entfalten des eigenen Potenzials. Gelderwerb und persönliches Profitinteresse rangieren hier auf einer mittleren Relevanzebene. Dieser unmittelbar einleuchtenden Einschätzung Maslows fehlte bis vor einigen Jahren eine wissenschaftliche Erhärtung, die mittlerweile von Wissenschaftler:innen der Universität in Illinois[95] auf Grundlage des Gallup World Poll nachgeliefert wurde und welche die Darstellung von Maslow im Wesentlichen bestätigt.[96]

Als vielleicht noch wichtiger als die Rückbesinnung auf Maslow könnten Untersuchungen von Daniel Kahnemann und Angus Deaton angesehen werden,[97] die herausgefunden haben, dass statistisch das Lebensglück offensichtlich ein Maximum bei einem bestimmten Jahreseinkommen erreicht und auch durch höhere Bezüge nicht wesentlich optimiert werden kann. Festgestellt werden konnte, dass sich z.B. ab einem – allerdings bereits relativ hohen – Jahreseinkommen zwischen 80.000 und 100.000 Euro kaum noch ein Zusammenhang zwischen mehr Geld und Zufriedenheit messen lässt.[98] Diese Forschungsergebnisse aus dem Jahr 2010 mögen sich heute etwas verändert haben, stimmen aber auch z.B. mit dem als »Easterlin-Paradox« bezeichneten Phänomen überein,[99] nach welchem die durchschnittliche Zufriedenheit der Menschen ab einem gewissen durchschnittlichen Einkommen nicht mehr ansteigt, wenn sich deren Einkommen weiter erhöht. Aus Sicht der Verhaltenspsychologie wäre also ein ständiges »Mehr« an Geld und Profit deutlich zu hinterfragen, zumindest insoweit es sich dabei um die Primärmotivation zum Einsatz der Fähigkeiten handeln soll, ohne die alle Räder stillstehen würden. Und so öffnet sich die Perspektive auf eine ganze Reihe völlig anderer Motivationsfaktoren, die sehr viel mehr mit der individuellen Arbeitsbefriedigung, der Freude am Einsatz der eigenen Fähigkeiten, einer möglichst hohen Umwelt- und Sozialverträglichkeit, neuer Gendergerechtigkeit, der Achtung der Menschenwürde und vielem mehr zu tun haben, als mit dem maximalen Ausleben der Gier nach immer höheren Profiten.[100]

Unter solchen Voraussetzungen wären für viele sehr gut verdienende Menschen auch geringere Einkommen denkbar, ohne dabei Zufriedenheit und Glück einzubüßen. Denn Einkommen bedeutet immer auch Konsum und der genau

muss aus globaler Sicht perspektivisch sinken, um den ökologischen Fußabdruck auf ein vernünftiges Maß zu bringen.

> Die moderne Geldordnung kann, genau betrachtet, nicht
> mehr tauschwirtschaftlich beschrieben werden. Offenbar
> hat sich unter den bestehenden Rechtsstrukturen eine neue
> Wirtschaftsordnung herausgebildet, die sich durch koopera-
> tive und latent gemeinwohlorientierte Strukturen auszeich-
> net. Man braucht eigentlich gar nichts Neues zu erfinden, im
> Kern ist alles Notwendige bereits in den Grundstrukturen der
> wirtschaftlichen Abläufe angelegt. Allerdings verhindern gel-
> tendes Eigentumsrecht sowie das Profitprinzip eine wirksame
> Entfaltung dieser Strukturen ebenso wie ein Tätigwerden der
> Menschen auf Basis ihrer wirklichen Motive. Die neue Wirt-
> schaftsrealität erfordert ein neues Geldwesen, welches nur
> durch geänderte Rechtsverhältnisse den geänderten Bedin-
> gungen angepasst werden kann.[101]

3.5 Money for Future – Zukunft von Geld, Zins und Profit

Das Profitprinzip erweist sich aus realwirtschaftlichen Gegebenheiten als in der Sache nicht gerechtfertigt und widerspricht der eigentlichen kooperativen Ausrichtung der
Wirtschaft, welche wie dargestellt vielfältige gemeinwohlorientierte Strukturen ausgebildet hat. Wenn also z. B. aus faktischen Gegebenheiten des Wirtschafts- und Rechtslebens
die Erlöse am Warenmarkt nicht länger privatisiert und in
Grund und Boden, Fabrikanlagen oder Produktionsmittel
reinvestiert werden können, entfällt automatisch das Berei-
cherungs- und Gewinninteresse und damit der bisherige

scheinbar wichtigste Motor für wirtschaftliches Handeln. Wirtschaftliche Prozesse dienen dann letztlich der Bereitstellung aller erforderlichen Waren und Dienstleistungen und dem Gemeinwohl, der Profit als wesentlicher Wirtschaftsmotor hat ausgedient.

Ähnliches gilt in übertragenem Sinne auch für das Bankenwesen, weil mit dem Wegfall des Profitprinzips als zentralem Motivationsfaktor auch die Bankfunktion zukünftig nicht mehr als eine gewinnorientierte und möglichst ertragreiche Wirtschaftstätigkeit verstanden werden wird, sondern als eine dem Gemeinwohl dienende Dienstleistungsfunktion.[102] Hierbei wird zukünftig das von einer Zentralbank geschöpfte Geld in der bestmöglichen Weise für die Erfordernisse der Realwirtschaft und ohne wirtschaftliche Eigeninteressen bereitgestellt und sachgemäß (dezentral) verwaltet werden müssen. Die Bereitstellung von Krediten versteht sich dann nicht länger als gewinnträchtiges Geschäftsmodell, sondern als eine reine Serviceaufgabe der an das Zentralbanksystem angeschlossenen Banken, die mit entsprechenden Bearbeitungsgebühren abzugelten wäre. Eigenwirtschaftliche Aktivitäten der Banken, die mit unterschiedlichsten Finanzinstrumenten sowie mit Zins und Zinseszins ihrerseits Renditen »erwirtschaften« müssen, können entfallen. Das Verleihen von Geld gegen Zinsen ist ein den realen wirtschaftlichen Gegebenheiten und Erfordernissen wesensfremder Prozess und entstammt einem traditionellen Denken, welches suggeriert, dass ein Wirtschaftsgut verliehen würde, mit dessen Hilfe ein privat anzueignender Gewinn zu erwirtschaften wäre, von dem ein Teil dann wieder an den Verleiher abgetreten werden müsste. Wenn aber Kreditierungsvorgänge als Rechtsprozesse verstanden werden, wird rasch klar, dass natürlich auf Rechte keine

Verzinsung erfolgen kann. Der Zins erfüllt so gesehen gesellschaftlich keinen wirklich notwendigen, dem Gemeinwohl und dem Konsumenteninteresse dienenden Zweck, an dem sich einzig und allein wirtschaftliche Gestaltung orientieren sollte. Wenn allerdings Zins und Zinseszins in Zukunft entfallen würde, könnten sich völlig neue Denk- und Handlungsoptionen ergeben. Alle mit Zins und Zinseszins verbundenen Probleme, die mit dem Zwang der Erwirtschaftung einer entsprechenden Rendite aus dem Verleihen von Geld jeden Tag entstehen, würden hinfällig werden. Banken würden aus ihrer eigentlichen Aufgabenstellung heraus für sich selbst keine Geldgeschäfte mehr machen, sie würden – wie andere Betriebe auch – entsprechende Kredite erhalten, um die Fähigkeiten ihrer Mitarbeiter:innen einsetzen zu können. Diese Kredite würden, wie bereits erwähnt, über entsprechende Bearbeitungsgebühren refinanziert werden.

Geld kann auch hier im Kontext der Finanzmärkte nicht als Ware verstanden werden, mit dem Geschäfte durch Verleih und Verzinsung oder entsprechende Finanztransaktionen wie Leer-, Hebel- oder sonstige Spekulationen getätigt werden können. Und würden die wirtschaftlichen Grundprozesse in der beschriebenen Weise zu Ende gedacht, wären enorme volkswirtschaftliche Vorteile erzielbar, weil hohe Zins- und Zinseszinsbelastungen entfallen könnten, welche die realen Kosten für nahezu alle wirtschaftlichen Leistungen bis zu 30 % verteuern und reale volkswirtschaftliche Kostenverhältnisse komplett verzerren.[103]

3.6   Profit und Geld auf den Punkt

Der Sache nach beurteilt, verfolgen Unternehmen den alleinigen Zweck der Bereitstellung aller erforderlichen Waren und

Dienstleistungen. Produkte und Dienstleistungen werden angeboten, weil dafür ein entsprechender Bedarf besteht, dem unter Einsatz von Rohstoffen, Produktionsmitteln, Arbeitskraft etc. entsprochen werden soll. Profit und Zins, ebenso wie Profit durch Zins, sind Anachronismen, die künstlich am Leben erhalten werden, in Zukunft gesellschaftlich allerdings nur schwer durchsetzbar sein dürften. Es steht zu erwarten, dass sich kommende Generationen immer weniger auf den heute noch selbstverständlichen Wirtschaftszweck der Bereicherung Einzelner auf Kosten der Gemeinschaft durch Verdrängungswettbewerb und Absatzmarketing einlassen werden. Die Zukunft gehört mehr und mehr der Kommunikation aller Marktteilnehmer auf Augenhöhe und der Orientierung wirtschaftlichen Handelns an den Bedürfnissen der Verbraucher:innen, wenn wir in breiter öffentlicher Diskussion und durch demokratische Rahmensetzungen dafür die Wege öffnen.[104] Mit Christian Felber lässt sich hier der eigentliche Sinn der Wirtschaft mit der Sicherstellung eines »guten Lebens für alle« beschreiben. »Wirtschaftliche Tätigkeiten sind in die Kontexte Demokratie, Gesellschaft, Kultur und Ökologie eingebettet und dienen der Befriedigung der Grundbedürfnisse und der Erfüllung aller Grundwerte: dem Gemeinwohl. Die rechtlichen Spielregeln schützen diese Ziele und benachteiligen ihre Schädigung.«[105]

4 Lohn und Arbeit

Für jede Menge sozialen Sprengstoff sorgt der Sachverhalt, dass der Anteil derjenigen, die direkt oder indirekt am wirtschaftlichen Erfolg partizipieren, seit Jahren ganz offensichtlich abnimmt. Der Aufschwung der letzten Jahre kam keineswegs allen Bürger:innen und Berufsgruppen gleichermaßen zu Gute, Gewinner:innen waren insbesondere die Eigentümer:innen von Finanz- und Produktivkapital.[106] Das oberste eine Prozent der Einkommensbezieher:innen weltweit hat doppelt so stark wie die ärmeren 50 Prozent der Weltbevölkerung von diesem Wachstum profitiert.[107]

Ganz offensichtlich sind die nationalen und internationalen Ungleichgewichtsverhältnisse sozialer Sprengstoff für spätestens übermorgen, weshalb wir gut daran täten, bereits heute aktiv für weltweites Gemeinwohl und globale Gerechtigkeit im Hinblick auf Wohlstand und die ökologischen Lebensgrundlagen einzutreten – und dies auch für die kommenden Generationen. Wachsende Ungerechtigkeit bei Eigentum und Einkommen führt notwendigerweise zu Umverteilungskämpfen und Aufständen, ärmere Schichten in den Ländern Europas werden sich nicht für immer ruhigstellen lassen. Und wenn sich die Ärmsten der Armen aus den Ländern Afrikas, aus Syrien, Afghanistan oder dem Irak erneut und in Millionen-Anzahl auf den Weg übers Mittelmeer machen, wenn es einfach zu viele werden, die Hunger und Leid zu entfliehen suchen, werden wir diese Menschen nicht mehr an den Grenzen zurückweisen können und spätestens dann für globale Gerechtigkeit sorgen müssen.

Ungerechtigkeit allerdings gilt nicht nur in globalem Maßstab, auch in Deutschland hat die Einkommensungleichheit laut einer Studie des Wirtschafts- und Sozialwissenschaftlichen Instituts (WSI) der Hans-Böckler-Stiftung neue Höchststände erreicht. Wie aus Untersuchungen hervorgeht, hat der Gini-Koeffizient[108] Ende 2016 mit einem Wert von 0,29 um 2 Prozent höher gelegen als im Jahr 2005.[109] Und tatsächlich entwickelten sich die Reallöhne in Deutschland gegenüber dem Einkommen aus Vermögenswerten stark unterdurchschnittlich.[110]

Das gesellschaftliche Leben ist so organisiert, dass die Mehrheit der Bürger:innen ohne individuelle Erwerbstätigkeit nicht über ausreichende Einkünfte verfügen, die ihnen ein menschenwürdiges Auskommen gewährleisten,[111] die meisten Menschen müssen deshalb ihre Existenz in Lohnabhängigkeit durch Erwerbsarbeit sichern. Nachdem diese Arbeit im Wesentlichen durch Wirtschaftsunternehmen angeboten wird und der Wegfall oder die Reduktion dieses Angebots nach offizieller Lesart zu sozialem Notstand führen würde, scheint es für Wissenschaft und Politik ganz normal und selbstverständlich, »der Wirtschaft« grundsätzlich entsprechenden Vorrang einzuräumen. Dies bedeutet primär immer, auf die Rentabilität der Betriebe zu achten und gesellschaftliches Handeln stets an der wirtschaftlichen Effizienz auszurichten.[112] Dies gilt für den ungezügelten Ressourceneinsatz von Mensch und Natur ebenso wie für die Bedingungen, unter denen wirtschaftliche Arbeit in der Regel als Lohnarbeit stattfindet.

4.1   Arbeit als Arbeit für Andere

Wie bereits im dritten Kapitel ausgeführt, hat die moderne Wirtschaft nun aber aufgrund fortschreitender Arbeitsteilung, des Einzugs der Wissenschaften in die Produktion, der Digitalisierung sowie der Entwicklung des Internets eine komplett neue Gestalt angenommen, die auf hochgradiger Interaktion aller Teilnehmer beruht. Dies gilt auch dann, wenn trotz des eindeutig kollektiven Charakters der wirtschaftlichen Arbeit die Aneignung des gemeinschaftlich Erarbeiteten durch Einzelne privat stattfindet.[113] Wie festgestellt, hängt jede gesellschaftliche Leistung mit jeder anderen untrennbar zusammen, wobei unternehmerische Fähigkeiten, technisches Know-how, Erfindungen, Forschungsergebnisse – auch die vorangegangener Generationen – ständig weltweit angewandt werden. Alle Wirtschaftsbereiche und alle Leistungsanteile sind zu einem umfassend vernetzten und verbundenen Gesamtsystem verschmolzen.[114]

Ohne diese integrale Interaktion aller gesellschaftlich relevanten Arbeit ist die Entstehung moderner Produkte faktisch nicht mehr möglich. Betrachtet man die hohe Interaktionsdichte modernen Wirtschaftens, kann man feststellen, dass diese einen derart komplexen Zusammenhang jeder gesellschaftlichen Leistung mit jeder anderen hervorgerufen hat, dass die Arbeit eines Menschen in Bezug auf ein zu erstellendes Produkt nur in Verbindung mit der Arbeit aller anderen Menschen relevant ist. Nur aus einem Zusammenwirken aller am Wirtschaftsprozess beteiligten Menschen können moderne und arbeitsteilig erstellte Produkte überhaupt entstehen. Allein durch dieses Zusammenwirken entsteht wirtschaftlicher Nutzen, Mehrwert und gesellschaftlicher Reichtum.[115]

Abgesehen von der sozialpsychologischen Dimension, unter der jede:r Tätige meint, im Sinne der Selbstversorgung nur für sich selbst zu arbeiten, ist der konkrete Arbeitsvollzug jedoch niemals auf die/den einzelne:n Tätige:n selbst, sondern immer auf die Anderen bezogen. Für die Herstellung nahezu jedes Produkts ist die Summe aller an einem Wirtschaftsganzen Beteiligten notwendig und es existiert nur noch ein einheitliches Wirtschaftsganzes: die Weltwirtschaft. Die Arbeit einzelner Teilnehmer:innen des Gesamtsystems würde aufgrund der wirtschaftlichen Gegebenheiten nicht zu der Befriedigung auch nur eines einzigen seiner Bedürfnisse ausreichen. Selbstversorgungsvorgänge sind außerwirtschaftliche Ausnahmesituationen, die das Funktionsprinzip der modernen Wirtschaft nicht bestimmen.

Fremdversorgung hat dazu geführt, dass jede Arbeit eines Menschen faktisch immer für die anderen Menschen erfolgt. Der Beitrag des Einzelnen, jedes einzelne Arbeitsergebnis geht immer auf alle anderen über. Hieraus folgt, dass, rein wirtschaftlich betrachtet, Arbeit immer Arbeit für andere ist. Innerhalb einer auf Arbeitsteilung beruhenden Wirtschaft arbeitet prinzipiell jeder immer für den anderen und behält die Ergebnisse seiner Leistungen nicht für sich zurück. Folgerichtig müssen die Bedürfnisse des Einzelnen umgekehrt aus den Leistungen der anderen wirtschaftlich Tätigen befriedigt werden. Oder, um mit Lisa Herzog zu argumentieren: »Aber die allermeisten Formen von Arbeit erhalten ihren Sinn und ihre Bedeutung, indem sie ermöglichen, dass Güter oder Dienstleistungen für andere bereitgestellt werden; im Gegenzug profitiert man selbst von der Arbeit anderer. In Bereichen wie Pflege oder Erziehung liegt der soziale Charakter der Arbeit auf der Hand, aber auch Ingenieure, Juristinnen, Angestellte der Müllabfuhr oder Steuerberater arbeiten für andere.«[116]

Die Funktionsweise der Wirtschaft verhindert, dass dasjenige, was innerhalb einer arbeitsteiligen Produktion hergestellt wurde, von einem an dieser Produktion beteiligten

Einzelnen verbraucht werden könnte. Jedes arbeitsteilig hergestellte Produkt wird erst durch die Summe aller erforderlichen Leistungen vollständig, weil ein fertiges Produkt erst durch die Zusammenarbeit vieler Menschen entsteht, der Verbrauch eines arbeitsteilig erstellten Teilprodukts durch seinen jeweiligen Hersteller schließt sich ohnehin aus. Wie bereits festgestellt, ist Arbeit innerhalb der modernen arbeitsteiligen Wirtschaft immer auf andere bezogen und dies nicht aus moralischen und ethischen Gründen, sondern als Konsequenz faktischer Wirtschaftsabläufe, deren Gliederung und Teilung genau dieses Phänomen bewirken. Damit haben die wirtschaftlichen Grundprozesse eine Art sozialen und potenziell altruistischen Charakter angenommen, der darin besteht, dass ein einzelner am Wirtschaftsleben Beteiligter gar nicht für sich selbst arbeiten kann und der maximale Nutzen für alle durch die weitestgehende Abgabe des individuellen Leistungsergebnisses an alle anderen entsteht. Je mehr diesem Prinzip entsprochen wird, umso besser funktioniert das Gesamtsystem. Je mehr also mein Interesse an der Befriedigung der Bedürfnisse meiner Mitmenschen orientiert ist, desto besser geht es allen und umso besser geht es indirekt auch wiederum mir. Letzteres allerdings nicht, wie heute üblich, auf Kosten der anderen, sondern zum gemeinsamen Nutzen aller.[117]

Eine interessante Erweiterung erfährt dieser Gesichtspunkt nochmals durch Lisa Herzog, die in diesem Zusammenhang auf Émile Durkheim und damit auf einen der Begründer der modernen Soziologie verweist: In seinem Werk »Über soziale Arbeitsteilung«[118] begründet Durkheim bereits 1893, dass die Arbeitsteilung keinesfalls im Gegensatz zur Entwicklung der individuellen menschlichen Fähigkeiten steht. Dies vor allem dann nicht, wenn die Menschen die

Chance hätten, den ihren Fähigkeiten gemäßen Platz innerhalb einer arbeitsteiligen Wirtschaft zu finden und dort sich auf ein bestimmtes Gebiet zu konzentrieren und entsprechend in die Tiefe zu gehen. Unter dieser Voraussetzung in Verbindung mit dem Wegfall verzerrender Faktoren wie Ungerechtigkeit, Machtungleichheit und Zwang gäbe es keinen Grund anzunehmen, dass Arbeitsteilung grundsätzlich schädlich oder unmenschlich sei. Im Gegenteil könnten die Tätigen ein ganz praktisches Bewusstsein davon ausbilden, dass auch die anderen Individuen jeweils wichtige Aufgaben erfüllen und alle voneinander abhängig sind. Nach Herzog ermöglicht Arbeitsteilung die Entwicklung von unterschiedlichen Persönlichkeiten und bietet gleichzeitig die Chance, das »Ideal der menschlichen Brüderlichkeit«[119] Wirklichkeit werden zu lassen. Eine Brüderlichkeit, die wie von Papst Franziskus unlängst festgestellt,[120] dem Prinzip der Freiheit und der Gleichheit noch positiv etwas hinzufügt und zum Dialog, zur Entdeckung des Werts der Gegenseitigkeit und wechselseitiger Bereicherung einlädt.

Dies gilt auch, wenn diese Brüderlichkeit[121] in Form eines grundsätzlich wirkenden wirtschaftlichen De-facto-Altruismus, also der Tatsache, dass prinzipiell alle für alle anderen arbeiten, durch anachronistische und am Egoismus orientierte Rechtsordnungen überlagert wird. Wenn also an sich kooperative und synergetische Prozesse in ihr Gegenteil verkehrt werden und antisoziale Rechtsverhältnisse und Denkgewohnheiten den systemisch bedingten Altruismus stets mit Egoismus konterkarieren. Allerdings darf vermutet werden, dass jede gesellschaftliche Organisationsform, die diesem latent altruistischen Grundcharakter der modernen Wirtschaft zuwiderläuft, notwendigerweise kontraproduktiv wirkt, weil gewachsene synergetische Prozesse faktischer

Kooperation und Gegenseitigkeit mit hohem ökonomischem Nutzen durch die Einmischung von individuellen Ansprüchen und privaten Egoismen gestört und in ihr Gegenteil verkehrt werden.

4.2 Von der Unmöglichkeit der leistungsgerechten Entlohnung

Wie dargestellt, leisten alle produktiven Subsysteme der Gesellschaft – die Industrie, der Handel, das Transportwesen ebenso wie das Schul- und Ausbildungswesen, die Universitäten, die Landwirtschaft, die Banken usw. – ihren Anteil am Zustandekommen eines Einzelprodukts wie z. B. auch bei der Entstehung einer wirtschaftlichen Gesamtleistung. Es lässt sich allerdings in einer modernen hochvernetzten Wirtschaftsstruktur nicht mehr präzise überschauen, welche Fähigkeiten welchen genauen Anteil am Zustandekommen eines bestimmten Produkts hatten. Auch im einzelnen Unternehmen tragen alle Mitarbeitenden, wie z. B. die Produzierenden, die Kraftfahrerinnen, Packer, Planerinnen, Direktoren, Rechtsberaterinnen, Buchhalter, Vertreterinnen, Monteure, Raumpflegerinnen etc., zum Zustandekommen des Endprodukts ihren Teil bei. Der genaue wertmäßige Anteil des einzelnen arbeitenden Menschen lässt sich betriebswirtschaftlich jedoch nicht feststellen.[122] Ebenso wenig kann der Anteil irgendeines Menschen z. B. an der Gesamtleistung einer Volkswirtschaft festgestellt werden. Es gibt schlicht keine objektive Methode, den Einzelanteil festzustellen, und damit auch kein objektives Verfahren, menschliche Arbeit zu entlohnen, eigentlich lässt sich der individuelle Anteil nicht feststellen, den Einzelne, ein Unternehmen oder eine bestimmte Branche geleistet haben. Löhne und Gehälter sind in ihrer

Höhe damit entweder individuell durchgesetzt oder das Ergebnis von sektorspezifischen Vereinbarungen. Welchen tatsächlichen Anteil vom Bruttosozialprodukt die Arbeitsleistung für die Herstellung eines Produkts ausmacht, kann nicht im Preis ausgedrückt werden. Ebenso wenig gibt der »Preis der Arbeit« deren realen Anteil am Bruttosozialprodukt wieder. Preise sind vielmehr subjektiv vereinbarte und festgesetzte Einheiten,[123] die sich aus Gewinnspannen, Gehältern, Löhnen, Steuern etc. zusammensetzen, jedoch in keinem objektiven Verhältnis zum Bruttosozialprodukt stehen.[124]

Umgekehrt gilt, dass die Preise vor allem aus der Summe der Kosten und hierbei insbesondere der durch Einkommen verursachten Kosten berechnet werden. Damit erhalten weder die Unternehmerin noch ihre Mitarbeiter ihr Einkommen direkt aus Einnahmen durch Verkaufserlöse, die Einkommen sind kalkulierte Kosten im Rahmen der Gesamtfinanzierung eines Unternehmens und darüber hinaus. Es erhalten Mitarbeiter:innen und Unternehmer ihr jeweiliges Einkommen faktisch aus einem (Produktions-) Kredit der Kreditbanken, letztlich vor jeder Produktion. Damit erhalten alle Mitarbeitenden gleichsam als Voraussetzung für ihren Fähigkeiteneinsatz ein entsprechendes Einkommen von ihren jeweiligen Unternehmen ausbezahlt.[125]

Damit entfällt aus wirtschaftsfaktischen Gründen jede Möglichkeit einer wirklich »leistungsgerechten« Entlohnung menschlicher Arbeit ebenso wie die Möglichkeit, irgendwelche Wertäquivalente für Tauschprozesse einigermaßen sinnhaft abzubilden. Das bedeutet: Arbeit kann eigentlich nicht als Wirtschaftswert gehandelt und getauscht werden, weil keine Wertmaßstäbe, keine objektiven Bemessungsgrundlagen für den Wert der Arbeit vorliegen. Die Höhe des Einkommens wird sich deshalb am unteren Ende daran messen lassen müssen, ob es für ein menschenwürdiges Auskommen genügt, und am oberen Ende daran orientiert sein, ob es dem Rechtsempfinden im Rahmen der wirtschaftlichen Gesamtleistung entspricht.

Auch wenn der Anteil eines einzelnen Teiles innerhalb des Gesamtsystems nicht mehr zu ermitteln ist, hängt es natürlich von der Leistung einer Gesamtbelegschaft mit all den darin zusammenfließenden Fähigkeiten in großem Maße ab, ob ein Unternehmen hinsichtlich seiner Produkte erfolgreich ist und ein gutes oder ein schlechtes Betriebsergebnis aufweist. Doch ist eben der finanzielle Ausdruck dieses Ergebnisses, wie es als Marktresultat in Erscheinung tritt, von vielen anderen Faktoren zusätzlich abhängig. Die Theorie von der Spiegelung der Betriebsleistung im Betriebsergebnis im Sinne eines realen Verhältnismaßstabs zum Gesamtprodukt ist unter den genannten Gesichtspunkten nur schwer aufrechtzuerhalten.

Faktisch werden schon heute die Einkommensbezüge nach Art und Ausmaß der Arbeit, nach dem Umfang des Verantwortungsbereichs und vielen anderen Kriterien bemessen, nicht aber nach dem Wert des Arbeitserzeugnisses. Das Einkommen eines Menschen kann deshalb nicht als Gegenleistung für erbrachte Arbeit verstanden werden und muss der Sache nach als (Rechts-)Voraussetzung für den Einsatz der Fähigkeiten im Wirtschaftsleben gesehen werden.

Ein Einkommen ist der Sache nach eine rechtlich zu sichernde Voraussetzung für den Einsatz der eigenen Fähigkeiten, weil der Bezug eines Einkommens existenziell überhaupt erst die Grundlage für eine Tätigkeit im Wirtschaftsleben darstellt, ohne die keinerlei Fähigkeiten zum Einsatz gebracht werden können. Wie dargestellt, ist der Einkommensbezug offensichtlich ein Rechtsvorgang und kein Wirtschaftsvorgang. Einkommen versteht sich damit nicht als »Entgelt« für geleistete Dienste, ebenso wenig wie es als »Be-Lohnung« für erbrachte Leistungen betrachtet werden kann. Einkommen ist im Gegenteil überhaupt erst die Voraussetzung, dass Fähigkeiten eingesetzt werden können.

Gelderwerb als Anreiz zum Einsatz der menschlichen Fähigkeiten und als Belohnung für Leistung ist ein Anachronismus, wie auch der Begriff des »Leistungslohns«, auch wenn dieser als scheinbar wichtigste Motivation für Leistung und Mehrleistung der Arbeitenden erachtet wird. Aus Sicht der bereits zitierten Wirtschaftskammer Österreich spielt das Anreizdenken in konservativen Kreisen immer noch eine große Rolle. »Denn nur, wenn sich die Unterschiede in der Leistungsbereitschaft und in den Fähigkeiten auch systematisch im Gehalt widerspiegeln, bestehen überhaupt erst Anreize, für den eigenen Erfolg zu arbeiten und das eigene Leistungspotenzial auszuschöpfen. Folglich nimmt die Marktwirtschaft die Möglichkeit einer ungleichen Einkommens- und auch Vermögensverteilung nicht nur hin, sondern setzt sie sogar voraus.«[126] Es sei an dieser Stelle nochmals auf unsere Ausführungen im Kontext der Befassung mit dem Profitprinzip verwiesen, wie dieses unter anderem innerhalb von Kapitel 3 behandelt wurde.

Eine Begrenzung der Einkommensschere, wie z. B. von der Initiative für Gemeinwohl-Ökonomie (GWÖ) vorgeschlagen, zerstöre nach der österreichischen Julius Raab Stiftung wichtige Anreize, um überhaupt irgendwelche unternehmerischen Risiken einzugehen, und behindere Kreativität und Engagement in der Gesellschaft.[127] Diese Einschätzung wiederholt wohlbekannte Vorurteile, entbehrt allerdings jeder wissenschaftlichen Grundlage. Im Gegenteil kann nachgewiesen werden, dass der gesellschaftliche Zusammenhalt durch massive Einkommensdifferenzen immer weiter auseinanderbricht, weil diese mittlerweile jeder Vorstellung von sozialer Gerechtigkeit widersprechen. Dies ist ein großes soziales Problem, auch wenn der Vordenker liberaler Wirtschaftsordnung, Friedrich von Hayek, eine solche Gerechtigkeit hinsichtlich der Verteilung von Einkommen grundsätzlich in Abrede stellt, weil diese stets von gültigen Marktgesetzen überlagert würde, welche primär dafür verantwortlich seien.[128] Hier sind sie also wieder, die unsichtbaren Marktgesetze, die hier sogar eine allgemeine Lohngerechtigkeit verhindern sollen. Einkommensverhältnisse, die definitiv von sichtbaren und benennbaren Händen zum Nutzen einiger weniger gemacht werden. Wie bereits dargestellt, gibt es sie nicht, diese Gesetzmäßigkeiten eines eigenwirksamen Marktes.

Festzuhalten bleibt damit, dass nicht irgendwelche Marktgesetze für die zunehmende Ungerechtigkeit in der Verteilung gesellschaftlichen Reichtums verantwortlich sind, sondern vielmehr entsprechende von Menschen eingerichtete Mechanismen, deren Veränderung allerdings konkrete Interessenslagen entgegenstehen. Im Übrigen wird die grundsätzliche Wirksamkeit des Leistungslohns jedenfalls längst auch von wissenschaftlicher Seite infrage gestellt und durch gewichtige Forschungsbeiträge, wie z.B. des Nobelpreisträgers Joseph Stiglitz, in ein neues Licht gerückt, indem dieser klarstellt, dass der Leistungslohn in seiner positiven Funktion überschätzt wird und oft zu Überbetonung der Quantität und Unterbewertung der Qualität führen kann.[129]

4.3 Die Entkopplung von Arbeit und Leistung vom Einkommen

Wie dargestellt wurde, besteht das Grundprinzip moderner Wirtschaft nicht zuletzt darin, dass ein Einzelner wirtschaftsfaktisch gar nicht für sich selbst arbeitet und maximaler gesellschaftlicher Nutzen durch die weitestgehende Abgabe des individuellen Leistungsergebnisses an alle anderen entsteht. Wenn aber meine eigene wirtschaftliche Aktivität aus Gründen der modernen Wirtschaftsform stets auf meine Mitmenschen bezogen ist und meine Bedürfnisse faktisch immer nur durch die anderen wirtschaftlich Tätigen befriedigt werden können, muss das Verhältnis von Arbeit und Einkommen neu definiert werden. Die einzig vernünftige Konsequenz aus den bisherigen Überlegungen wäre eine Entkopplung von Arbeit und Leistung vom Einkommen und damit die grundsätzliche Absage an das Prinzip des Leistungslohns, welcher nach offizieller Lesart eine der wesentlichen Konstituenten zeitgenössischer Fähigkeitensteuerung und Arbeitsmotivation darstellt. Gehälter können wirtschaftslogisch in Zukunft nur schwer leistungsäquivalent bezahlt werden, entsprechende objektive und transparente Parameter sind nicht verfügbar. Werden im Umkehrschluss allerdings Arbeitsleistung und Einkommensbezug tatsächlich konsequent getrennt betrachtet, kann das Geld nicht mehr als Mittel zur Konditionierung und der täglichen Machtausübung verwendet werden, weil damit ausgeschlossen wird, dass der grundsätzliche Zwang zum Gelderwerb dem Einzelnen eine bestimmte Arbeit aufnötigt. Existenzsicherung des Menschen wäre unter diesen Bedingungen nicht mehr an den Verkauf der Arbeitskraft als Ware am Arbeitsmarkt gekoppelt. Nicht länger könnte derjenige, der die Arbeit vergibt (»Arbeitgeber«), grundsätzlich auch die Arbeitsbedingungen diktieren, unter denen die angebotene Arbeit stattzufinden hat. Die sogenannten »Arbeitnehmer« müssten, speziell auch in Zeiten hoher Arbeitslosigkeit aus Gründen der Existenzsicherung nicht mehr (fast) jede Arbeit am Arbeitsmarkt annehmen, ohne auf die Gestaltung der Arbeitsbedingungen Einfluss nehmen zu können.

> Durch Entkopplung von Arbeit und Einkommen kann die menschliche Arbeitskraft nicht mehr gekauft werden, sie verliert ihren Warencharakter und ist in ihrer Eigenschaft als Rechtssubstanz schlicht unverkäuflich. Arbeit steht – unter der Souveränität des Einzelnen als konkretem Träger der Arbeitskraft – der gesamten Gesellschaft zur Verfügung, welche zu einem die ganze Menschheit umspannenden Gesamtarbeitssystem der Weltwirtschaft verschmolzen ist.

Einkommen ist deshalb besonders unter dem Gesichtspunkt der Existenzabsicherung eines Menschen, möglichst unabhängig von seiner individuellen Wirtschaftsleistung, zu betrachten. Die Trennung von Arbeit und Einkommen sowie die Bereitstellung eines menschenwürdigen Auskommens ohne individuellen Leistungsbezug scheinen überfällig.

Im Kern ist die Vergabe von Einkommen zu einem Rechtsvorgang geworden, weil Vereinbarungsvorgänge dieser Art, sachgemäß beschrieben, eben Rechtsakte darstellen. Arbeit und Einkommen werden so zu Rechtselementen, die dem Wirtschaftskreislauf als Tauschwerte entzogen sind. Diese Entkopplung von Leistung und Einkommen ist zwar faktisch längst erfolgt, wird aber im Wirtschaftsalltag nach wie vor anders gehandhabt.

4.4 Work for Future – Grundeinkommen und Einkommensordnung

Die Frage nach möglichen Alternativen zu den derzeit üblicherweise geltenden Einkommensformen führt direkt zu einer ganzen Reihe von neuen Einkommensregelungen und Absicherungsformen menschlicher Existenz, von denen drei Varianten im Folgenden kurz betrachtet werden sollen.

4.4.1 Das bedingungslose Grundeinkommen

Eine wichtige Voraussetzung für die dargestellte Entkopplung von Arbeit und Einkommen ist die Einführung eines garantierten und bedingungslosen Grundeinkommens, welches nicht zuletzt durch die Initiativen von Götz Werner, dem Gründer der dm-Drogeriemärkte,[130] oder z. B. auch die Volksinitiative zum Grundeinkommen in der Schweiz[131] große Popularität und Bekanntheit erfahren hat. Die Ausgangsfrage ist auch hier der oben behandelte Zusammenhang von Arbeit und Einkommen und die scheinbare Selbstverständlichkeit, dass wir ein Einkommen beziehen, weil wir arbeiten, und im Umkehrschluss eben arbeiten, weil wir ein Einkommen brauchen. Genau diese »Selbstverständlichkeit« wird mit der Forderung nach einem Grundeinkommen infrage gestellt, bei welchem alle Menschen ohne jede Bedingung ein individuelles Einkommen in existenzsichernder Höhe bekommen sollen, welches sich weder als Gegenleistung für Arbeit, noch als eine an Auflagen geknüpfte Sozialhilfe oder Arbeitslosengeld versteht. Menschen erhalten unter diesen Vorzeichen ein Einkommen, abgeleitet aus dem allgemeinen Menschenrecht auf Leben und als Voraussetzung, um überhaupt arbeiten zu können.

Das bedingungslose Grundeinkommen ermöglicht es jedem Menschen, einer frei und selbstgewählten Aufgabe ohne Existenzängste nachzugehen und einen persönlichen Beitrag gemäß den eigenen Fähigkeiten zu leisten. Der Einkommensbezug versteht sich prinzipiell als Grundrecht. Das bedingungslose Grundeinkommen möchte damit allen Bürger:innen aus allgemeinem Menschenrecht ein angemessenes Basiseinkommen garantieren, vollständig unabhängig von erbrachten Arbeitsleistungen.

Für die Vertreter des Grundeinkommens soll den Menschen ein Leben in Würde und ohne Existenz- und Überlebensängste ermöglicht werden, bei dem der Einsatz der Fähigkeiten im Wirtschaftsleben unabhängig von individuellen Zwängen und damit frei erfolgen kann. Es sollte kein Mensch in irgendeine Arbeit gezwungen werden können, die Zahlung eines bedingungslosen Grundeinkommens erfolgt aus rein (menschen-)rechtlichen Erwägungen und findet unabhängig von dem Einsatz der Fähigkeiten statt. Ein Grundeinkommen ist ein Einkommen, das eine politische Gemeinschaft bedingungslos jedem ihrer Mitglieder gewährt, um Existenz zu sichern und gesellschaftliche Teilhabe zu ermöglichen. Es stellt der Sache nach einen individuellen Rechtsanspruch dar, welcher ohne Bedürftigkeitsprüfung und ohne Zwang zu Arbeit oder anderen Gegenleistungen garantiert und ausbezahlt wird. Das Grundeinkommen wird an Individuen anstelle von Haushalten gezahlt und steht jedem Individuum unabhängig von sonstigen Einkommen zu.

Das bedingungslose Grundeinkommen ermöglicht mehr Freiheit und Autonomie durch die grundsätzliche Möglichkeit, eben auch keiner Erwerbstätigkeit bzw. einer sinnvollen

Tätigkeit außerhalb der klassischen Erwerbsarbeit nachzugehen, ebenso wie durch eine größere Unabhängigkeit
bei der Suche nach einer geeigneten beruflichen Beschäftigung. Es stellt einen Beitrag dar zur Wahrung der Würde
aller Menschen und zur Beseitigung von Stigmatisierungen,
vor allem bei den gegenwärtig Erwerbslosen und Sozialhil-
febeziehenden, und dient last but not least der Förderung
von Kreativitätspotenzialen durch die gesellschaftlich garan-
tierte Möglichkeit der Muße.[132] Würde ein solches Grundeinkommen eingerichtet werden, so wäre es jedem, der im
Rahmen einer Tätigkeit ein weiteres Einkommen erzielen
wollte, selbstverständlich möglich, dies zu tun. Neben verschiedenen Formen zur Finanzierung und praktischen Ausgestaltung eines bedingungslosen Grundeinkommens sieht
das von Werner vorgeschlagene Modell den Wegfall eines
Großteils der derzeitigen Sozialleistungen vor, auch wenn
evtl. besondere Hilfen zusätzlich nötig sein werden, wie z.B.
Hilfsmittel wie Rollstühle, Wohnungsumbauten, Pflegehilfe
etc. für Menschen mit körperlichen oder mit kognitiven Ein-
schränkungen. Damit würden die meisten der bisherigen
Sozialleistungen im bedingungslosen Grundeinkommen auf-
gehen können. Positive wirtschaftliche Auswirkungen könnten auch in der Reduktion der Lohnkosten gesehen werden,
da Arbeitseinkommen, wie erwähnt, immer auf ein Grundeinkommen aufsetzen würden, wie auch durch geringere
Lohnkosten durch den Wegfall von Steuern und Sozialbei-
trägen. Dies, weil nach Auffassung einiger der Befürworter
des bedingungslosen Grundeinkommens die Arbeit als solche nicht mehr besteuert werden sollte und dafür entsprechende Konsumsteuern zu veranlagen wären, über die z.B.
auch Aspekte der Umweltverträglichkeit und Nachhaltigkeit bezüglich entsprechenden Ressourceneinsatz gesteuert

werden könnten. Positive Effekte wären ebenfalls für Kaufkraft, Investitionsbereitschaft und Export zu erwarten, ganz zu schweigen von zu erwartendem Bürokratieabbau und der Entlastung öffentlicher Verwaltung.[133]

Natürlich müssten für den Fall der Umsetzung eines bedingungslosen Grundeinkommens die hierfür erforderlichen Ausgaben, wie alle anderen Gemeinschaftskosten auch, in die Gesamtkalkulation einer Volkswirtschaft aufgenommen und in die allgemeine Preisbildung einbezogen werden. Es sei an dieser Stelle nochmals an Piketty erinnert, welcher zwar eine etwas andere Variante des Grundeinkommens favorisiert, aber dennoch die Bereitstellung eines garantierten Mindesteinkommens für Personen ohne andere Mittel in Höhe von 60 Prozent des Durchschnittseinkommens für möglich hält.[134] Die Trennung von Leistung und Einkommen und die Umsetzung, z.B. durch ein bedingungsloses Grundeinkommen, könnten aus der Sicht praktischer Machbarkeit und gesellschaftlicher Finanzierbarkeit selbstverständlich umgesetzt und somit Grundlage zukünftiger Sozialgestaltung werden: Geht nicht gibt's nicht!

4.4.2 Rahmenordnungen zur Einkommensfindung für Arbeitseinkommen

Auf der Grundlage eines bedingungslosen Grundeinkommens stellt sich natürlich weiterhin die Frage nach der Bemessung und Regelung des Arbeitseinkommens der Menschen, welches diese in Ergänzung ihrer Grundabsicherung beziehen können. Hinsichtlich dieses Einkommens aus wirtschaftlichen und sonstigen Tätigkeiten bildet das Grundeinkommen die Ausgangslage und das Fundament für die Vergabe weiterer Einkommensbezüge durch die Unternehmen. Diese müssen den zum Überleben erforderlichen

Anteil nicht mehr selbst bereitstellen, weil dieser bereits gesellschaftlich sichergestellt wurde. Sinnvollerweise werden auch alle über das Grundeinkommen hinausgehenden Bezüge in der beschriebenen Weise nicht an imaginäre Leistungsparameter gekoppelt, aber natürlich auch nicht willkürlich und schon gar nicht maßlos, sondern z.B. gemäß gesellschaftlich konsensfähigen Einkommens-Rahmenordnungen ausbezahlt. Auch hier ergibt sich die Möglichkeit, eine leistungsunabhängige Einkommensvergabe vorzusehen, da die Leistungsbemessung ohnedies nicht möglich ist und Leistung und Einkommen wie gezeigt nicht gekoppelt gedacht werden können. Unter der Voraussetzung, dass jeder Mensch ein fundamentales Interesse daran hat, seine Fähigkeiten optimal einzusetzen und in Gemeinschaft mit anderen zu arbeiten, gilt es, diesem Grundinteresse mit geeigneten Sozialformen zu entsprechen, unter anderem auch mit Einkommensformen, bei denen Gehaltsbezüge als Voraussetzung für den Einsatz der Fähigkeiten, statt als Gegenwert für eingetauschte Arbeit verstanden werden.

> Für die Bemessung von Arbeitseinkommen, welche über ein bedingungsloses Grundeinkommen hinausgehen, wird die Einkommensfindung zu einer gesamtgesellschaftlichen Entscheidungsfrage und zwar hinsichtlich jeweiliger Ober- und Untergrenzen, welche die Mitglieder eines bestimmten Unternehmens, Wirtschaftsraums, Staats oder Kontinents für angemessen betrachten wollen.

Ober- und Untergrenzen könnten innerhalb von Einkommens-Rahmenordnungen festgelegt werden und wären, wie alle wichtigen Gesellschaftsfragen, die alle Bürger:innen betreffen, »sozial«-demokratisch zu vereinbaren.[135] Die konkrete Höhe eines solchen Einzeleinkommens könnte sich nach dem jeweiligen Bedarf einerseits sowie dem gesamten Vermögen einer Volkswirtschaft, einer Wirtschaftsregion und eines Betriebs andererseits richten.

Dies bedeutet, dass Gehaltsfestlegungen in grundsätzlicher Hinsicht aufgrund demokratischer Prozesse erfolgen, um damit den Einkommensbezug als Rechtsvorgang auf der Grundlage demokratisch verfasster Ordnungen anzusehen und entsprechend auszugestalten und nicht auf der Basis von pseudo-leistungsgerechten Tauschprozessen zu inszenieren. Nicht dasjenige geschieht, was ein Einzelner in eigener Machtvollkommenheit für andere für »angemessen« hält, sondern dasjenige, was gemeinsam auf demokratischem Wege und für alle verbindlich entschieden wird, erfährt Gültigkeit. Darüber hinaus ist die Einkommensfrage eine Gerechtigkeitsfrage, die auch immer mehr in globaler Verantwortung beantwortet werden sollte. Das Einkommen bezieht sich immer auf die hervorgebrachten Waren und Dienstleistungen, zu deren Bezug mich das Einkommen berechtigt. Wenn aber, wie gezeigt wurde, am Zustandekommen alles Produzierten praktisch die ganze Welt beteiligt ist und das Recht auf Einkommen ein Menschenrecht ist, stellt sich hier eine über die einzelnen Rechtsräume hinausgehende weltweite Gestaltungsaufgabe.

4.4.3 Gemeinwohl-ökonomische Parameter zur Einkommensfindung

Die Initiative für Gemeinwohl-Ökonomie (GWÖ) beschreibt in ihren Verfahrensvorgaben zur Erstellung ihrer sogenannten Gemeinwohl-Bilanzen[136] klare Kriterien für eine zukunftsfähige Einkommensfindung. Zu diesen Kriterien gehören vor allem Verfahren zur Selbstbestimmung des Verdiensts durch alle Betroffenen, welcher »bedarfsgerecht«, »individuell angepasst« und »selbstbestimmt« durch Mitarbeitende festgelegt werden sollte. Diese gemeinschaftlich zu definierenden Regeln enthalten Vorgaben zu Höchst- und Mindestverdienst und damit auch zu einer innerbetrieblichen Spreizung der Einkommen. Die berühmte Schere zwischen dem höchsten und dem niedrigsten ausbezahlten Einkommen gilt es in einem vernünftigen, nachvollziehbaren und sozialverträglichen Rahmen zu halten. Nachdem Gehaltsfindungen generell demokratisch diskutiert und entschieden werden, gilt dies auch für das Verhältnis von Höchst- und Mindestgehalt, welches jeder Betrieb für sich festlegen kann. Es sind damit keine festen und für alle Betriebe verbindlichen Verhältniszahlen fixiert, das jeweilige Verhältnis wird aber in die Gemeinwohl-Bilanzierung aufgenommen, es gibt mehr Gemeinwohl-Punkte, je geringer die Spreizung ist. Bei den bisherigen Abstimmungen wurde in mehr als 2/3 der Fälle für eine Maximalspreizung von 1:10 gestimmt. Christian Felber vermerkt hierzu: »Die Einkommen sind jedoch mit einem bestimmten Vielfachen des gesetzlichen Mindestlohns begrenzt – auch für die mitarbeitenden Eigentümer:innen. Wie hoch die Grenze sein wird, soll ein Wirtschaftskonvent ausarbeiten und der demokratische Souverän entscheiden.«[137]

Darüber hinaus arbeitet die GWÖ mit dem Konzept des »lebenswürdigen Verdiensts«. Ein solcher »lebenswürdiger Verdienst« oder »living wage« ist nicht mit dem Mindestlohn gleichzusetzen, welcher oft auf einem sehr niedrigen Niveau festgelegt wird und zu Armut trotz Arbeit führen kann. Living wage wäre demzufolge unabhängig für jeden Standort einer Organisation zu bestimmen, um regionale Lebenshaltungskosten berücksichtigen zu können, wobei natürlich die jeweils geltenden gesetzlichen Mindestanforderungen

(z. B. Mindestlohn) eingehalten werden sollen. Der Vorschlag sieht dabei eine regelmäßige Analyse und Thematisierung gerechter Einkommensverhältnisse im Unternehmen vor.[138] Ansonsten wird von der GWÖ grundsätzlich vertreten, dass ein gerechter Verdienst erheblichen Einfluss auf die gelebte Kultur und Entwicklung einer Organisation ausübe. Per Definition sollte der Verdienst sich »möglichst transparent an Leistung, Verantwortung, Risiko, Bedarf sowie individuell von der Organisation definierten Maßstäben und Anreizstrukturen orientieren«.[139] Zu diesen zunächst plausibel klingenden Forderungen ist anzumerken, dass sich auch die Gemeinwohl-Ökonomie schwertun wird, – aus den dargestellten Gesichtspunkten zur Unmöglichkeit einer gerechten Lohnermittlung – eine solche an »Leistung, Verantwortung, Risiko und Bedarf« festzumachen und auch noch »Anreizstrukturen« dabei abzubilden. Ebenso wenig wie der Leistungsbegriff als brauchbarer Parameter für Einkommenszumessungen taugt, lässt sich auch »Verantwortung«, »Risiko« und erst recht »Bedarf« auf vernünftige und transparente Weise quantifizieren.

Im Übrigen wäre bei der Arbeit mit Einkommensordnungen, welche Verdienstspreizung, Mindest- und Maximalauslegungen der Bezüge, den Umgang mit Boni etc. regeln, einiges an wichtigen Umgebungsbedingungen zu beachten. An erster Stelle wäre hierbei zu berücksichtigen, dass ein bedarfsgerechter, selbstbestimmter und durch Mitarbeitende festgelegter Einkommensrahmen, vorzugsweise nicht ausschließlich an die Ertragskraft des jeweiligen Betriebs, die Prosperität der jeweiligen Wirtschaftsregion oder in letzter Konsequenz auch nicht an den relativen Reichtum eines entsprechenden Staats gebunden sein kann. Dies fördert »Betriebsegoismus« und erscheint deshalb kontraproduktiv und ungerecht, weil z. B. besonders hohe Erträge an bestimmten Stellen und bei bestimmten Betrieben und Regionen auftauchen können, obwohl die eigentliche Wertschöpfung an ganz anderer Stelle erfolgt bzw. als eine Funktion der integralen Zusammenarbeit aller an einem Wirtschaftsprozess beteiligen Menschen entstand. So könnten z. B. die Menschen aus Untertürkheim bei Stuttgart, aufgrund ihrer Beschäftigung »beim Daimler« (Daimler AG) ein deutlich höheres Einkommen als ihre Nachbarn beziehen, nur deshalb, weil es in diesem Unternehmen mehr zu verteilen gibt, als an vielen anderen Arbeitsplätzen. Deshalb müssten Ordnungen zu Einkommensfragen der Sache nach überbetrieblich, überregional und über entsprechende Abgaben, vielleicht sogar supranational angelegt werden.

Trotz verlangsamter, aber immer noch wachsender Produktivität steigen die Reallöhne in den letzten Jahren nicht, ganz im Gegensatz zu den Kapitalerträgen und Managergehältern. Der Anteil menschlicher Arbeit nimmt weiter ab und wird zunehmend von Robotersystemen und durch den Einsatz künstlicher Intelligenz ersetzt. Der Zusammenhang von erbrachter Arbeit und deren Anteil an der betrieblichen Produktivität kann immer weniger plausibel dargestellt werden, objektive Kriterien zur Bewertung von Arbeit liegen nicht vor. Deshalb scheint eine gerechte und transparent kommunizierbare, leistungsäquivalente Entlohnung nicht länger darstellbar und sollte deshalb auch im Umfeld der Gemeinwohl-Ökonomie-Bewegung kein erstrebenswertes Ziel und Merkmal für progressive Unternehmensführung im Rahmen der Gemeinwohl-Matrix darstellen.

Gleichwohl ist es aus Sicht des hier vertretenen Ansatzes richtig und angemessen, über Rahmenordnungen für die Einkommensvergabe nachzudenken. In der Tat gilt es, gemeinschaftlich zu definierende Regeln aufzustellen, die Vorgaben z. B. zu Höchst- und Mindestverdienst und damit zur innerbetrieblichen Spreizung der Einkommen enthalten könnten und von den Mitarbeitenden und von der Gesellschaft in demokratischer Form möglichst transparent mitbestimmt werden sollten. Nachdem sich Einkommen jedoch immer auf einen möglichen Konsum von Waren und Dienstleistungen beziehen, sind diese Regeln perspektivisch immer auch im globalen Maßstab zu sehen und können letztlich nicht nur aus der Blickrichtung eines Einzelbetriebs oder eines bestimmten Wirtschaftsraums festgelegt werden.

4.4.4 Arbeit, Recht und Menschenbild

Neben dem Aspekt des Einkommens als Menschenrecht gibt es weitere wichtige Aspekte des Rechtscharakters der Arbeit zu beachten. Es lässt sich nämlich feststellen, dass das in vielen sonstigen Gesellschaftsbereichen selbstverständliche Bekenntnis zu demokratischen Prinzipien und Partizipationsformen jeweils bei den Arbeitsplätzen aufhört.[140] Menschen müssen, auch in modernen und scheinbar aufgeklärten Zeiten, ihr persönliches »Rechtskleid« stets am Fabriktor abgeben. Sie sind in der Regel nicht Mitgestalter und Mitentscheider, sondern Weisungsempfänger, welche normalerweise innerhalb hierarchischer Strukturen Aufträge ausführen.

Dies wiegt umso schwerer, weil das mit der Arbeit verbundene soziale Miteinander viel zur Sinnhaftigkeit unseres Lebens beiträgt. Natürlich nur dann, wenn die arbeitenden Menschen nicht ständigem Druck und Zwang, Schikanen und täglicher Ausbeutung ausgesetzt sind. Arbeit, so lässt sich nach Lisa Herzog immer wieder nachweisen, ist viel mehr als ein Mittel, um Geld zu verdienen. »Sie bietet eine

Gelegenheit, sich gesellschaftlich zu integrieren, sich nützlich zu machen, sich eine gewisse Autonomie zu verschaffen. […] Sie ist ein Teil unserer gemeinsamen, öffentlichen Welt und muss auch als solche verstanden werden.«[141] Deshalb ist es erforderlich, die Regeln und Rahmenordnungen des Arbeitslebens so zu gestalten, dass diese – wie Herzog formuliert –»unseren Vorstellungen von der Würde und den Rechten der Einzelnen und vom Wohl der Gesellschaft als Ganzer entspricht, anstatt hinzunehmen, dass sie von den Kräften, die derzeit die digitale Transformation vorantreiben, auf eine Art und Weise geformt wird, die unseren Vorstellungen von Gerechtigkeit, Freiheit und Demokratie zuwiderläuft.«[142]

In genau die gleiche Richtung argumentieren – neben Thomas Piketty, Rahel Jaeggi, Nancy Fraser, Lawrence Lessig, Chantal Mouffe, Lisa Herzog, Eva Illouz, Saskia Sassen und Walter Oetsch – auch weitere über 3.000 internationale Wissenschaftler, die in einem gemeinsamen Manifest unter dem Titel »Arbeit demokratisieren, dekommodifizieren, nachhaltig gestalten« dafür eintreten, Menschen nicht nur als »Ressourcen« zu betrachten, sondern alle in einem Unternehmen Beschäftigten an Entscheidungen zu beteiligen, »die ihr Leben und ihre Zukunft am Arbeitsplatz betreffen – durch die Demokratisierung der Unternehmen.« Mitarbeitende, so wird mit dem Aufruf festgestellt, sind zwar die »Kerngruppe« eines Unternehmens, jedoch meistens von der Beteiligung an der Führung der Unternehmen ausgeschlossen, weshalb diese Stimmrechte in den Firmen eingeräumt werden sollten. »Diejenigen, die ihre Arbeit, ihre Gesundheit, ja, ihr Leben, in eine Firma investieren,« so wird gefordert, »sollten auch das kollektive Recht haben, derartigen Entscheidungen zuzustimmen oder ein Veto einzulegen.«[143] Auch wenn diesem Ansinnen erst mal grundsätzlich zugestimmt werden kann, gibt es sicherlich Arbeitsbereiche im Unternehmen, die von einer solchen demokratischen Entscheidungsfindung sinnvollerweise ausgenommen werden müssen und gesamtgesellschaftlichen oder fähigkeits- und kompetenzbasierten Entscheidungsebenen vorbehalten sein müssen.

Bestehende Arbeitnehmer:innenvertretungen in Betriebsräten haben oft nur eine schwache Stimme in der Unternehmensleitung, mehr Partizipation und Demokratie wären wünschenswert.[144] »Im politischen Bereich gehen wir davon aus, dass Macht demokratisch kontrolliert werden sollte«, sagt hierzu Lisa Herzog und meint, dass vieles dafür spräche, auch das Wirtschaftsleben demokratischer zu organisieren, auch mit dem Effekt ökonomischer Erfolgschancen, »zum Beispiel, dass das Wissen aller Akteure gleichermaßen mit eingebracht werden kann.«[145] »Wir wissen aus der Forschung, dass mitbestimmte Unternehmen besser geführt sind,« sagt Anke Hassel und präzisiert, dass solche Unternehmen meistens mehr Frauen in Führungspositionen beschäftigen, mehr für die Ausbildung tun und weniger an Vorstandsmitglieder zahlen würden.[146]

Gleichzeitig warnt Hassel allerdings davor, Mitarbeitenden Vetorechte bei der Entscheidung über Geschäftsmodelle und Vorstandsbesetzungen einzuräumen, Arbeitnehmer:innen wären hierbei überfordert.[147] Abgesehen von der Frage, warum normale Arbeitnehmer überfordert, Führungskräfte bei diesen Fragen jedoch nicht an ihre Grenzen stoßen sollten und wer in der Vergangenheit für unzählige Fehlbesetzungen sowie Falscheinschätzungen bezüglich Geschäftsmodellen (Daimler-Chrysler, erneuerbare Energien, E-Mobility, Bayer-Monsanto-Problematik etc.) verantwortlich zeichnete, gilt es, gerade hier genau hinzuschauen. Gehören doch aus Sicht dieser Arbeit gerade Entscheidungen über Geschäftsmodelle und Vorstandsbesetzungen in der Tat zu den Sachverhalten, die sinnvollerweise einer Mitbestimmung unterstellt werden könnten, weil hier über die konkreten Bedingungen des täglichen Zusammenarbeitens in den Unternehmen entschieden wird, wovon alle gleichermaßen betroffen sind. Ganz im Unterschied zu anderen Themen, wie z. B. das Was, Wie und Wie-viel an Produktion, welche nicht nur innerbetrieblich, sondern durch gesellschaftliche Rahmenentscheidungen mitentschieden werden sollten.

Für mehr Beteiligung und Mitwirkung der Menschen in ihrem beruflichen Alltag spricht nicht zuletzt auch der bereits erwähnte anthropologische Sachverhalt, der sich auf die diesbezüglichen Grundinteressen der Menschen bezieht. Ist doch der moderne Mensch maximal daran interessiert, seine Anlagen und seine Persönlichkeit möglichst frei und uneingeschränkt zu entwickeln und seine Fähigkeiten in Verbindung mit seinen Mitmenschen selbstbestimmt für eine als sinnvoll erkannte Aufgabe einzusetzen. Privilegien werden als Verletzung der demokratischen Gleichberechtigung und Menschenwürde empfunden. Der moderne Mensch möchte als mündiger Bürger in allen gesellschaftlichen Bereichen als Gleicher unter Gleichen gelten und auf angemessene Weise bei allen wichtigen Gemeinschaftsfragen mitwirken und mitbestimmen.

Wie aktuelle Forschungen aus dem Bereich der Neurobiologie zeigen, ist der Mensch eben keineswegs Teil des von Darwin beschriebenen gnadenlosen »War of Nature«[148], des ständigen »Struggle for Live« und daraus scheinbar resultierenden »Survival of the Fittest« sowie aller damit verbundenen Mechanismen der Konkurrenz und des permanenten

Verdrängungswettbewerbs. Und er unterscheidet sich auch deutlich von dem vielfach bemühten Homo oeconomicus, der bekanntlich keine Unterschiede zwischen Ressourcen und Geschlechtern, keine Kooperation, kein Mitgefühl, keine Verantwortung und nur seinen eigenen Vorteil kennt. Interessante Aspekte hierzu bietet das bereits zitierte Buch von Christian Felber, in dem er auf mehr als 300 Seiten nachweist, dass die Wirtschaftswissenschaften von vielfältigsten unbewiesenen Voraussetzungen ausgehen, von denen das mit dem Modell des Homo oeconomicus transportierte Menschenbild eine der folgenschwersten Setzungen darstellt. Dieses Denkmodell, welches dem Menschen als Wirtschaftssubjekt grenzenlose Gier, Eigennutzmaximierung, ausschließliche Orientierung an finanziellem Erfolg, rücksichtlose und asoziale Verhaltensweisen, Übervorteilung und vieles andere mehr unterstellt, wurde immer mehr zur Grundannahme über die eigentliche Natur des Menschen.

Die Frage ist, ob dieses Menschenbild wirklich den Kern der Sache trifft oder ob es nicht eher so ist, wie Maja Göpel feststellt: »Niemand wird als homo oeconomicus geboren, aber man kann Menschen als soziale Wesen durchaus in diese Richtung erziehen, wenn man sie in einem System aufwachsen lässt, in dem ständig belohnt wird, sich wie ein *homo oeconomicus* zu verhalten.«[149] Diese Sicht bestätigt auch die Arbeit von Christian Felber, der mit Verweis auf verschiedene Studien feststellt, dass durch den Umgang mit menschen-, ethik- und gesellschaftsfeindlichen Modellen der Wirtschaftswissenschaften die Studierenden gründlich manipuliert und buchstäblich »verbildet« werden. Felber beschreibt in Abwandlung des Marxschen Satzes vom Sein, welches das Bewusstsein bestimme, die prägende Wirkung egozentrischer, antisozialer Lehrinhalte wie folgt: »Das Sein in einem bestimmten Modell-Bewusstsein (individuelle Nutzenmaximierung) verändert Menschen, bis sie selbst zum Homo oeconomicus geworden sind.«[150] In maximalem Umfang passen sich offensichtlich Studierende in ihrem eigenen Verhalten gültigen Lehrmeinungen an, in dem Glauben, dass alle Menschen im realen Leben dem Homo-oeconomicus-Modell gemäß funktionieren. Die mit unterschiedlichsten Studien und Experimenten nachgewiesenen Verhaltensauffälligkeiten reichen von der eindeutigen Akzeptanz von Gier über die zunehmende Bereitschaft, andere zu übervorteilen, sowie abnehmender Kooperationsbereitschaft bis hin zu faktischer Korrumpierbarkeit, immer zur Maximierung des eigenen Vorteils.[151] Oder, wie Kahneman bereits 2011 feststellen konnte, verhalten sich auf Geld konditionierte Menschen in Experimenten stets egoistischer.[152] Anscheinend stimmt es also, wenn Richard David Precht formuliert: »Strenges und hartes Nutzenkalkül, Rücksichtslosigkeit und Gier sind nicht die Haupttriebkräfte des Menschen, sondern das Ergebnis einer gezielten Züchtung.«[153]

Ganz im krassen Gegenteil zu diesem Menschenbild will der Mensch aus Sicht dieser Arbeit als soziales Wesen selber Solidarität zeigen und Solidarität seiner Mitmenschen in Anspruch nehmen.[154] Nachgewiesen werden konnte nämlich, dass das menschliche Gehirn nicht nur völlig flexibel ist und auf Grundlage tausendfacher neuronaler Vernetzungen und Verschaltungen erfahrungsabhängig permanenten Wandlungen unterliegt, sondern dass es, in neurobiologischem Rahmen betrachtet, ein geradezu soziales Organ ist. Nichts wirkt nachgewiesener Weise so prägend auf unsere inneren Orientierungsmuster wie menschliche Beziehungsgefüge. Im Gegensatz zu alten Lehrmeinungen bezüglich des natürlich veranlagten Wettbewerbsinstinkts gelten in der

Realität völlig andere Motivationsstrukturen, die unser Handeln bestimmen. Zu diesen Motivationsstrukturen gehören nicht zuletzt bestimmte Funktionen des menschlichen Gehirns, unter deren Einfluss dieses entsprechende körpereigene Botenstoffe ausschüttet, die zu Wohlbefinden, Glücksgefühlen und seelischer und physischer Gesundheit führen. Die überraschende Erkenntnis war nun, dass unser Motivationssystem vor allem ein gelungenes soziales Miteinander mit der Ausschüttung entsprechender Botenstoffe wie Dopamin, Oxytocin und anderen endogenen Opioiden belohnt.[155] Unabhängig von der Tatsache, dass der Mensch sicher nicht ausschließlich über körpereigene Opioide gesteuert wird, kann nach aktuellem Stand der Wissenschaft doch festgehalten werden, dass Menschen nicht primär auf Grundlage von steinzeitlichen Instinkten funktionieren, die Egoismus, Konkurrenzdenken, Futterneid, Wettbewerbsstreben, Siegen, Unterdrücken etc. evozieren, sondern vielmehr auf Kooperation und soziale Resonanz ausgelegt sind. Zum gleichen Ergebnis kommt auch der Neuropsychologe Richard Davidson und stellt fest: »Gerade indem man sich um das Wohlergehen anderer kümmert, verschafft man sich selbst ein größeres Wohlgefühl.«[156]

Ganz offensichtlich handelt es sich damit bei dem Menschen um ein soziales, auf Kooperation angelegtes Wesen, dessen essenzielle Bedürfnisse in dieser Hinsicht es bei der Gestaltung moderner Gesellschaftsordnungen zu berücksichtigen gilt, weil Arbeitsverhältnisse, die nicht diesen Bedürfnissen entsprechen, notwendigerweise kontraproduktiv wirken und echte wirtschaftliche Effizienz prinzipiell verunmöglichen.

4.5 Lohn und Arbeit auf den Punkt

Zusammengefasst lässt sich zu diesem Themenkomplex festhalten, dass, nachdem aufgrund geltender Rechtsordnungen menschliche Arbeit, ähnlich anderen Wirtschaftsgütern, immer noch als eine Art Handelsware mit Tauschwertcharakter betrachtet wird, neue Kriterien für den Bezug eines Einkommens entwickelt und umgesetzt werden müssen. Die logische Konsequenz des Auseinanderfallens von Arbeitsleistung und daraus ableitbarer Bezahlung ist die konsequente Umsetzung dieses Sachverhalts durch Trennung von Arbeitsleistung und menschenwürdigem Einkommen.

Die Einkommensfindung wird im Kontext der vorgestellten Ideenbildung als ein Rechtsprozess verstanden, der im Rahmen allgemein gültiger Vereinbarungen als Voraussetzung für den Einsatz der Fähigkeiten der Menschen im Wirtschaftsleben demokratisch geregelt werden müsste. Ein wesentlicher Schritt zur Umsetzung einer solchen Entkopplung könnte in der Einführung eines bedingungslosen Grundeinkommens sowie in der Einführung von Einkommensordnungen mit entsprechenden Obergrenzen gesehen werden. Maßnahmen, welche grundsätzliche Existenzsicherung auch bei stark abnehmender klassischer »Erwerbsarbeit« gewährleisten und ein vernünftiges Fundament für den Bezug eines weiteren – auf entsprechende Arbeit bezogenen – Einkommens darstellen könnten.

5   Macht und Eigentum

5.1   Eigentum erst mal ganz herkömmlich betrachtet

Das private Eigentum an Maschinen, Anlagen, Werkzeugen, Grundstücken, Gebäuden etc. – kurz Realkapital genannt – wird als selbstverständliches, durch das Grundgesetz garantiertes Gestaltungs- und Freiheitsrecht verstanden, welches nach herrschender Lehrmeinung die eigentliche Triebfeder der Wirtschaft und den Preis oder die »Be-Lohnung« für übernommene Verantwortung darstellt.[157] Nach landläufiger Ansicht würden ohne das Privateigentum und die damit verbundenen Profitmöglichkeiten unmittelbar alle Lichter ausgehen,[158] Privateigentum an Produktionsmitteln und die Möglichkeit der Gewinnerzielung werden als entscheidende Motivationsfaktoren betrachtet, durch stete Leistungsverbesserung den Wohlstand zu steigern.[159] Wie bereits an anderer Stelle ausgeführt,[160] nimmt sich allerdings die Frage nach der eigentlichen Motivation für menschliche Arbeit etwas komplizierter aus. Geht es bei den Gründen für Arbeit doch neben der blanken Existenzsicherung vor allem um die Erfüllung eines sinnvollen Zwecks und damit auch um die Selbstverwirklichung eines jeden einzelnen Betroffenen, welcher im Regelfall ohne jede Beteiligung am Eigentum »seines« Unternehmens und somit ohne jedes substantiierte Mitspracherecht jeden Tag seinen vollen Einsatz erbringt. Die faktischen »Besitzer:innen« des globalen betrieblichen Eigentums gehören dagegen einer abnehmenden Spezies an und machen weltweit weniger als 10 Prozent der Menschheit aus, wie unter anderem Piketty[161] bereits 2014 festgestellt hatte. Dies gilt auch, wenn in Deutschland nach Information der »Stiftung Familienunternehmen« immer noch 86 Prozent des gesamten Unternehmensbestands eigentümergeführte Unternehmen sind, bei denen 53 Prozent aller Beschäftigten in Deutschland arbeiten würden.[162] Aber auch hier arbeitet die übergroße Mehrheit aller für die Steigerung des Wohlstands verantwortlichen Mitarbeiter:innen jeden Tag ohne den individuellen Anreiz der persönlichen Gewinnerzielung.

Obwohl dies so ist, vermittelt nach geltender Lehrmeinung insbesondere das unbegrenzte uneingeschränkte Privateigentum an Produktionsmitteln unternehmerische Freiheit und ermöglicht so das Funktionieren der Marktgesetze.[163] Es stellt nach üblicher Lesart das Konstitut des unbegrenzten Eigentums die entscheidende Begründung und wichtigste Voraussetzung für das sogenannte freie Spiel der Kräfte und das freie Unternehmertum überhaupt dar. Abgesehen von der systemischen Abwesenheit solcher unsichtbaren Marktkräfte[164], die hier auch bezüglich des Eigentums eine dominante Rolle spielen sollen, lässt sich leicht nachweisen, dass gerade diese postulierte unternehmerische Freiheit im Regelfall durch kapitalbedingte Sachzwänge oder Profitabsichten von Aktionären massiv beeinflusst oder zumindest mitbestimmt wird. Die hochgelobte völlig freie Verfügung über die Produktionsmittel durch den/die verantwortliche:n Unternehmer:in ist in der Realität nicht wirklich gegeben. Unterschiedlichste Interessen und Ansprüche spielen hierbei eine Rolle, wie insbesondere die nahezu ausschließliche Handlungsorientierung am maximalen Gewinn statt am maximalen Konsumenten- und Gemeinwohlnutzen auch unter Beachtung der Erfordernisse der Natur. Freier Wettbewerb,

Bedarfssteuerung über Preisbildung ebenso wie die unbedingte Notwendigkeit freier Verfügung über die Produktionsmittel als Basis für »freies Unternehmertum« erweisen sich als Einzelinteressen dienende Theorie-Konstrukte, die mit den realen wirtschaftlichen Verhältnissen wenig und mit den wirklichen Erfordernissen der Konsument:innen nichts zu tun haben. Im Übrigen widerspricht der Auffassung, dass wirtschaftlich Gedeihliches nur unter der Herrschaft eindeutiger Eigentumsverhältnisse an Produktionsmitteln und Produktionskapital entstehen könne und Wirtschaftswachstum ohne klare Gesellschafter- und Gewinninteressen schlicht nicht möglich wäre, z. B. auch die Nachkriegsgeschichte eines der wichtigsten deutschen Unternehmen. Dieses Unternehmen verfügte nach Kriegsende weder über einen privaten noch einen öffentlichen Eigentümer:innen. Dieser Umstand stand allerdings in keiner Weise einer positiven wirtschaftlichen Entwicklung im Wege, auch wenn jahrelang die anfallenden Dividenden auf den Bilanzposten »To whom it may concern« gebucht werden mussten. Die Rede ist vom Volkswagenwerk in Wolfsburg.[165]

Darüber hinaus, so heißt es, gehen die Menschen mit ihren eigenen Produktionsmitteln besonders pfleglich um und planen deren Einsatz sorgfältig, weshalb Privateigentum entsprechende Anreize zum sparsamen Ressourcengebrauch und zu nachhaltigem Umgang liefert.[166] Hierbei darf auf viele Jahrzehnte vernünftigen Ressourcen-Umgangs öffentlicher Unternehmen hingewiesen werden, wie nicht zuletzt z. B. mit neuen Daten deutscher Energieversorgungsunternehmen aufgezeigt werden kann, welche eine deutschlandweite empirische Untersuchung zum Vergleich der Effizienz privater und öffentlicher Unternehmen zum Gegenstand hatte. Die Ergebnisse deuten darauf hin, dass es keine Effizienzunterschiede zwischen öffentlichen und privaten Unternehmen gibt.[167] Außerdem darf an dieser Stelle auf das von Silke Helfrich aufbereitete Spektrum von funktionierenden Commons verwiesen werden, welche eindrucksvolles Anschauungsmaterial zu sparsamem Ressourcengebrauch und nachhaltigem Umgang mit Ressourcen liefern und dabei ohne privates Eigentum auskommen.[168]

Ähnliches gilt für die Behauptung, dass nur eigentumsgestützte Verfügungs- und Handlungsrechte zielgerichtete rationale Verhaltensweisen der Wirtschaftssubjekte ermöglichen würden, während nicht durch Privatbesitz gestützte Eigentums- und Entscheidungsrechte für die Gestaltung rationaler Wirtschaftsprozesse schädlich wären. Hierzu kann festgestellt werden, dass, völlig unabhängig von Eigentumsrechten, klare Entscheidungsbefugnisse und Verantwortlichkeiten für die Gestaltung rationalen wirtschaftlichen Handelns ganz grundsätzlich maßgeblich und notwendig sind. Erforderliche Optimierungen erfolgen in der Praxis durch entsprechende Modifikationen und Restrukturierung der Aufbau- und Ablauforganisation, durch Sachverstand, Weiterbildung und Erfolgskontrolle, nicht aber durch eine Ausweitung von Profitinteresse.

Dennoch soll – nach offizieller Lesart – kein privater Investor auf Dauer bereit sein, Entscheidungen über kostspielige Investitionen und Produktionen zu treffen, wenn er nicht auf »stabile Dispositionsrechte« über seine Produktion und seine erwirtschafteten Erträge vertrauen kann. Wie an anderer Stelle ausgeführt, verfügen allerdings die wenigsten Kapitaleigner über »stabile Dispositionsrechte« über Produktion und Ertragslage, welche vielmehr durch ein entsprechend verantwortliches Management wahrgenommen wird und im Übrigen auch nur durch ein solches hinsichtlich erforderlicher Investitionen wirklich beurteilt werden kann. Außerdem erfolgt die Finanzierung von Investitionen und Produktionen häufig durch das Bankensystem und nicht durch private Eigentümer oder Investor:innen, welche demzufolge aus diesem Sachverhalt ohnehin keine Rechte ableiten können.

In einem ähnlichen Kontext steht das scheinbar schwerwiegende Argument, nach dem nur über das Privateigentum die eigentliche Verantwortlichkeit und damit auch die Haftungsfrage geklärt werden könne. Grade hier garantiere das Privateigentum an Produktionsmitteln, dass für wirtschaftliche Fehlentscheidungen stets der verantwortliche Entscheidungsträger geradestehen müsse. In offizieller Lesart muss der/die Eigentümer:in die aus ökonomischen Fehlentscheidungen resultierenden Verluste selbst tragen.[169] Wie die Wirtschaftsgeschichte der letzten Jahrzehnte eindrucksvoll belegt, hat das Konstitut des Privateigentums nicht dazu beigetragen, gesellschaftliche Fehlallokationen zu vermeiden, ebenso wie die Konsequenzen wirtschaftlicher Fehlentscheidungen keineswegs von den verantwortlichen Eigentümer:innen persönlich getragen wurden. Die Zerstörung unvorstellbarer Werte z. B. im Kontext der letzten Finanzkrisen, ebenso wie z. B. die Übernutzung natürlicher Ressourcen mit teilweise unabsehbaren Folgen auch für kommende Generationen oder auch die alltägliche Überproduktion haben mittlerweile derartige Dimensionen angenommen, dass einzelne Investoren für den durch sie verursachten Schaden – allein aus quantitativen Gesichtspunkten – unmöglich einstehen können. Besonders dann nicht, wenn, wie z. B. in der Bekleidungsindustrie, 40 Prozent der produzierten Kleidungsstücke gar nicht verkauft werden können, moderne (Billig-)Kleidung im Durchschnitt nur 4-mal getragen wird und dieser ganze Irrsinn für ca. 5 Prozent der aktuellen Emissionen verantwortlich ist.[170] Schlaue Kapitalgeber und Manager ziehen im Zweifels- oder Schadensfall stets weiter zu neuen lukrativen Geschäftsmodellen und überlassen im Regelfall der Gemeinschaft das Aufkommen für die veranlassten Schäden.

Entgegen diesen herkömmlichen Einschätzungen über die segensreichen Wirkungen des Privateigentums hat das exponentiell anwachsende Eigentum an Immobilien, Grund und Boden, Unternehmensanteilen und Geldvermögen nicht zuletzt auch in Deutschland besonders in den letzten Jahren zu massiver Ungleichverteilung geführt und sorgt für sozialen, ökologischen und wirtschaftlichen Sprengstoff in der Gesellschaft. Ähnliches gilt auch für die globale Sicht auf die Fragestellung. Auch hier hat sich das Verhältnis von öffentlichem zu privatem Eigentum in den letzten Jahren laut dem World Inequality Report 2018 deutlich zugunsten des privaten Vermögens verschoben, mit der Tendenz eines gegen null gehenden öffentlichen Eigentums in den reichen Ländern der Welt.[171]

Überall lassen sich in den letzten 30 Jahren gewaltige Vermögensakkumulationen feststellen, bei denen der Reichtum Weniger zulasten der Allgemeinheit exponentiell angewachsen ist. Thomas Piketty hat detailliert nachgewiesen, dass die im Vergleich zur Realwirtschaft deutlich höheren Erträge der Finanzwirtschaft zu immer größerer Kapitalkonzentration in der Hand von immer weniger Menschen führt. So besitzen 10 Prozent der Bürger der USA mittlerweile 70 Prozent des nationalen Gesamtvermögens, wobei sich davon die Hälfte in der Hand nur eines Prozents der US-Bevölkerung befindet. Hingegen verfügen die unteren 50 Prozent der US-Bevölkerung lediglich über 5 Prozent des Gesamtvermögens.[172] Piketty ergänzt 2019: »Die extreme Eigentumskonzentration, die in nahezu allen Gesellschaften (insbesondere den europäischen) bis ins beginnende 21. Jahrhundert dazu führte, dass gemeinhin 80–90 Prozent der Vermögenswerte von den reichsten 10 Prozent (und bis zu 60–70 Prozent vom reichsten 1 Prozent) gehalten wurden, hatte nicht den mindesten Gemeinnutzen.«[173]

Hinzu kommt, dass besonders auch in den USA jedes Jahr gewaltige Summen vererbt werden, für die oft kaum Steuern bezahlt werden. So sollen z. B. nach dem Wirtschaftsdienst Bloomberg 764 Mrd. US-Dollar im Jahr 2020 vererbt werden, die mit einer durchschnittlichen Steuer von nur 2,1 Prozent belegt werden, während die arbeitende Bevölkerung mit einem Steuersatz von 15,8 Prozent rechnen muss. Auch dies erfolgt also weitgehend ohne Gemeinnutzen und liefert einen wichtigen Hinweis auf die Ursachen gesellschaftlicher Ungleichheit und Spaltungen der Gesellschaft.[174]

Aber auch in Deutschland herrschen große Ungleichgewichte in der Vermögensverteilung. Wie der 6. Armuts- und Reichtumsbericht der Bundesregierung aufzeigt, steigt der Anteil der oberen 10 Prozent am Nettogesamtvermögen von 59 auf fast 64 Prozent.[175]

Bezogen auf die gesamte Weltbevölkerung nehmen sich nach dem Global-Wealth-Report die Zahlen noch extremer aus: Während die untere Hälfte der Weltbevölkerung über weniger als 1 Prozent des Weltreichtums verfügt, gehören Mitte 2019 den reichsten 10 Prozent der Bevölkerung 82 Prozent des globalen Vermögens, die Top 1 % besitzen davon alleine 45 Prozent.[176] Ähnliche Zahlen liefert hierzu Statista für das Jahr 2019, nach denen im weltweiten Maßstab 0,9 Prozent der Menschen 43,9 Prozent des Weltvermögens besitzen, wohingegen 56 Prozent nur 1,8 Prozent des Weltvermögens ihr Eigen nennen. Diese ganz offensichtlichen

Ungleichgewichtsverhältnisse, die ständig weiter anwachsen, sorgen für eine Spaltung der Gesellschaft und schüren sozialen Unfrieden. Dennoch scheint eine Begrenzung oder Einschränkung des Eigentums nahezu unvorstellbar. Doch unterscheiden wir zunächst einmal die verschiedenen Formen des Privateigentums in Bezug auf ihre jeweilige gesellschaftliche Wirkung.

5.2 Eigentum an Grund und Boden

»Der Erste, welcher ein Stück Landes umzäunte, sich in den Sinn kommen ließ zu sagen, dies ist mein, und der einfältige Leute antraf, die es ihm glaubten, der war der wahre Stifter der bürgerlichen Gesellschaft. Wie viel Laster, wie viel Krieg, wie viel Mord, Elend und Gräuel hätte einer nicht verhüten können, der die Pfähle ausgerissen, den Graben verschüttet und seinen Mitmenschen zugerufen hätte: Glaubt diesem Betrüger nicht. Ihr seid verloren, wenn ihr vergesst, dass die Früchte euch allen, der Boden aber niemandem gehört.«[177]

Dieses berühmt gewordene Zitat von Jean Jacques Rousseau verweist auf die Entstehungsbedingungen von Privateigentum an Grund und Boden und damit auf eine der wichtigsten Ressourcen überhaupt, welche sich ursprünglich wohl vollständig in Gemeineigentum befand und im Lauf der Jahrhunderte Stück für Stück eingehegt und privatisiert wurde. Ein wichtiger Meilenstein auf dem Weg der Privatisierung ist der Wechsel von der feudalen Grundherrschaft zum bürgerlichen Eigentum in Europa, welcher im 14. Jahrhundert in England stattfand.[178] Karl Polanyi beschreibt eindrücklich diesen Vorgang als Revolution der Reichen gegen die Armen, bei der den ärmeren Schichten ihr Anteil am Gemeinbesitz buchstäblich gestohlen wurde.[179] Hierbei fand eine für die gesamte nachfolgende Moderne bedeutsame Umwälzung der Lebensbeziehungen statt, indem aus dem dörflichen Gemeindeland, das die mittelalterlichen Bauern gemeinsam bewirtschafteten, durch Einzäunung (enclosure) Privatland wurde und aus der gegenseitigen Hilfe und der gemeinsamen Arbeit der Bäuer:innen durch Geld vermittelte Vertrags- und Konkurrenzbeziehungen entstanden.[180] In diesem Sinne ist das Eigentum in hohem Maße verantwortlich für die Entwicklung der Produktionsverhältnisse, des Kapitals, der Arbeit und natürlich auch für den Umgang mit Grund und Boden, welcher sich in besonderer Weise auch als Anlageform von Vermögen entwickeln sollte.

Der Rechtssubstanz des Privateigentums kommt auch insofern besondere Bedeutung zu, als sie privaten Landeigentümer:innen die Möglichkeit der Spekulation mit steigenden Bodenpreisen gab, indem diese von ihrem individuellen Veräußerungsrecht eines ursprünglich in Gemeinbesitz befindlichen Gutes Gebrauch machen konnten.[181] Wie die Geschichte der Eigentumsvermehrung über die Jahrhunderte deutlich macht, sollte das Eigentums- und Vertragsrecht abnehmende Solidarität und Nachhaltigkeit in Produktion, Verteilung und Konsum bewirken[182] und auf diese Weise für eine immer größer werdende Ungleichheit hinsichtlich der Verteilung von gesellschaftlichem Reichtum sorgen.

Die Ungleichheit von Menschen mit Immobilienbesitz und solchen ohne eigenen Grund und Boden sowie die daraus resultierende und sich ständig weiter verschärfende Ungleichverteilung von Eigentum und Vermögen zeigt sich auch daran, dass die Wohneigentumsquote in Deutschland 2013 43 Prozent beträgt[183] und 10,4 Prozent der Deutschen 57 Prozent aller Immobilien besitzen. Die Nichteigentümer:innen haben das Nachsehen, in Berlin z. B. haben sich die Wohnungsmieten seit 2005 verdoppelt, wohingegen die Reallöhne nur um etwa 12 Prozent gestiegen sind. Die Wohnausgaben liegen für ein Siebtel der Deutschen bereits über 40 Prozent des verfügbaren Einkommens.[184] Ein Stillstand der Steigerungen oder eine Trendumkehr sind derzeit nicht absehbar.

> Während Privateigentum an Grund und Boden im Konsumbereich als sozial angemessen betrachtet werden kann, wenn es sich in vertretbarem Umfang auf den persönlichen Gebrauch zu Wohnzwecken bezieht und nicht zu spekulativen Zwecken eingesetzt wird, nimmt sich dies im Produktionsbereich anders aus. Hier kann Grund und Boden sachgemäß nicht als käufliches Gut und Ware gehandhabt werden, mit der spekuliert und die in jeder beliebigen Größenordnung gegen Geld eingetauscht werden kann.

Grund und Boden kann nicht zuletzt schon aus definitorischen Gründen als käufliches Gut und Ware betrachtet werden, verstehen wir doch unter dem Begriff der Ware ein dingliches Gut, welches zum Zwecke des Verbrauchs von Menschen hergestellt und in Verkehr gebracht wurde und in der Regel auch reproduziert und am Warenmarkt gegen Geld erworben werden kann. Grund und Boden ist nun aber gerade kein von Menschen erzeugtes Gut, ist auch nicht reproduzierbar und in seiner Ausdehnung eindeutig endlich. Grund und Boden ist naturgegeben und ohne den Einfluss und das Verdienst von Menschen entstanden, wird nicht verbraucht, sondern zum Zwecke der Existenzsicherung gebraucht (Wohnraum, Anbau, Fertigung etc.). Grund und Boden konstituiert deshalb Nutzungsrechte und ist damit der Sache nach ein Rechtsgut, analog zu anderen Freiheits-

und Menschenrechten, welche üblicherweise nicht gegen Geld eingekauft, sondern aufgrund von Rechtsakten (allen) Bürger:innen gleichermaßen und gleichberechtigt zugesprochen werden. Befindet sich Grund und Boden in der Hand einiger weniger Eigentümer, die allen anderen »ihr« Land gegen Geld zur Verfügung stellen, bringen sie diese anderen in existenzielle Abhängigkeitsverhältnisse, die vor allem auch in Form von Zinsforderungen für Mieten und Pachten bestehen. Bodenerwerb und Bodenbesitz zum Zwecke der Spekulation und gewinnorientierter Vermietung und Verpachtung widerspricht grundsätzlich dem Grundcharakter dieses Gemeinguts, dessen Wert der Allgemeinheit zusteht. Grund und Boden erfüllt prinzipiell nicht die Kriterien einer handelbaren Ware, auch wenn die geltenden Rechtsordnungen dies heute noch so vorsehen.

> Genau betrachtet gilt für das Eigentum an Grund und Boden, dass der Kauf desselben keine Warenbeziehung konstituiert, sondern den Erwerb von Rechten zum Gegenstand hat, die der Sache nach nicht käuflich sind. Auch verbietet sich der Kauf und Verkauf von Grund und Boden, weil mit demselben existenziell wichtige Nutzungsrechte verbunden sind und durch den Erwerb von Land das Recht selbst zur Ware degeneriert.

Das grundlegende Problem des Eigentums an Grund und Boden besteht darin, dass durch den Tausch eines Rechts gegen Geld das Recht selbst zur Ware und damit käuflich wird und so, auf völlig legale Weise, Ungleichheit und Unrecht in die Beziehungen der zusammenarbeitenden Menschen Einzug hält. Aus diesen Begründungszusammenhängen gilt, dass sich aus den Gegebenheiten von Wirtschaft und Gesellschaft – außer in überschaubarem privatem Rahmen – kein

Recht auf unbegrenzte Verfügung, sondern lediglich ein Recht auf die Nutzung von Grund und Boden ableiten lässt. Nachdem jeder Mensch eines bestimmten Anteils am vorhandenen Grund und Boden bedarf, um leben zu können, müsste dieser grundsätzlich allen Menschen zugänglich sein und nach Maßgabe demokratischer Vereinbarungen sinnhaft und gemeinwohlorientiert aufgeteilt werden. Sozial richtig beurteilt, kann es sich damit bei der Vergabe von Land und Boden wie gesagt nur um die Vergabe von Nutzungsrechten handeln, gegebenenfalls auch über Jahrzehnte hinweg, z. B. in Form von entsprechenden Erbpachtverträgen. Grund und Boden gehört so gesehen der gesamten Menschheit, die diese sachgemäß nach Gesichtspunkten des maximalen Gemeinwohls für die Gegenwart und die nachfolgenden Generationen zu verwalten hat.

5.3 Eigentum an Produktionsmitteln und Produktionskapital

Ähnlich dem Eigentum an Grund und Boden konstituiert das Eigentum an Produktionsmitteln und Produktionskapital kontraproduktive und wenig motivierende Über- und Unterordnungsverhältnisse im Wirtschaftsleben. Es herrschen Unrechtsverhältnisse durch Rechtsungleichheit und die Arbeitsbedingungen können weitgehend durch die Eigentümer:innen von Produktionsmitteln und Realkapital bestimmt werden. Die Rechtssubstanz des heute herrschenden Eigentumsverständnisses und das damit verbundene Verfügungsrecht, nicht zuletzt auch in Bezug auf die Möglichkeit der Veräußerung der Produktionsmittel, schafft eine Rechtssituation der Übermacht des Kapitaleigners oder dessen Vertreter:in über die Mitarbeitenden eines Unternehmens.

Diese Übermacht führt zu faktischer Rechtsungleichheit und damit notwendig zu sozialem Unfrieden. Persönliche Anmaßung, Mobbing, willkürliche Benachteiligung und vielfältige Formen der Unterdrückung der Nichteigner durch die Vertreter des Kapitals sind an der Tagesordnung.

Grundsätzlich gilt es, auch hier das persönliche Eigentum von betrieblichen Eigentumsformen zu unterscheiden. Persönliches Eigentum an Gegenständen zur persönlichen Nutzung ist sinnvollerweise der vollständigen Verfügungsfreiheit des Einzelnen zu überlassen, weil Gegenstände des persönlichen Gebrauchs und des individuellen Konsums nach persönlichem Belieben behandelt, veräußert oder auch zerstört werden können.[185] Handelt es sich jedoch um betriebliches Eigentum an Produktionsmitteln, Fabrikgebäuden sowie Grund und Boden, nimmt sich der Sachverhalt anders aus. Hier ermöglicht die mit dem Eigentum verbundene Rechtslage ein weitgehend willkürliches Schalten und Walten gegenüber Mitarbeitern, die der Sache nach kein Objekt persönlicher Verfügung und natürlich kein (Leib-)Eigentum sein können. Dies sind sie aber noch zu einem gewissen Teil, wenn sie z. B. beim Verkauf eines Unternehmens wie Geräte und Maschinen mit an neue Eigentümer:innen übergehen. Entgegen diesen üblichen Handhabungen sind Unternehmen soziale Systeme mit realen Mitarbeitern und klar bestimmten Aufgabenstellungen, über die nicht willkürlich entschieden werden kann, wie dies z. B. bei einer Veräußerung an den meistbietenden Interessenten geschieht, wenn Mitarbeiterschaften, Arbeit und Intelligenz in einem solchen Veräußerungs- oder Vererbungsfall schlicht mitverkauft bzw. mitvererbt werden.

Nachdem bei einem Verkauf von Eigentumsanteilen an Unternehmen durch Alteigentümer:innen in der Regel maximale Erträge in Form eines möglichst hohen Kaufpreises erzielt werden sollen, spielen ökologische, wirtschaftliche und sozial sinnvolle Lösungen zur Übergabe eines Unternehmens oftmals keine besondere Rolle. Ein Sachverhalt, der den Arbeitsalltag der Beschäftigten eines solchen zum Verkauf stehenden Unternehmens jedoch massiv beeinträchtigt, weil sich eine Investition nach geltender Sichtweise für nächste Eigentümer:innen »rechnen« muss und sich deshalb Produktion und Dienstleistung am maximalen finanziellen Ertrag, statt an maximalem Kundennutzen oder gar am Wohlbefinden der Mitarbeitenden orientiert. Auf jeden Fall bleibt festzuhalten, dass mit dem Verkauf von Verfügungsrechten über Produktionsmittel ganz konkret Recht zu Ware gemacht wird. Dies vor allem auch deshalb, weil über das Recht an Eigentum faktisch immer auch operative Herrschaftsansprüche gegenüber Mitarbeiter:innen abgeleitet werden können und über die Verfügung über die Produktionsmittel zugleich auch über den Einsatz von Arbeit und Fähigkeiten der arbeitenden Menschen entschieden werden kann. Dies ist der Sache nach ein potenziell entwürdigender Vorgang, der demotivierend wirken und sozial schädlich sein kann. Dies gilt ganz unabhängig davon, dass auch großer wirtschaftlicher Schaden entstehen kann, wenn Produktionsmittel unabhängig von der Eignung eines Erwerbers oder Erben in neue Hände übergehen. Und dies gilt ganz besonders auch in Hinblick auf den bereits ausgeführten Sachverhalt, dass innerhalb der modernen, arbeitsteiligen und hochgradig vernetzten Wirtschaft, die Entstehung aller Werte und damit auch die Entstehung von Produktionsmitteln immer auch eine Leistung aus dem Ganzen für das Ganze ist.

5.4 Eigentum und moderne Wirtschaftsordnung

Eigentum hat gesellschaftlich mit Verantwortung zu tun, dies stellt z. B. auch Papst Franziskus in seiner bereits erwähnten Enzyklika »Fratelli tutti« fest: »Immer gibt es neben dem Recht auf Privatbesitz das vorrangige und vorgängige Recht der Unterordnung allen Privatbesitzes unter die allgemeine Bestimmung der Güter der Erde und daher das allgemeine Anrecht auf seinen Gebrauch.«[186]

Dies gilt besonders dann, wenn, wie dargestellt, sich im Laufe der Jahre ein hochvernetztes Wirtschaftssystem herausgebildet hat, durch welches die gesamte Weltwirtschaft zu einem Gesamtsystem völliger gegenseitiger Abhängigkeiten verschmolzen ist. Die Entwicklung dieses Systems hat selbstverständlich Rückwirkungen auf die Eigentumsverhältnisse in der Gesellschaft. Die Unternehmer:innen setzen zwar unter Umständen eigenes (Spar-)Kapital ein, ebenso verwenden sie jedoch von der Gesellschaft hervorgebrachtes Kapital. »Die Unternehmen profitieren in vollem Umfang von der gesellschaftlich geschaffenen ökonomischen, sozialen und kulturellen Infrastruktur.«[187] Moderne Unternehmen verdanken ihre Gewinne ganz wesentlich bestimmten Erfindungen und Technologien, die sie nutzen, jedoch nicht immer selbst entwickelt haben. Bekanntlich beruhen z. B. das Internet und andere wichtige Basis-Innovationen im Bereich der Digitalisierung auf wichtigen Grundlagenforschungen und Investitionen in Milliardenhöhe durch den Staat. So weist z. B. Mariana Mazzucato darauf hin, welche herausragende Bedeutung ein aktiver und investierender Staat für Innovation und Wachstum hat. Am Beispiel des Unternehmenserfolgs von Apple ebenso wie anhand der

Industrie für erneuerbare Energien konnte sie anschaulich dokumentieren, wie Staatsinvestitionen für die Entwicklung ganz neuer Märkte sorgen. Nicht die Investitionen einzelner Unternehmer:innen spielen also bei wichtigen gesellschaftlichen Innovationen die zentrale Rolle, sondern die Investition der Gesellschaft über staatliche Forschungsvorhaben, Förderprogramme, Subventionen und vieles andere mehr.[188]

Neben dieser direkten Förderung der Betriebe durch staatliche Mittel greifen Unternehmer:innen auch durch die qualifizierte Ausbildung ihrer Mitarbeiter:innen im großen Stil auf Investitionen vorausgegangener und jetziger Generationen zurück. Diese Ausbildung an Schulen und Hochschulen stellt eine zentrale Voraussetzung für wirtschaftliche Leistungen dar, ohne die echte Innovation nicht vorstellbar wäre.

Damit werden alle Unternehmen permanent mit gesamtgesellschaftlichem Kapital gespeist und es ergibt sich ein fundamentaler Widerspruch zwischen den Entstehungsbedingungen wirtschaftlicher Werte aus wirtschaftlicher Zusammenarbeit und der individualistischen und privatisierten Rechtssubstanz des Eigentumsbegriffs in modernen Volkswirtschaften andererseits. Nachdem jede einzelne produktive Einheit von allen anderen wirtschaftlichen Leistungsträgern abhängt und jede Leistung aufs Engste mit jeder anderen Leistung verbunden und integral vernetzt ist, kann diese weder funktional noch eigentumsrechtlich als autonom und selbstständig hinsichtlich der Entstehung und Aneignung von Eigentum betrachtet werden. Deshalb ist ein Eigentumsrecht, welches dem/der Unternehmer:in die Alleinentscheidung über das Produkt, seine Qualität und Quantität überlässt, im Kern anachronistisch. Das Gleiche gilt für die Alleinverfügung über die Eigentumsrechte, denn ein solches Rechtsverhältnis setzt eine:n autonome:n Eigentümer:in voraus, der/die in einem System auf sich gestellter, unabhängig voneinander funktionierender Wirtschaftseinheiten arbeitet. Diese Wirtschaftsstruktur gehört allerdings der Vergangenheit an.

Auch wenn die Entstehung von Waren und Dienstleistungen immer mit individuellen Fähigkeiten verbunden ist und stets konkreter unternehmerischer Einsatz und Kreativität gefordert sind, so sind Wirtschaftswerte doch nur durch das Zusammenwirken aller am Wirtschaftsprozess Beteiligter entstanden. Jede wirtschaftliche Initiative basiert auf bereits verwirklichten Ideen und Konzepten der gesamten technisierten und automatisierten Industrie. Alle Produkte und Produktionsmittel basieren auf einer gesamtgesellschaftlich entstandenen technischen Intelligenz, womit bei jeder Erfindung, bei jedem Werkzeug und bei jedem neuen Produkt stets ein Teil der allgemeinen Entwicklung mit enthalten ist. Hieraus kann gefolgert werden, dass wirtschaftliche Unternehmen immer auch als Leistung der gesamten Gesellschaft zu betrachten sind, eben weil die Entwicklung dieser technischen Intelligenz eine Gesamtleistung der ganzen Menschheit darstellt, ohne die wirtschaftliche Leistung nicht denkbar wäre.

Diese Auffassung bestätigt auch Thomas Piketty, wenn er feststellt: »Die Idee, es gebe strikt privates Eigentum und weiterhin Formen eines naturwüchsigen und unverbrüchlichen Anrechts bestimmter Personen auf bestimmte Güter, hält keiner Analyse stand. Akkumulation von Gütern ist stets Frucht eines sozialen Prozesses. Sie zehrt insbesondere von öffentlichen Infrastrukturen (vor allem dem Rechts-, Steuer- und Bildungssystem), von sozialer Arbeitsteilung und von Erkenntnissen, die von der Menschheit in Jahrhunderten gesammelt wurden.«[189] In der Tat sind überall die Resultate der Naturwissenschaften, technische Ideen und technisches Wissen integraler Bestandteil aller Leistungen, ohne die keine Wertentstehung vorstellbar wäre. Der Fortschritt der Naturwissenschaften spielte bei der wirtschaftlichen Wertschöpfung eine entscheidende Rolle. Angewandtes Wissen, in immer wieder neuen und effektiveren Produktionsmitteln zum Einsatz gebracht, bewirkt wachsenden technischen Fortschritt. Jeder Wirtschaftswert und damit auch die heute weitgehend noch in Privateigentum befindlichen Produktionsmittel entstehen in letzter Konsequenz grundsätzlich immer nur aus gesamtgesellschaftlicher Kooperation aller am Wirtschaftsprozess Beteiligten. Demzufolge haben Produktionsmittel, gleichermaßen wie Grund und Boden, der Gesellschaft zu dienen und müssen in der effektivsten und kreativsten Weise für die Allgemeinheit verwaltet werden. Dies gilt in besonderer Weise, wenn der Eigentumsbegriff mit den klassischen Rechtsgrundsätzen zum Immaterialgüter-Recht ins Verhältnis gesetzt wird. Für Copyright und Patentschutz gilt der bekannte (Rechts-)Grundsatz, dass alle technischen Ideen und Erfindungen immer das technische Wissen der ganzen Gesellschaft enthalten, woraus eine Befristung des diesbezüglichen Verwertungsschutzes einzelner Hervorbringer aus den Interessen der Gesellschaft folgt. Aus diesem Grunde gehen Copyrights, Patente etc. nach einer gewissen Zeit an die Allgemeinheit über.[190] Es folgt damit ein bestimmter Anspruch der Allgemeinheit durch das in den Immaterialgütern enthaltene technische Wissen und technische Know-how, welches immer die Leistung der gesamten Gesellschaft darstellt und auch als solches verstanden wird. Dieser Anspruch kommt nach geltendem Recht in der Regel eben durch die genannte Befristung des geistigen Eigentums zum Ausdruck.[191]

Nun sind Produktionsmittel und Produktionsgüter ebenfalls Ausdruck dieses allgemeinen technischen Wissens, weshalb bereits aus formalen Gründen hier eine Befristung auch
des materiellen Eigentums an Produktionsmitteln bzw. der
Verfügungsrechte an diesen angezeigt wäre. Nachdem die
gesamte Gesellschaft im umfassenden Sinne die »eigentliche
Autorin« der Produktionsmittel darstellt, gilt – wenn auch
mit anderen Konsequenzen als für das klassische Immateri-
algut – die sachliche Notwendigkeit einer geeigneten Befristung der Verfügung über diese Mittel. Deshalb muss auch die
Allgemeinheit als Teilhaberin an der gesamten eingesetzten
technischen Intelligenz in geeigneter Form (mit-)verwer-
tungsberechtigt sein.[192]

5.5 Eigentum und Fremdkapital

Eine weitere wichtige Einordnung des Eigentums ergibt sich
aus der Untersuchung der Frage, wo eigentlich normalerweise das Kapital für die Gründung einer Firma herkommt,
woher entsprechende Besitz- und Anspruchsverhält-
nisse wirtschaftsfaktisch überhaupt stammen? Das für die
Begründung oder den Erwerb eines Unternehmens erforderliche Kapital kann in besonderen Fällen entweder selbst
erarbeitet, geerbt oder geschenkt worden sein. Im Regelfall
allerdings wurde ein solches Gründungskapital als Darle-
hen zur Verfügung gestellt und entstand damit als Erzeugnis
der Zusammenarbeit aller am Wirtschaftsprozess beteiligter
Akteur:innen.

Aus diesem gesamtwirtschaftlich bedingten Entstehungs-
prozess des eingesetzten Kapitals folgt, dass der/die Unter-
nehmer:in nicht ausschließlich – und gegebenenfalls auch
missbräuchlich und vor allem nicht für den eigenen privati-

sierbaren Profit – über dieses Kapital verfügen können sollte. Im Gegenteil gilt eine explizite Verantwortung der Unternehmer:innen bzw. der Unternehmen gegenüber der Gesellschaft, weshalb das Eigentum an Produktionsmitteln und Betriebsvermögen letztlich als eine Art Verantwortungseigentum zu verstehen ist. Dies bedarf einer besonderen Rechtsgestaltung, die das Recht der Allgemeinheit auf einen sinnvollen Einsatz wie auch die Pflichten des Unternehmers oder der Unternehmerin regelt, das Kapital so zu verwenden, wie es dem Nutzen aller am besten entspricht. Das bedeutet, dass das betreffende Unternehmen der Öffentlichkeit gegenüber für die richtige Anwendung des eingesetzten Kapitals verantwortlich ist. Im Weiteren kann festgestellt werden, dass der/die Privateigentümer:in von Produktionsmitteln und Produktionskapital im Regelfall ohnehin nur das Verfügungsrecht über das Aktiv-Vermögen einer Gesellschaft besitzt und üblicherweise nur über eine Minorität am Passiv-Kapital einer Firma verfügt. Die im Regelfall vorhandenen erheblichen Fremdkapitalpositionen machen denselben zum Schuldner seiner Fremdkapitalgeber (Gläubiger) ebenso wie zum Schuldner gegenüber der Gesellschaft, Letzteres wegen derer materiellen und immateriellen Vorleistungen. Wobei auch im Falle der Kapitalbeschaffung über »private« Fremdkapitalgeber in Form von Einzelpersonen, Beteiligungsunternehmen oder Banken immer auch der Anteil der Allgemeinheit durch entsprechende Vorleistungen im Sinne der dargestellten Überlegungen zum Integralen System zu beachten sein wird.

Dies stellt auch heute schon den absoluten Verfügungsanspruch eines Kapitaleigners an Unternehmen infrage, denn in der Tat bedeutet ein Fremdkapitalanteil der deutschen mittelständischen Wirtschaft in Höhe von ca. 70 Prozent eine hohe diesbezügliche Abhängigkeit der Einzelunternehmer:innen gegenüber ihren jeweiligen Kapitalgeber:innen.[193] Faktisch besteht unter diesen Voraussetzungen auch operativ keine ausschließliche Verfügungsmöglichkeit des/der Unternehmer:in über »seine /ihre« Produktionsmittel und Kapitalien, die Kapitalgeber behalten sich in der Regel ein klares Mitspracherecht bei substanziellen Entscheidungen vor. Der/Die Einzelunternehmer:in ist im Regelfall also mehr Schuldner:in als Eigentümer:in, er/sie ist nicht nur seinen Geldgebern gegenüber im Obligo, sondern, aus Gründen der umfassenden gesamtwirtschaftlichen Kooperation, auch der ganzen Gesellschaft verpflichtet!

5.6 Anforderungen an moderne Verfügungsrechte

Aus den bislang dargestellten Überlegungen sind konkrete Anforderungen an einen zeitgemäßen Eigentumsbegriff und die Verfügungsrechte über Produktionsmittel und Produktionskapital zu stellen, zu welchen mindestens nachfolgende Eckwerte gehören. An erster Stelle muss hierbei die Frage nach Gerechtigkeit stehen: Entsprechen also moderne Eigentumsordnungen dem Anspruch an Gerechtigkeit oder tun sie dies nicht und was verstehen wir überhaupt unter Gerechtigkeit? Ein Verweis auf Piketty hilft hier etwas weiter: »Gerecht ist eine Gesellschaft, die allen, die ihr angehören, möglichst umfänglichen Zugang zu grundlegenden Gütern gewährt. Zu solchen Grundgütern zählen namentlich Bildung, Gesundheit, aber auch das Wahlrecht und, allgemeiner gesprochen, Partizipation, also Mitbestimmung und möglichst umfassende Teilhabe aller an den verschiedenen Formen gesellschaftlichen, kulturellen, wirtschaftlichen, staatsbürgerlichen, politischen Lebens. Die gerechte Gesellschaft organisiert soziale und wirtschaftliche Beziehungen, Eigentumsverhältnisse, Einkommens- und Vermögensverteilung derart, dass sie ihren am wenigsten begünstigten Mitgliedern die bestmöglichen Existenzbedingungen bietet.«[194] Mit dieser Formulierung ist eigentlich alles Notwendige gesagt und es bleibt nur zu wiederholen, dass Produktionsmittel und Produktionskapital historisch immer nur durch das Zusammenwirken aller am Wirtschaftsprozess Beteiligten entstanden sind und deswegen sachgemäß nicht von den Interessen der Gesamtheit getrennt verwaltet und verwertet werden können.[195]

Es widerspricht der Tatbestand dieser kollektiv bedingten Entstehung dem Prinzip der möglichen privaten Aneignung und Verwertung gesellschaftlicher Werte und damit auch des privaten Eigentums an Realkapital. In der Konsequenz führt dies zur Forderung nach einer Unveräußerbarkeit und Unvererbbarkeit der Produktionsmittel.

> Produktionsmittel entstehen aus gesamtgesellschaftlicher Kooperation und können deswegen nicht ohne die Wahrung der Interessen dieser Gesamtheit verwaltet werden. Aus diesen Gründen können Produktionsmittel eigentlich der Sache nach nur gemeinschaftlich betrieben und genutzt werden und sollten demzufolge sachgemäß in einer Form gesamtgesellschaftlichen Treuhandeigentums verwaltet werden. Jede andere private oder auch staatliche Form der Verwaltung entspricht nicht dem kooperativen Charakter, den die Produktionsprozesse in der neueren Wirtschaftsgeschichte angenommen haben.

Im Weiteren wird es darum gehen, maximale gesellschaftliche Effizienz im Umgang mit diesem Treuhandeigentum zu gewährleisten. Angesichts der Unmöglichkeit weiterer Verschwendung immer knapper werdender Ressourcen und der Verpflichtung, der Nachwelt eine einigermaßen intakte Umwelt und ausreichend Rohstoffe zu hinterlassen, muss jede weitere Verschwendung und jeder weitere Raubbau konsequent unterbleiben. Es gilt, mit maximaler Effizienz zu wirtschaften und dabei menschliche und natürliche Ressourcen weitestgehend zu schonen. Diese maximale wirtschaftliche Effizienz kann allerdings nur erreicht werden, wenn die Verfügungsrechte über Produktionsmittel und Produktionskapital eine optimale Entfaltung der Fähigkeiten garantieren, diese nicht etwa (staats-)bürokratisch unterbinden und den Einsatz von Fähigkeiten und Kreativität unterminieren. Diese Anforderungen gilt es, auf Grundlage gesellschaftlicher und assoziativer Beratungen und (demokratischer) Entscheidungen unter Wahrung der rechtlichen Stellung des Menschen im Arbeitsprozess umzusetzen. Die Möglichkeit zu ungerechtfertigter Machtentfaltung kann der Sache nach jedenfalls nicht Merkmal zukünftiger Unternehmensgestaltungen und Betriebsverfassungen sein. Es geht damit um die Entwicklung eines Eigentumsmodells, welches den individuellen Bezug der Kapitalien zu den Fähigkeiten garantiert, aber die heute damit verbundene Unrechtslage der arbeitenden Menschen durch die Übermacht der Eigentümer:innen aufhebt.

Gliedert man den Eigentumsbegriff in seine funktionalen Bestandteile und trennt das Gestaltungspotenzial des Realkapitals von dem faktischen Eigentum an demselben, kommt man zu der interessanten Feststellung, dass beide sehr unterschiedlich auf die Gesellschaft wirken, trotz der im Kapitalismus postulierten engen Verbindung. Während auf Eigentum basierende Verfügungsrechte oft negative Wirkungen für die betroffenen Mitarbeiter:innen und die Gesellschaft zeitigen, da durch sie reine Renditeinteressen im Vordergrund stehen, ermöglicht eine möglichst freie Verwaltung von und die Verfügung über Unternehmenskapital durch einzelne Unternehmer:innen oder Gruppen verantwortlicher Manager:innen, eine direkte Verbindung des Kapitals mit den individuellen unternehmerischen Fähigkeiten. Diese von reinem Renditedenken befreite Verbindung der Menschen mit dem Kapital nützt dem Gemeinwohl durch eine dadurch mögliche optimale Freisetzung der Kreativität und dient so bestmöglich der optimalen Versorgung der Gesellschaft mit den notwendigen Konsumgütern und Dienstleistungen. Eigentlich müsste eine völlig neue Rechtsform an die Stelle des Eigentums treten, die das Kapital mit den Fähigkeiten verbindet, aber die heute mit Eigentum verbundene Machtausübung von Menschen über Menschen unterbindet.

Gesellschaftlich wäre also in Zukunft darauf zu achten, dass eine möglichst direkte Kopplung von Fähigkeiten und Kapital erfolgt, ohne damit Macht und Machtmissbrauch ins Spiel zu bringen. Denn nur mit der Freisetzung eines Maximums an Kreativität kann die gesellschaftlich erforderliche Gesamtleistung effizient und möglichst nachhaltig erbracht werden. Diese erwünschte Freisetzung der menschlichen Kreativität bei den Unternehmer:innen, welche weder dirigistisch durch staatliche Planvorgaben, noch bevormundend durch Gesellschafter-Einflussnahme behindert werden sollte, darf dennoch nicht willkürlich erfolgen können. Deshalb wird sich dieser Fähigkeiteneinsatz in Zukunft mehr als bislang auch an gesamtgesellschaftlichen Vorgaben orientieren müssen, die Entscheidungen in Bezug auf ein Was, Wie, Wie-viel und Wo der Produktion auch durch demokratische Entscheidungen mitbeeinflussen werden. Dies vor allem dort, wo eine künftige assoziative Selbstverwaltung der

Wirtschaft an ihre Grenzen stößt oder die demokratisch-staatliche Rechtsgemeinschaft aus anderen Gründen Zielvorgaben für sinnvoll hält.

Hieraus ergibt sich das Anforderungsprofil an einen neuen Eigentumsbegriff, welches in einem fortlaufenden Kreislaufprozess der Kapitalrechte liegen könnte und immer wieder die jeweils dazu befähigten Personen mit den Verfügungsrechten zusammenbringt. Aus einem solchen treuhänderischen Verständnis würde jeweils zeitlich befristet ein Verfügungsrecht entstehen können, welches ähnlich dem heute auf Privateigentum basierenden Zugang zu maximaler Fähigkeitsentfaltung bei gleichzeitigem Schutz vor Machtmissbrauch gewährleisten könnte. Dieses Verständnis entspräche einer Treuhänderschaft, die an Leistung, Fähigkeiten und persönliche Kompetenzen gebunden ist. Durch geeignete neue Rechtsformen würde eine Produktionsstätte nur so lange mit einer Person oder einer Personengruppe verbunden bleiben, wie dies aus der individuellen Fähigkeit, den Betrieb zu leiten, gerechtfertigt wäre.

Die Auswahl und Bevollmächtigung für die jeweilige Führungsposition, die bislang eng mit dem Gewinninteresse der Eigentümer:innen verbunden ist, wird sich zukünftig an neuen Gesichtspunkten orientieren müssen. Hierzu gehört das Kriterium wirklicher Selbstverantwortung einer Unternehmerpersönlichkeit, die sich nicht mit Durchsetzungsvermögen über den Gebrauch von Ellbogen und Faust, sondern dem optimalen Einfügen in das soziale Ganze profiliert. Auswahl und Bevollmächtigung von Führungskräften wird deshalb vorzugsweise immer mehr unter demokratischer Mitsprache aller Beteiligter erfolgen, also auch unter Einbeziehung der Mitarbeiterinnen und Mitarbeiter der Unternehmen.

Bei aller berechtigten Würdigung der freien und kreativen Verfügungsmöglichkeit durch die jeweiligen Unternehmerpersönlichkeiten muss dennoch nachdrücklich angemerkt werden, dass die Zukunft weniger einzelnen herausragenden Figuren, sondern vermehrt kollegialen Strukturen gehören wird. Solipsistisch arbeitende Einzelpersönlichkeiten, die allein aus eigener Genialität und eigenem Gutdünken in modernen hochvernetzten Wirtschaftssystemen erfolgreich arbeiten, werden mehr und mehr zu Ausnahmeerscheinungen. Dies deckt sich mit der eigenen jahrzehntelangen unternehmerischen Erfahrung des Autors, welche immer wieder deutlich machte, dass aus dem Zusammentreffen unterschiedlicher Standpunkte und Perspektiven betroffener Mitarbeiter, Beraterinnen oder Kunden stets eine wirtschaftlich sinnvollere und ressourcenmäßig nachhaltigere Entscheidung gefunden werden konnte, als dies einem einzelnen Bewusstsein möglich gewesen wäre.

Dies gilt auch und gerade in Anbetracht moderner Tech-Start-ups und digitaler Monolithen wie Facebook, Amazon, Tesla und vieler anderer, Firmen also, bei denen einzelne Firmenchefs zu unglaublicher Machtfülle gekommen sind. Hier darf mit Lisa Herzog getrost festgestellt werden: »Es ist fast nie das einzelne Genie, das die Welt verändert. Dahinter liegt ein kumulativer Prozess aus vielen kleinen Entdeckungen und Erkenntnissen. Ab einem gewissen Punkt ist die Entwicklung so weit fortgeschritten, dass ein bestimmter Durchbruch möglich ist. Hätte Mark Zuckerberg nicht Facebook entwickelt, hätte es wahrscheinlich jemand anderes getan.«[196] Ob nun durch herausragende Einzelpersönlichkeiten oder in Zukunft verstärkt durch kreative und kooperative Teams umgesetzt, ermöglicht Treuhandeigentum einen neuen Umgang der Menschen untereinander.

Rechtlich begegnen sich unter der Voraussetzung treuhänderischen Eigentums alle am Wirtschaftsprozess Beteiligten auf
Augenhöhe, lediglich fachliche Qualifikation oder die Fähigkeit zur Leitung von Teams und Organisationen unterscheidet
die Menschen in Bezug auf die Besetzung der wirtschaftlich
notwendigen Funktionen. Das Eigentum wird einer Art Neutralisierung unterzogen, die entsprechenden Werte gehören
weder dem Einzelnen noch dem Staat. Das Realkapital verhält
sich prinzipiell (eigentums-)neutral, es gehört eigentlich niemandem mehr.

5.7 Ownership for Future – Commons, Verantwortungseigentum, GWÖ

Entgegen der immer wieder vorgetragenen Auffassung, dass
die derzeit geltenden Handhabungen der Wirtschaft alternativlos wären (TINA[197]), gibt es verschiedenste Ansätze, mit
dem Eigentumsbegriff treuhänderisch umzugehen. Von drei
solchen Ansätzen für Ownership for Future soll im Folgenden die Rede sein, nämlich der Commons-Bewegung, dem
Verantwortungseigentum und der Gemeinwohl-Ökonomie.

5.7.1 Die Commons

Entgegen den zu Beginn des Kapitels geschilderten fol-
genträchtigen Einhegungen und Privatisierungen vormals
gemeinsam genutzter Ressourcen hat sich bis heute das
gesellschaftliche Konstitut der Gemeingüter, der Commons
und der Allmende erhalten, worunter Ressourcen und der
Umgang mit denselben verstanden werden, die als gemeinschaftliches Gut anzusehen sind.[198] Interessanterweise gibt
es mit dieser Praxis trotz der postulierten Alternativlosig-

keit zum traditionellen Eigentumsbegriff eine ganz anders geartete Eigentumskultur, welche sich zum Teil über Jahrhunderte erhalten konnte und heute mehr und mehr in den Mittelpunkt sozialwissenschaftlicher Forschung rückt.[199]

Gemeingüter bilden eine spezielle Form des rechtlichen Umgangs, der Nutzung und Verfügbarkeit von Ressourcen, welche darin besteht, dass kein Einzelner allein die ausschließliche Kontrolle über Zugang und Nutzung der betreffenden Ressourcen besitzt. Commons können als gemeinschaftlich verwaltete Güter von jedem Mitglied einer Gruppe benutzt oder verbraucht werden, wobei zu unterscheiden ist, ob eine betreffende Ressource offen für alle oder nur für eine bestimmte Gruppe ist und ob ein Gemeingütersystem reguliert oder nicht reguliert ist.[200] Wichtig ist hierbei die Unterscheidung in Besitz, den man nutzen kann, und Eigentum, das man nach Belieben veräußern kann: Gemeingüter können zwar Besitz werden, wie z. B. Streifen der mittelalterlichen offenen Felder, die jeweils für eine bestimmte Zeit in den Besitz einer Familie übergingen, aber eben nicht zu persönlichem Eigentum wurden.[201]

Natürlich führen Gemeineigentum und gemeinsame Nutzung nicht automatisch zu ressourcenschonendem und nachhaltigem Umgang, weshalb ein unregulierter Zugang zur entsprechenden Ressource deren natürliche Regenerationsfähigkeit übersteigen kann. Deshalb müssen entsprechende Nutzergemeinschaften nach dem Gebot der Gleichberechtigung, Normen und Regeln zur Bewirtschaftung eines Gemeinguts entwickeln und durchsetzen. Darüber hinaus bedarf es für den sachgemäßen Umgang mit Commons weiterer begünstigender Faktoren, die in erster Linie in der persönlichen Bindung der Menschen an entsprechende Ressourcen gesucht werden müssen. Weiter sind eine Sensibilität für Umweltfragen sowie entsprechendes ressourcenspezifisches Wissen und Erfahrung notwendig, ebenso wie transparente Entscheidungs- und Kommunikationsstrukturen innerhalb der betroffenen Gemeinschaften.[202] Damit ist klar, dass gemeinschaftliche Ressourcen und Güter natürlich nicht nur zu nutzen sind, sondern auch für sie Sorge zu tragen ist. Wie Silke Helfrich deutlich macht, handelt es sich bei den Commons um soziale Beziehungen, welche nicht nur die eigentlichen Ressourcen selbst betreffen, sondern vor allem das Verhältnis der Einzelnen zu den Ressourcen ebenso wie die Beziehungen der Individuen untereinander im Kontext des Umgangs mit Ressourcen.[203]

Eine der führenden Autoritäten auf dem Gebiet der Commons ist Elinor Ostrom, die die wesentlichen Gestaltbedingungen für den Umgang mit Commons als Ergebnis jahrzehntelangen Forschens im Bereich der Gemeingüter beschreibt. Mit Ostrom kann die aktuelle Gemeingutforschung belegen, dass es offensichtlich eine Art dritten Weg[204] zwischen Privat- und Staatseigentum gibt und seit Jahrhunderten Tausende von Menschen auf der ganzen Welt sehr wohl in der Lage sind, so miteinander und mit den entsprechenden Ressourcen umzugehen, dass ihre Lebensgrundlagen respektiert und beispielsweise Weiden nicht notwendigerweise übernutzt und zugrunde gerichtet werden müssen.[205] Ostrom widerlegt die bekannte These von der Tragik der Allmende von Garrett Hardin,[206] nach der der Mensch als notorischer Nutzenoptimierer und Homo oeconomicus notwendig jede gemeinschaftlich mitgenutzte Ressource zugrunde richtet, wenn diese nicht durch Privatbesitz oder staatliche Maßnahmen davor bewahrt wird. Diese immer wieder aufs Neue replizierte Rechtfertigung von Privat- oder Staatseigentum beruht auf einem faktischen Forschungsfehler. Hardin beschrieb nämlich kein Gemeingut, sondern Niemandsland, wie einem entsprechenden Hinweis von Christian Felber auf Silke Helfrich zu entnehmen ist.[207]

Ostrom macht in ihren vielfältigen Arbeiten zum Thema deutlich, unter welchen Bedingungen die Verwaltung von Gemeinschaftseigentum überhaupt funktionieren kann. So gilt es, klare Grenzen zu beachten, z. B. zwischen legitimen Nutzern und Nichtnutzungsberechtigten oder zwischen einem spezifischen Gemeinressourcensystem und einem größeren sozio-ökologischen Gesamtsystem.[208] Ebenso gilt es, Regeln für die Aneignung und Reproduktion von Ressourcen entsprechend örtlichen und kulturellen Bedingungen aufzustellen und dabei zu beachten, dass die Verteilung der Kosten unter den Nutzer:innen proportional zur Verteilung des Nutzens erfolgen muss. Entscheidend ist, dass stets »mein Beitrag und mein Nutzen in einem fairen Verhältnis stehen.«[209]

Im Weiteren müssen für eine maximale Beteiligung der von einem Ressourcensystem Betroffenen ebenso wie für eine ausreichende Kontrolle über die Ressourcen Sorge getragen und Regelverstöße angemessen geahndet werden. Die Zusammenarbeit regelt sich hierbei durch selbst getroffene Vereinbarungen, die unter sich verändernden Bedingungen auch wieder geändert werden können und an denen alle Betroffenen beteiligt sind. Die Einhaltung der Vereinbarungen wird von vertrauenswürdigen Beauftragten kontrolliert, ebenso wird überprüft, ob die Vereinbarungen tatsächlich ihren Zweck erfüllen. Sanktionen bei Missachtung der Vereinbarungen werden ebenfalls gemeinschaftlich vereinbart und richten sich nach Ausmaß und Kontext eines Fehlverhaltens. Konflikte werden möglichst direkt und durch die Betroffenen selbst gelöst, wobei leicht zugängliche Räume zur Lösung solcher Konflikte zur Verfügung stehen müssen. Externe Autoritäten haben diese Verfahrensweisen zu respektieren, wobei es hierbei vor allem auch um die staatliche Anerkennung des Rechts der Nutzer:innen geht, ihre eigenen Regeln selbst zu bestimmen. Dieses als »Elinor's Law« bekannt gewordene Regelwerk zum Umgang mit Gemeingütern beschreibt die wesentlichen Voraussetzungen für das Gelingen gemeineigenen Besitzens und zeigt, dass die gemeinschaftliche Verwaltung und Nutzung von Gemeingütern dann funktionieren kann, wenn entsprechende Bedingungen und Spielregeln eingehalten werden. Elinor Ostroms Lebenswerk und nicht zuletzt auch die verdienstvolle Aufarbeitung der Commons durch Silke Helfrich[210] belegen eindrucksvoll:

> Commons als gemeinschaftliche Verwaltungsform von Grund und Boden ebenso wie von anderen Gemeingütern sind möglich und funktionsfähig und deshalb ist das Privateigentum oder Staatseigentum keineswegs als alternativlos zu betrachten. Commons sind offensichtlich in der Lage, den Nutzen des Einzelnen mit dem der Gemeinschaft in Einklang zu bringen.

Den Nutzen des Einzelnen mit der Gemeinschaft in Einklang zu bringen, ist dann möglich, wenn Zielkonflikte, die stets unterschiedliche Bedürfnisse ausdrücken, untereinander vermittelt und ausgetragen werden können, was bei einer Wachstums- und Profit-orientierten Marktwirtschaft selten möglich scheint. Dies, weil bei Commons stets der gemeinsame Nutzen und nicht die individuelle Bereicherung im Vordergrund steht und keiner zum Nachteil eines anderen eigene Vorteile erzielen kann. Bei Commons geht es somit nicht um gegenseitiges Übervorteilen, sondern um selbstbestimmte Gestaltung der sozialen Beziehungen und um nachhaltiges

verantwortliches Handeln als Commoners. Wettbewerbsori-
entierte Märkte funktionieren in dieser Hinsicht komplett
anders und sind in der Regel nicht fähig, unterschiedliche
Bedürfnisse miteinander zu vermitteln und verantwortungs-
volle Gemeinnutzlösungen zu finden. Im Gegenteil kämpfen
hier unterschiedliche Bedürfnisse und Ziele stets gegenei-
nander, mit der Konsequenz gegenseitiger Verdrängung.
Durchsetzen kann sich in der Regel nicht die für alle fairste
Lösung, sondern eher die, welche die größte Macht mobilisie-
ren kann. Wie Stefan Meretz in seinem Beitrag zur Ubuntu-
Philosophie deutlich macht,[211] wird das Menschenbild des
Homo oeconomicus in Commons-Projekten praktisch jeden
Tag widerlegt. Offensichtlich ermöglichen Commons deutlich besser als normale Wirtschaftsstrukturen, kooperative
Lebens- und Zusammenarbeitsformen umzusetzen und den
beteiligten Commoners das zu gestatten, was ihren Motivationsstrukturen eigentlich entspricht, nämlich als gesellschaftliche Wesen gemeinsam ihre Lebensbedingungen zu sichern
und etwas von Wert für ihr Leben zu erschaffen. Wie an
anderer Stelle zur grundlegenden Motivation des Menschen
ausgeführt,[212] hat der Mensch kein natürliches Interesse an
Lebensformen, in welchen der Einzelne sich immer auf Kosten anderer durchsetzen muss und kann.

Commons und funktionierendes Commoning veranschauli-
chen die soziale Grundgesetzlichkeit, dass die eigenen Bedürfnisse sinnvollerweise immer nur dann berücksichtigt werden,
wenn die Bedürfnisse der anderen ebenfalls in den gemeinsamen Aktivitäten aufgehoben sind. Die Ubuntu-Philosophie der
Völker der Zulu und Xhosa[213] formuliert dies so: »Ich bin, weil
du bist, und ich kann nur sein, wenn du bist.«[214]

Mit diesem Verständnis könnten die Commons ein geeignetes Beispiel dafür sein, wie zukünftiges Umgehen mit gesellschaftlichem Vermögen funktionieren könnte, und ergänzen auf anschauliche Weise das Bild einer funktionierenden rechtlichen Eigentumskonstruktion jenseits des Privateigentums ebenso wie die praktische Handhabung desselben.

5.7.2 Verantwortungseigentum statt Enteignung der Verantwortung

In den letzten 30 Jahren wurden auf der ganzen Welt die unterschiedlichsten Modelle entwickelt, treuhänderisches Eigentum unter den herrschenden gesellschaftlichen Bedingungen umzusetzen. Neben unterschiedlichsten Stiftungsvarianten mit diesem Zweck ist eine viel beachtete Form, das sogenannte »Verantwortungseigentum,« entwickelt worden, welches im Umfeld der »Purpose-Stiftung« sicherzustellen sucht, dass erstens die Steuerung eines Unternehmens durch Menschen erfolgen kann, die mit den Werten des Unternehmens innerlich verbunden sind, und dass zweitens das Vermögen eines Unternehmens nicht privatisierbar ist, sondern an das Unternehmen gebunden bleibt.

> Unternehmen, die nach dem Modell des Verantwortungseigentums arbeiten, sehen den Zweck eines Betriebs nicht primär in der Gewinnmaximierung und der Steigerung des Unternehmenswerts, sondern wollen in erster Linie einem bestimmten Sinn dienen und sehen Gewinn als Mittel zu diesem Zweck. Gewinne werden nicht privatisiert, sondern dienen dem Unternehmen und so auch der Gesellschaft und dem Gemeinwohl.

Unternehmen in Verantwortungseigentum verpflichten sich zu eben diesen zwei Prinzipien: Sie betrachten Gewinne als

Macht und Eigentum

Mittel zur Erfüllung des Unternehmenszwecks und nicht als reinen Selbstzweck. Die vom Unternehmen erwirtschafteten Gewinne werden reinvestiert, zur Deckung der Kapitalkosten verwendet oder gespendet. Das Vermögen des Unternehmens ist grundsätzlich nicht privatisierbar. Unternehmen in Verantwortungseigentum stellen sicher, dass die Stimmrechte bei Menschen liegen, die eng mit dem Unternehmen verbunden sind – damit ist das Unternehmen selbstbestimmt. Entscheidungen werden also von denjenigen getroffen und ausgeführt, die mit der Organisation innerlich verbunden sind und nicht von anonymen Anteilseigner:innen. Die Verantwortungseigentümer:innen übernehmen die unternehmerische Verantwortung für das Handeln, die Werte und das Vermächtnis des Unternehmens. Diese beiden Grundsätze stellen sicher, dass das Unternehmen langfristig der Unternehmensidee dienen kann und unabhängig bleibt. Wie diese Prinzipien dabei rechtlich in der Eigentümerstruktur verankert werden, variiert von Unternehmen zu Unternehmen. Im Allgemeinen wird jedoch sichergestellt, dass das Steuerrad an fähige, werteverwandte Nachfolger:innen weitergereicht werden kann. Technisch kann hierbei mit verschiedenen Stiftungsmodellen gearbeitet werden, wobei die Purpose-Stiftung hierbei stets 1 Prozent der Stimm- und Vetorechte des Unternehmens übernimmt. Diese ermöglichen es der Stiftung, einer Änderung der Purpose-Grundsätze des Unternehmens zu widersprechen.[215] Die gemeinnützige Purpose-Stiftung ist per eigener Satzung dazu verpflichtet, einer Änderung dieser Grundsätze prinzipiell nicht zuzustimmen. Dadurch soll Verantwortungseigentum zu einem glaubhaften Versprechen gegenüber Mitarbeitern, Kundinnen und sonstigen Stakeholdern werden. Angestrebt wird darüber hinaus eine neue Rechtsform (juristische Person) für Unternehmen, die ihre langfristige Unabhängigkeit und Werteorientierung rechtlich bindend sicherstellen wollen.[216] Verantwortungseigentum versteht sich hier als Alternative zu gängigen Eigentümerstrukturen, bei der Gewinne nicht für individuelle Zwecke verwendet werden können. Auf dem Wege einer Ergänzung des GmbH-Gesetzes soll die Möglichkeit einer »Gesellschaft mit gebundenem Vermögen« (GmbH-gebV) entstehen. Diese soll eine Eigentumsform schaffen, welche die Kontrolle über das Unternehmen immer in den Händen von Menschen belässt, die mit dem Unternehmen innerlich verbunden sind und die Werte des Unternehmens tragen. Es gibt keine automatische Vererbung und die Mehrheit der Stimmrechte kann im Normalfall nicht verkauft werden.

Wie schon erwähnt, ist es auch das Ziel der Initiative, dass Gewinne und Vermögen des Unternehmens weitestgehend für die Unternehmensentwicklung vorgesehen bleiben und nicht abgezogen werden können. Gewinne und Vermögen dienen dem Unternehmenszweck, werden reinvestiert oder gemeinnützig gespendet. Der Zugriff für persönliche Zwecke ist nicht vorgesehen. Nach Auffassung der Vertreter:innen des Verantwortungseigentums würde eine solche neue Rechtsform etablierten Unternehmen die Möglichkeit geben, ihre Eigenständigkeit, Unabhängigkeit sowie ihre spezielle Werteorientierung über Generationen hinweg zu sichern. Start-up-Unternehmen, die nicht auf Gewinnmaximierung ausgerichtet sind, könnten diese neue Rechtsform als Grundlage für ihre Unternehmensorientierung verwenden ebenso wie z. B. Sozialunternehmen, die eine passende Rechtsform für wirtschaftliches Handeln für nachhaltige Zwecke brauchen.

Aus Sicht des Autors dieser Arbeit, der viele Jahre im Rahmen einer alternativen Unternehmensinitiative mit der

Entwicklung verschiedener Rechtskonstruktionen zur Herstellung machtfreien Eigentums, insbesondere im Stiftungsumfeld, befasst war,[217] stellt das »Verantwortungseigentum« eine kluge und ausgewogene Alternative zu bisherigen Handhabungsformen dar. Einzig das Verständnis des prinzipiellen Umgangs mit Gewinnanteilen, die nicht für Reinvestitionen gebraucht werden und die deshalb »gemeinnützig gespendet« werden sollen, zeigt eine etwas andere makro-ökonomische Systematik als die innerhalb dieser Arbeit entwickelte Sichtweise. Aus Sicht des Autors wären alle Unternehmenserträge, soweit nicht zur Abdeckung eigener Verbindlichkeiten gebraucht – wie ausführlich im Rahmen dieser Arbeit dargestellt –, grundsätzlich und über das gesellschaftliche Bankensystem gesteuert, in die Finanzierung von Betrieben mit Unterschüssen zu investieren[218], jegliches Mäzenatentum[219] könnte entfallen.

5.7.3 Eigentum und Gemeinwohl-Ökonomie

Zukünftige Eigentumsstrukturen sind auch bei der Gemeinwohl-Ökonomie (GWÖ) ein wichtiges Thema, hier müsste aus Sicht dieser Initiative jedem Unternehmen möglich sein, aus einem gemeinsamen Zukunftsbild des Unternehmens und aus einem gemeinsam getragenen Sinn der unternehmerischen Tätigkeit zu handeln. Diese Anforderung soll »vor allem durch gemeinsames Entscheiden, Mitgestalten und damit Mitverantworten« umgesetzt werden. Ein solches Verfahren erlaube, die Eigenständigkeit und Selbstbestimmung des Unternehmens zu wahren und unabhängig von Einzelinteressen zu bleiben. Umgesetzt werden soll diese Anforderung durch Mitunternehmerschaft der Mitarbeitenden, wobei das »Interesse an der Erhaltung und Weiterentwicklung des Unternehmenszweckes und des gesellschaftlichen

Sinns die Grundvoraussetzung für eine Beteiligung am Eigentum ist«[220]. Dabei sollen auf lange Sicht die Mitarbeitenden zusammen stets über eine gesicherte Mehrheit an Stimmrechten und Eigentumsanteilen verfügen können. Gleichzeitig sind die Stimmrechte einzelner Personen und definierter Gruppen vertraglich so zu begrenzen, dass durch sie eine alleinige Beherrschung des Unternehmens nicht möglich ist.[221]

Diese zunächst einleuchtenden und im Kern richtigen Überlegungen, die Verfügungs- und Gestaltungsrechte in die Hände der direkt Handelnden zu legen und damit das Betroffenheitsprinzip zu stärken, gilt es dennoch etwas genauer anzuschauen. Wie bereits unter dem Gesichtspunkt der Einkommensfindung ausgeführt, entsteht gesellschaftlich verteilbarer Reichtum in der modernen globalisierten Welt nicht als Funktion einer einzelnen wirtschaftlichen Einheit, sondern aus dem Zusammenspiel vielfältiger Ressourcen, die an unterschiedlichsten Stellen kooperativ und integral vernetzt zusammenarbeiten.

Dieser Sachverhalt lässt sich z. B. gut an Apple Inc. in Cupertino, Silicon Valley, exemplifizieren, weil hier am Beispiel eines der wertvollsten Unternehmen der Welt deutlich wird, wie Technologie-Unternehmen heute agieren. Apple entwickelt, produziert und vertreibt Computer, Smartphones und Unterhaltungselektronik sowie Betriebssysteme, Anwendungssoftware, Vertriebsportale für Musik, Filme und Software auf der ganzen Welt und dies mit über hunderttausend Mitarbeitenden, Tausenden an Zulieferern und Hunderten an Locations. Hier wirken international unzählige Einheiten zusammen, um ein bestimmtes iPhone an einer bestimmten Stelle termingerecht verkaufen zu können. Es findet eine total globalisierte Produktion an unterschiedlichsten Standorten auf der ganzen Welt statt, sodass definitiv nicht nur an einer einzigen Stelle der entscheidende Mehrwert erzeugt wird, welcher einkommensspezifisch oder eigentumsrechtlich Zuordnung und Verwendung finden könnte.

So sehr also z. B. das Interesse an der Erhaltung und Weiterentwicklung des Unternehmenszwecks und des gesellschaftlichen Sinns einer Firma durch die Mitarbeitenden zu begrüßen ist und so notwendig es gleichzeitig wäre, Verwaltungsformen zu finden, die tatsächlich die faktisch im Betrieb von Entscheidungen Betroffenen in diese einzubeziehen, so wenig Sinn macht es, Mitarbeiter:innen zu Eigentümer:innen von Strukturen zu machen, an denen mehr oder weniger zufällig entsprechende Gewinne auftreten.

Eine solche Vorgehensweise hätte – unter geltenden Vorzeichen – völlig ungerechtfertigte Aneignungsrechte zur Konsequenz, die sich innerhalb einer hochvernetzten Entstehungsgeschichte von Mehrwert an unterschiedlichsten Orten systematisch begründet nicht darstellen lassen. Deshalb wäre eine Miteigentümerschaft der Mitarbeitenden eines Unternehmens nur dann eine sozial gerechte und angemessene Verwaltungsform, wenn zugleich die Verfügung über die finanziellen Betriebsergebnisse und üblicherweise mit Firmenanteilen verbundene Entnahme von Profiten unmöglich gemacht wäre.

Aus welchen Begründungszusammenhängen sollten z. B. die Mitarbeitenden der Apple-Werke in Cupertino gewinnbezugsberechtigte Anteilseigner:innen der Firma werden, während ihre Kollegen bei Foxconn in Taipeh, Taiwan, am dortigen Hauptsitz des Zulieferers für ein vergleichbar geringes Auskommen arbeiten, ganz zu schweigen von den Hunderttausenden von Leiharbeiter:innen in China, Vietnam oder Indien? Moderne Eigentumsrechte sollten also vorzugsweise alle wichtigen Parameter ins Kalkül ziehen, damit aus »Gut-Gemeintem« auch sozial »Zu-Trägliches« entstehen kann.

5.8   Macht und Eigentum auf den Punkt

Die Befassung mit dem Eigentumsrecht an Grund und Boden ebenso wie an Produktionsmitteln und Produktionskapital zeigt, dass entsprechende, mit dem Eigentumsbegriff verknüpfte, Unrechtslagen durch ein neues Eigentumsverständnis aus dem Weg geräumt und dadurch mehr gesellschaftliche Gerechtigkeit erreicht und individuelle Kreativität freigesetzt werden könnte. Systembedingte Unrechtsverhältnisse sind sozial kontraproduktiv und führen zu sozialen Verwerfungen ebenso wie die exponentiell wachsende Ungleichverteilung des gesellschaftlichen Reichtums, welche zu immer mehr Macht in den Händen von immer weniger Menschen führte.

Für die natürlichen Gemeingüter wie Grund und Boden, Meere, Wälder, Rohstoffe ebenso wie für soziale und kulturelle Gemeingüter liegt deshalb eine mögliche Lösung der Eigentumsfrage in der Schaffung von Commons, welche zum maximalen Nutzen der Gesellschaft genutzt und gepflegt werden sollten. Commons verstehen sich als natürliche, soziale oder kulturelle Ressourcen, die als gemeinschaftliches Eigentum aller Menschen oder auch einer begrenzten Nutzergemeinschaft anzusehen sind und immer dann funktionieren, wenn die Verteilung der Kosten unter den Nutzern proportional zur Verteilung des Nutzens erfolgt und alle Betroffenen maximal in alle (Entscheidungs-)Prozesse einbezogen sind. Diese traditionelle Verwaltungsform von Grund und Boden sowie vielen weiteren Gemeingütern kann für zukünftiges Umgehen mit Eigentum ideenleitend sein.

Für Produktionsmittel und Produktionskapital gilt eine treuhänderische Verwaltungsform als angezeigt, nachdem diese Werte nur durch die Zusammenarbeit aller am Wirtschaftsleben beteiligten Menschen entstanden sind und deshalb die Verwaltung nicht ohne die Gemeinschaft erfolgen kann. Was bisher (Privat-)Eigentum war, wäre damit als eine Art Gemein(wohl)gut zu verstehen, welches in geeigneten Selbstverwaltungsstrukturen den jeweils optimal dazu Befähigten zur Nutzung übertragen wird. Dies gilt uneingeschränkt für alle Eigentumsrechte an Unternehmen oder Grund und Boden, welche in der Form eines neu definierten gesamtgesellschaftlichen Treuhandeigentums oder Verantwortungseigentums nicht länger als Machtinstrumente eingesetzt werden könnten. Auf der Grundlage eines solchen von privaten Bereicherungsabsichten befreiten treuhänderischen Eigentums könnte schließlich auch die mit dem herkömmlichen Eigentumsbegriff verbundene Profitorientierung als zentrale Wirtschaftsabsicht entfallen. An ihre Stelle könnte das gemeinsame Interesse aller einer Wirtschaftsgemeinschaft angehörenden Menschen an der bestmöglichen Befriedigung der real vorhandenen Bedürfnisse – als neue nachhaltige Wirtschaftsmotivation – treten.[222]

Ein solches Wirtschaftsmotiv und der damit verbundene Eigentumsbegriff mögen auf den ersten Blick vielleicht etwas sozialromantisch erscheinen, erhalten allerdings durch aktuelle Strömungen in der Gesellschaft, die vor allem auch durch die jüngeren Generationen vertreten werden, eine völlig neue Gewichtung. Laut Jeremy Rifkin verliert das Eigentum als Institution zusehends an Bedeutung, weil es in der modernen Informationsgesellschaft nicht mehr auf das Eigentum an Gegenständen, sondern vielmehr auf den Zugang (*Access*) zu den Dingen ankommt.[223]

Entscheidend ist hierbei nicht mehr so sehr das Besitzen und Haben, sondern mehr das Teilhaben und Nutzen, weshalb in Zukunft Zugang und Netzwerke an die Stelle von Eigentum und Märkten treten werden. Aus Verkäufern werden zunehmend Anbieterinnen und aus Käufern Nutzerinnen, welche den Kauf durch Miete, Leasing, Mitgliedschaft oder andere Dienstleistungsangebote ersetzen. Unternehmen verbinden sich, um Ressourcen gemeinsam zu nutzen, weshalb vermehrt Produktions- und Geschäftsmodelle mit möglichst niedrigen Zugangsbarrieren zu Wissen, Information und Kultur entstehen, die zentrale Institutionen der Marktwirtschaft (Vertrag, Eigentum und Hierarchie) entsprechend zurückdrängen werden. Dies geschieht durch ein wachsendes Angebot an Lösungen, bei denen niemand aufgrund der Eigentumsverhältnisse am Zugang zu Information gehindert wird.[224]

6   Das Wachstumsparadigma

Nach traditioneller Lesart wird meist davon ausgegangen, dass die Wirtschaft stets neue Güter und Dienstleistungen produzieren muss, um den Haushalten Beschäftigung und Einkommen, also Wohlstand, zu sichern.[225] Im Umkehrschluss gilt nach diesem Erklärungsmuster, dass, wenn die Wirtschaft weniger investiert oder die Nachfrage abnimmt, sich automatisch auch die Arbeitsplätze reduzieren. Deshalb muss der Wirtschaftskreislauf um jeden Preis am Laufen gehalten werden, und zwar nicht ohne dabei immer weiter zu wachsen, um langfristig Arbeitsplätze und Wohlstand garantieren zu können. Klassische Wirtschaftswissenschaft ebenso wie Politik und Medien setzten daher nach wie vor auf ein solches immer weiter steigendes Wirtschaftswachstum. Mit einem drohenden Arbeitsplatzverlust kann nahezu jede wirtschaftliche Aktivität gerechtfertigt und Wachstum als unverzichtbar erklärt werden. Die Folge ist – vor allem in der westlichen Welt – ein überbordender Konsumismus, dessen Überangebot an Waren genau dem Wachstumszwang geschuldet ist, welcher darüber hinaus als zentraler Motor moderner kapitalistischer Gesellschaften betrachtet wird.

Dummerweise allerdings ist dieses Wirtschaftswachstum mittlerweile am Limit angekommen. Der britische Ökonom und Berater der britischen Regierung, Tim Jackson, verweist in seinem Buch »Wohlstand ohne Wachstum« auf Berechnungen, die zeigen, dass bei weiter ansteigendem Wirtschaftswachstum die globale Wirtschaftsleistung im Jahr 2100 absurderweise 30-mal so groß sein müsste wie heute.[226]

Nach Darstellung von Kate Raworth würde eine Wachstumsrate von zehn Prozent eine Verdoppelung im Laufe von sieben Jahren bedeuten, eine etwas moderatere Wachstumsrate von drei Prozent würde aber immer noch alle 23 Jahre zu einer Verdoppelung führen. Im Jahr 2015 belief sich das GesamtBIP der Welt auf rund 80 Billionen US-Dollar und die Weltwirtschaft wuchs mit rund drei Prozent jährlich. »Würde sich diese Wachstumsrate unbegrenzt fortsetzen, würde sich der Umfang der Weltwirtschaft bis zum Jahr 2050 verdreifachen oder bis 2100 verzehnfachen und bis 2200 fast auf das 240-Fache anwachsen.«[227] Allein diese Zahlenverhältnisse zeigen den Aberwitz geltender Wachstumsvorstellungen. Wie um Himmels willen sollen solche Wachstumsraten überhaupt umgesetzt und für Jahrzehnte durchgehalten werden, noch dazu bei schwindenden Ressourcen und einer ohnehin jetzt schon überbeanspruchten Umwelt? Es ist schlicht absurd, auf solche Überlegungen irgendeine Zukunft begründen zu wollen, und zwar ganz gleichgültig, welche Art von Wachstum – inklusive »grünem Wachstum« – dabei verfolgt werden soll. Dies zeigt das erste große Problem geltender Wachstumsparadigmen:

Es kann aus Gründen der reinen Größenordnung nicht weiter auf Wachstum gesetzt werden, vor allem deshalb, weil anhaltendes Wachstum zu einer kompletten Überschreitung der ökologischen und planetarischen Grenzen führt.

Ulrike Herrmann weist darauf hin, dass der Kapitalismus nur durch immer weiteres Wachstum am Leben erhalten werden kann, welches allerdings die Lebensgrundlagen von Mensch und Natur vernichtet und damit letztlich auch sich selbst zerstört. »Es ist ein Dilemma: ohne Wachstum geht es nicht, komplett grünes Wachstum gibt es nicht, und normales Wachstum bedeutet eine Öko-Katastrophe. Der

Kapitalismus erscheint wie ein Fluch. Er hat den Reichtum und den technischen Fortschritt ermöglicht, der es eigentlich erlauben würde, mit wenig Arbeit auszukommen. Aber stattdessen muss unverdrossen weiter produziert werden, obwohl dies in den Untergang führt. [...] Wir produzieren immer mehr, weil der Kapitalismus Wachstum benötigt und ohne Wachstum kollabiert.«[228] Die Frage wird sein: Gibt es vielleicht doch einen Ausweg aus diesem Wachstumsdilemma?

Denn es kann zukünftig auch deshalb nicht weiter auf Wachstum gesetzt werden, weil schon der vermeintlich positive Zusammenhang zwischen quantitativem Wachstum, in Form der Steigerung des BIP, und einer höheren Lebensqualität nicht seriös nachgewiesen werden kann und deshalb der massive Raubbau an menschlichen und natürlichen Ressourcen in keiner Weise gerechtfertigt werden kann. Hinzu kommt ein drittes Problem, auf welches hingewiesen werden muss, nämlich, dass das Wirtschaftswachstum moderner Industriegesellschaften in den letzten Jahrzehnten faktisch zurückgeht. Dieses Phänomen beschreibt auch Christoph Gran im Rahmen seiner Forschungsarbeit zu »Perspektiven einer Wirtschaft ohne Wachstum«, nämlich, dass »die Wachstumsraten hoch industrialisierter Länder wie Deutschland bereits seit Längerem gegen Null gehen«.[229]

Aus all diesen Gründen muss das Wachstumsdiktat massiv hinterfragt werden, insbesondere auch hinsichtlich einiger wichtiger und angeblich eherner Determinanten des Wachstumsimperativs. Zu diesen das Wachstum betreffenden Zwängen, denen wir scheinbar unausweichlich ausgeliefert sind, gehört z. B. das Bedürfnis nach ständiger Wohlstandssteigerung durch die Konsumenten selbst, der Wachstumstreiber drohender Arbeitslosigkeit oder der kreditbedingte

Wachstumsimperativ, wegen dem die riesigen Schulden-
berge bei Bürgern, Unternehmen und Staaten, ohne weiteres
Wirtschaftswachstum, niemals zurückbezahlt werden könnten. Beschäftigen wir uns kurz mit diesen drei Gründen für
die scheinbar unbedingte Notwendigkeit von Wirtschaftswachstum und beginnen mit der Frage nach dem komplett
aus dem Ruder gelaufenen Konsumismus.

6.1 Wachstumsimperativ Konsumismus

Wie Tim Jackson darlegt, hat sich das vor allem in der westlichen Welt feststellbare übersteigerte Konsumieren selbst
als Mittel zur Sicherung eines konsumgetriebenen Wirtschaftswachstums entwickelt. Das eine verstärkt unmittelbar
das andere, vermittelt und gefördert durch die Wirtschaft
ebenso wie durch den Staat. »Die Kultur des Konsumismus wird durch Institutionen vermittelt, durch die Medien,
durch soziale Normen und eine Fülle mehr oder weniger
subtiler Signale, die die Menschen dazu bringen, sich mit-
tels materieller Güter auszudrücken, Identität auszubilden
und Lebenssinn zu suchen.«[230] Vorgeblich geht es bei dem
scheinbar dringend notwendigen Wirtschaftswachstum um
die Bildung von Wohlstand für möglichst viele Menschen.
Ein Wohlstand, der hierbei üblicherweise mit materiellem
Wohlstand gleichgesetzt wird und dessen ehernes Maß im
Regelfall das BIP darstellt, welches allerdings, wie bereits
schon Robert Kennedy vor fast einem halben Jahrhundert
feststellte, alles misst, außer dem, was das Leben lebenswert macht.[231] Lebenswert dagegen sind Qualitäten wie z. B.
Gesundheit, Bildung, Gemeinschaft, Pflege, die Betreuung
älterer und jüngerer Menschen, eine unversehrte Umwelt
und vieles mehr. Bei wirklichem Wohlstand geht es dem-

nach nicht nur um materielle und finanzielle Aspekte und um möglichst hohe Geldeinkommen, sondern eben auch um bestimmte soziale und psychologische Faktoren wie Identität, Zugehörigkeit, gesellschaftliche Teilhabe, Sinnstiftung und Kreativität.[232] Wie wir an anderer Stelle aufgezeigt haben, führt ein immer weiter wachsendes Einkommen keineswegs zu immer höherem Lebensglück.[233]

Es ist wichtig zu verstehen, dass der moderne Konsumismus keineswegs als Folge einer unausweichlichen und natürlichen Entwicklung der Gesellschaften oder ganz bestimmter anthropologischer Tatbestände zu beschreiben ist. Die Entwicklung unserer Gesellschaften hin zum Konsumismus ist im Gegenteil durch wirtschaftliche Interessen bewusst herbeigeführt.»Die Konsumgesellschaft ist in einem sehr realen, historischen Sinn ein Artefakt der Moderne: eine gemeinsame Schöpfung von Händlern, Investoren, Werbetreibenden, Unternehmen und Politikern.«[234]

In der Folge entwickelte sich eine mit dem Konsum verbundene materialistische Orientierung zu einer immer wichtiger werdenden Dimension gesellschaftlichen Seins und zu einer Art Mainstream-Weltanschauung. Einkaufen wurde zu einer kraftspendenden und geradezu religiösen Beschäftigung, welche über viele Sorgen hinwegzuhelfen vermag, dies vor allem auch in schwierigen Zeiten. Tim Jackson führt hierzu aus: »Besitztümer sind mitunter eine Art Altar für die kostbarsten Erinnerungen und Gefühle. Mit ihrer Hilfe können wir herausfinden, was uns im Leben heilig ist, und dies dann vom Alltagskram unterscheiden. Diese Form des Materialismus, auch wenn er mit Mängeln behaftet ist, bietet sogar so etwas wie Ersatz für religiösen Trost. Man braucht Hoffnung in einer säkularen Welt, und zwar gerade dann, wenn es einem schlecht geht.«[235]

Dies trifft den Nagel auf den Kopf und genau deshalb ist es auch nicht ganz einfach, dem Konsum als heute enorm wichtigem Lebenszweck entgegenzutreten. Dies, weil der Konsumismus mittlerweile natürlich längst internalisiert ist und höchst ausgefeilte Werbemechanismen dafür sorgen, dass die heute eingesetzten komplexen Anreizstrukturen nicht nur stabil verankert bleiben, sondern auch immer wieder neu aufgebaut und gefüttert werden.[236] Weshalb es mit Tim Jackson vor allem darum geht, »jene Aspekte dieser komplexen sozialen Struktur zu identifizieren (und zu korrigieren), die verkehrte Anreize zugunsten eines materialistischen Individualismus liefern und das Potenzial für gemeinsamen Wohlstand unterminieren.«[237] Weshalb man sich notwendigerweise vor allem auch mit dem Thema Werbung befassen muss, weil diese nach Jackson »das mentale und spirituelle Universum der Menschen auf besonders perfide Weise«[238] einschränkt. In der Auseinandersetzung mit dem Wachstumszwang und dessen Ablösung muss verbindlich gelten: »Eine Postwachstumsökonomie darf sich nicht erlauben, Gelüste zu wecken, um materialistische Wünsche zu stimulieren.«[239]

Für die britische Ökonomin Kate Raworth hängt der überbordende Konsumismus vor allem auch mit der Tatsache zusammen, dass immer mehr Menschen in Städten leben und das Leben dort die Einflüsse durch Mitmenschen und durch die Werbung massiv verstärkt. Es wird der Eindruck erweckt, ein besseres Leben wäre mit Geld zu erkaufen, und das Verlangen nach immer noch schnelleren Autos, dünneren Laptops und anderen technischen Spielzeugen, immer exotischeren Fernreisen wird immer weiter angestachelt. Es werden also stets neue Gelüste geweckt, anstatt dass entsprechende Wünsche auf nichtmaterielle Daseins-Aspekte angeregt würden. »Wie es der Ökonom Tim Jackson treffend ausdrückte, werden wir ›dazu gebracht, mehr Geld auszugeben, das wir nicht haben, für Dinge, die wir nicht brauchen, um Leuten zu imponieren, die uns gleichgültig sind.‹«[240] Damit ist zumindest eine wichtige Kernaufgabe einer Postwachstumsgesellschaft charakterisiert: Es gilt, schlicht Wohlstand neu zu definieren und mit neuen, weniger materialintensiven Inhalten zu füllen, oder, um es mit Tim Jackson zu sagen: »Sollten wir nicht lieber darauf hinarbeiten, die Befriedigung, die mit unserem Materialverbrauch einhergeht, zu optimieren, anstatt den Verbrauch selbst zu maximieren?«[241]

Wobei, wie Kate Raworth unmissverständlich aufzeigt, der überbordende und marketinggesteuerte Konsumismus tatsächlich nur einen Bruchteil der Menschen mit Waren und Dienstleistungen versorgt. Wie sie aufzeigt, sind 13 Prozent der Weltbevölkerung mangelernährt, wobei es lediglich 3 Prozent der global erzeugten Nahrungsmittelmenge bräuchte, um den erforderlichen Kalorienbedarf zu decken. Dies, während 30–50 Prozent der global erzeugten Nahrungsmittel verloren gehen und der Hunger der Welt mit nur maximal 10 Prozent dieser Nahrungsmittel, die gar nicht verzehrt werden, gestillt werden könnte.[242] Und bei den globalen CO_2-Emissionen verhält es sich so ähnlich wie bei der Verteilung des gesellschaftlichen Reichtums: Die oberen 10 Prozent der Verursacher erzeugen rund 45 Prozent der globalen Emissionen, während die unteren 50 Prozent der Menschen auf der Welt nur 13 Prozent verursachen.[243]

Es herrschen also krasse Missverhältnisse in unvorstellbarem Ausmaß, die eben gerade auch mit dem geltenden Wachstumsverständnis zusammenhängen und jeden Tag weiter verstärkt werden. Hierbei kann allerdings zum Thema Wachstumszwang festgehalten werden, dass das derzeitige Konsumniveau westlicher Gesellschaften keineswegs irgendeinem realen Bedarf folgt. Nicht wegen angeblicher objektiver Bedürfnisse der Konsumenten, grenzenlosem Hedonismus und maximaler Selbstsucht der Menschen und auch nicht wegen irgendwelcher anderer anthropologischer Sachverhalte muss die Wirtschaft immer weiter wachsen, es gelten schlicht keine Naturgesetzlichkeiten, die den Wachstumszwang erfordern.

Aber selbst wenn der Mensch ein gnadenloser Nutzenoptimierer wäre, der zwangsweise nach immer mehr materiellem Konsum streben müsste, würde auch hier gelten Game over oder, wie Niko Paech hierzu in einem Essay unter dem Titel »Ökologischen Anstand üben« lapidar feststellt: »Wenn der Planet erstens physisch begrenzt ist, sich zweitens industrieller Wohlstand nicht von ökologischen Schäden entkoppeln lässt, drittens die irdischen Lebensgrundlagen dauerhaft erhalten bleiben sollen und viertens globale Gerechtigkeit einziehen soll, muss eine Obergrenze für den von einem einzelnen Individuum beanspruchten materiellen Wohlstand existieren.«[244]

6.2 Wachstumsimperativ angesichts drohender Arbeitslosigkeit

Ähnlich verhält es sich mit dem zweiten Wachstumsimperativ in Form der Gefahr drohender Arbeitslosigkeit bei Ausbleiben weiteren Wirtschaftswachstums. Eigentlicher Verursacher potenzieller Arbeitslosigkeit bei ausbleibendem Wachstum ist nach Jackson allerdings nicht das Wachstum, sondern die permanente Jagd nach erhöhter Arbeitsproduktivität, mit der die Leistung jeder Stunde erbrachter Arbeitszeit immer weiter gesteigert werden muss.[245] Diese ebenfalls scheinbar unverrückbare Dynamik des Kapitalismus bewirkt logischerweise, dass bei zunehmender Produktivität immer weniger Arbeitsstunden benötigt werden, um eine bestimmte wirtschaftliche Leistung zu erbringen. Logisch natürlich auch, dass bei gleichbleibenden Arbeitsstunden die Gesamtnachfrage in gleichem Maße steigen muss wie die Arbeitsproduktivität, soll die Arbeitslosigkeit nicht steigen.[246]

Der Ausweg aus diesem Dilemma liegt auf der Hand und liegt im Aufteilen der verfügbaren Arbeitszeit durch Reduktion der Stundenzahl für den Einzelnen, um dessen Lebensunterhalt zu sichern. Damit ist die entscheidende politische Intervention für Jackson eine Reduktion der Arbeitsstunden. Zur Überprüfung der Frage, ob dies überhaupt möglich sein könnte, hatte der kanadische Umweltökonom Peter Victor bereits 2008 anhand seines systemdynamischen makroökonometrischen Modells LowGrow (Wirtschaft ohne Wachstum – WoW)[247] entsprechende Berechnungen und Untersuchungen angestellt, mit denen am Beispiel der kanadischen Wirtschaft überprüft wurde, ob hier Niedrig- oder Nullwachstum möglich wäre. Tatsächlich zeigen Victors Modellberechnungen, dass über geeignete makroökonomische Maßnahmen die Arbeitslosigkeit halbiert werden kann, auch wenn das kanadische BIP stagniert.[248] Wir sehen also auch hier: Es gelten hinsichtlich des vermeintlichen Wachstumszwangs zur Aufrechterhaltung von Arbeitsplätzen keine unumstößlichen Naturgesetzlichkeiten, die nicht durch entsprechende makroökonomische Maßnahmen und Verfahrensweisen ausgehebelt werden könnten.

Die bereits erwähnte Forschungsarbeit von Christoph Gran mit dem Titel »Perspektiven einer Wirtschaft ohne Wachstum«[249] knüpft an Peter Victors Arbeit an und passt diese, ergänzt um wichtige Indikatoren wie z. B. den ökologischen Fußabdruck, an die Lage in Deutschland an. Gran untersucht und vergleicht in dieser makroökonomischen Modellierung und auf Basis der Forschungsrichtung der ökologischen Ökonomik diverse Szenarien mit wenig, keinem und sogar negativem Wachstum. Seine Ergebnisse zeigen, dass sowohl mit einem nicht wachsenden als auch mit einem schrumpfenden Bruttoinlandsprodukt eine sozioökonomisch stabile Wirtschaftsentwicklung innerhalb ökologischer Grenzen möglich ist. Wie zu erwarten, konnte mithilfe der Szenarienanalyse Victors These durch Gran bestätigt werden, »dass insbesondere ein unkontrolliertes, nicht von der Politik durch geeignete Maßnahmen begleitetes ›Entwachsen‹ zu gesellschaftlichen Verwerfungen führen kann.«[250] Die Forschungsarbeit konnte jedoch durch die Modellierung weiterer Szenarien ebenfalls nachweisen, dass diese negativen Effekte durch geeignete makroökonomische Maßnahmen ausgeglichen werden können. Ähnlich wie bei Victors Modellierung für Kanada, könnte auch für Deutschland sowohl eine Verbesserung der Schuldenquote als auch des Gini-Koeffizienten durch eine veränderte Steuerpolitik erreicht werden. Über eine entsprechende Verkürzung der wöchentlichen Arbeitszeit könnte ein Anstieg der Erwerbslosenquote verhindert werden.[251] Die Arbeiten von Victor und Gran ebenso wie die Ergebnisse von Jackson zeigen eindrücklich, dass wir keineswegs weiter dem scheinbaren Zwang des Wachstums alternativlos folgen müssen.

Die Frage nach der gesetzmäßigen Gültigkeit eines Zwangs zum Wachstum ist auch in der Auseinandersetzung mit Thomas Pikettys Wachstumsverständnis von Bedeutung, der ja bekanntlich in seinem ersten Werk »Das Kapital im 21. Jahrhundert«[252] ausbleibendes Wachstum als Ursache für steigende Ungleichheit konstatierte. Im Kontext seiner Überlegungen zum »zentralen Widerspruch des Kapitalismus«, bei dem die Ungleichung (r > g), nach der die Kapitalrendite (r) historisch betrachtet fast immer größer war als die Wachstumsrate des Nationaleinkommens und der Arbeitsentgelte (g), dafür sorgt, dass sich mit steigendem Anteil des Kapitals am Einkommen die relative Ungleichheit vergrößert und Reiche immer reicher werden.[253]

Für Piketty sind dafür eindeutig sinkende Wachstumsraten verantwortlich, womit er den Kollegen Jackson, Victor, Raworth und anderen Zero-Growth-Vertretern natürlich einen Bärendienst erwies. Dies gilt bei näherem Hinsehen allerdings auch für ihn selbst, weil seine ansonsten gründliche Forschungsarbeit durch die Akzeptanz des Wirtschaftswachstums und der damit verbundenen Verschärfung gegebener Verteilungsverhältnisse und seine vergleichsweise banale Lösung einer immer wieder neuen Besteuerung der immer reicher werdenden Oberschichten entschieden zu kurz greift! Tim Jackson und Peter Victor befassten sich in der Folge ihrerseits mit dem einschlägigen Zahlenmaterial und kamen zu einem interessanten Ergebnis: Pikettys »grundlegendes Gesetz« des Kapitalismus in Bezug auf den Einkommensanteil des Kapitals gilt nur dann, wenn Wachstumsrate, Sparrate und Ertragsrate über lange Zeiträume hin unverändert bleiben,[254] was sie aber in der Realität nicht zwingend tun. Außerdem konnte Jackson mithilfe weiterer Modelle zeigen, dass Nullwachstum absolut mit der Entwicklung einer gerechten Gesellschaft vereinbar ist, nämlich dann, wenn die Substitutionselastizität, also das Maß, wie stark Arbeit durch Kapital ersetzt werden kann, möglichst gering ist,[255] wie dies bei vielen dienstleistungsorientierten Unternehmen der Fall wäre. Nach Auffassung namhafter Ökonomen entfällt damit auch diese Variante eines behaupteten Wachstumszwangs, auch hier steht notwendigen Neugestaltungen offenbar nichts im Wege.

6.3   Wachstumsimperativ Kreditwirtschaft

Kommen wir damit zu dem dritten wichtigen Wachstumsimperativ, dem Zwang zu weiterem Wachstum wegen hoher Finanzierungskosten internationaler Kreditschöpfung, ohne welches Zinszahlungen nicht bedient und die weltweiten Schulden nicht zurückbezahlt werden könnten. Diese würden sich zwangsläufig immer weiter anhäufen und so am Ende die Wirtschaft destabilisieren. Dies gelte, weil das Geld in Form von verzinslichen Schulden geschöpft werde und grundsätzlich nur gegen das Versprechen entstehen könne, mehr zurückzuzahlen, als man bekommen habe.

Tim Jackson und Peter Victor untersuchten auch hier mit entsprechenden Modellrechnungen die Stabilität einer nicht weiter wachsenden Wirtschaft unter der Voraussetzung verzinslicher Schulden und kommerzieller Kreditschöpfung.[256] Sie fanden zu ihrer eigenen Überraschung heraus, dass ein solcher Zustand nicht nur prinzipiell möglich ist, sondern Wirtschaftssysteme auch unter einem breiten Spektrum unterschiedlicher Zinssatzszenarien stabil bleiben können. Ihre Modellrechnungen zeigten recht eindeutig den »erfolgreichen Übergang von einem Zustand des Wachstums zu einem stationären Zustand, ohne die Wirtschaft zu destabilisieren.«[257]

Dies heißt natürlich nicht, dass die globalen öffentlichen und privaten Schulden »nicht tatsächlich zu spekulativem Verhalten, was die Umweltressourcen betrifft, größerer Ungleichheit bei Einkommen und Vermögen sowie zu einer tiefgreifenden Schwächung der staatlichen Hoheitsgewalt in der Volkswirtschaft führen könnte(n)«[258], weshalb Reformen des Geldsystems als wichtiger Baustein einer nachhaltigen Postwachstumsökonomie auf jeden Fall notwendig werden. Dennoch zeigen die durchgeführten Untersuchungen deutlich, »dass es nicht notwendig ist, verzinsliche Schulden als solche zu eliminieren, wenn man zum Ziel hat, einen resilienten, stationären oder quasi-stationären Zustand der Volkswirtschaft zu erreichen.«[259] Unabhängig von der Frage, ob eine solche Zinswirtschaft überhaupt in Zukunft gewünscht und möglich sein wird, erweist sich ein diesbezüglicher Zwang zu weiterem Wirtschaftswachstum als falsch.

Damit wären drei wichtige Unmöglichkeits-Theoreme bezüglich Wachstum und Wohlstand, Wachstum und Arbeitslosigkeit sowie Wachstum und Kreditwirtschaft aus dem Wege geräumt und der Blick auf eine funktionierende nachhaltige Postwachstumsökonomie freigeräumt.

6.4 Wirtschaft und Wohlstand ohne Wachstum

Jackson und Kollegen zeichnen deshalb auch gleich interessante Szenarien einer solchen Wirtschaftsordnung ohne Wachstum, die sich mit den Stichworten Unternehmen als Dienstleistung, Arbeit als Teilhabe, Investition als Zusage an die Zukunft und Geld als soziales Gut kennzeichnen lassen. Diese vier Prinzipien liefern nach Jackson das Fundament der notwendigen Transformation und leiten sich aus der Einsicht ab, »dass Wirtschaft kein Selbstzweck ist, sondern ein Mittel, um Wohlstand zu erreichen.«[260] Diese Prinzipien versprechen tiefgreifende Auswirkungen auf das gesamte Wirtschaftsgeschehen, wobei das Konzept des Unternehmens als Dienstleistung in besonderer Weise besticht. Das Dienstleistungskonzept Jacksons bietet eine ganz praktische Vision von Unternehmen, welche gerade nicht auf spekulativer, profitmaximierender, ressourcenintensiver und immer weiter vorangetriebener Arbeitsteilung beruht. Im Gegenteil wird hier nicht maximaler Materialdurchsatz favorisiert, sondern auf ein erweitertes Wohlstandsverständnis gesetzt, welches – wie bereits angesprochen – eben auch soziale und psychologische Funktionen wie Familie, Freundschaft, Gemeinschaft, Teilhabe, Kreativität, Zugehörigkeit sowie Identität und damit wichtige nichtmaterielle Aspekte gesellschaftlichen Reichtums und persönlichen Wohlergehens beinhaltet.[261] »Wir sollten vielmehr das Unternehmensziel so interpretieren, dass es ›menschliche Dienstleistungen‹ liefert, die die Lebensqualität verbessern: Ernährung, Wohnen, Gesundheit, soziale Fürsorge, Bildung, Freizeit, Erholung sowie Erhalt und Schutz der physischen und natürlichen Ressourcen.«[262] Dies gilt nach Jackson auch dann, wenn diese Dienstleistungen immer auch von einem gewissen Grad an Materiellem abhängig sind oder selbst materielle Güter darstellen, wie z. B. Nahrung, Kleidung oder Unterkunft, auch hier ist es möglich, wirtschaftliche Aktivität als Dienstleistung neu zu definieren.[263]

Ändert sich der Fokus der Wirtschaft konzeptionell auf dematerialisierte Dienstleistungen statt auf die Herstellung möglichst vieler Produkte, führt dies logischerweise zu einer Reduktion des Materialdurchsatzes und damit auch zu einer Dekarbonisierung der Wirtschaft. Hierbei handelt es sich jedoch nicht um die bloße Umwandlung von Industriegesellschaften in dienstleistungsgetriebene Konsummärkte, die immer mehr Konsumgüter aus dem Ausland importieren. Konsumgüter, deren Bezahlung z. B. über die Ausweitung von Finanzdienstleistungen, die Informationstechnologie und die Digitalisierung erfolgt, wie dies seit vielen Jahren der Fall ist.[264] Vielmehr handelt es sich um einen völlig neuen und gemeinwohlorientierten Dienstleistungsbegriff, der als Auftrag der Gesellschaft an die Wirtschaft verstanden werden kann, nicht maximale Gewinne bei einzelnen Unternehmen zu generieren, sondern – z. B. das Thema Mobilität – unter dem Gesichtspunkt maximaler Ressourcen- und Umweltschonung, Dekarbonisierung und gesellschaftlicher Nachhaltigkeit anzupacken. Gerade das Beispiel Mobilität zeigt die Tragfähigkeit des Ansatzes von Jackson, weil hier die möglichen Auswirkungen einer solchen neuen, auf Service gerichteten Herangehensweise besonders eindrücklich sein könnten. Wie leicht einzusehen ist, kann globale Mobilität nicht durch Ausstattung jedes Erdenbürgers mit einem eigenen PKW erreicht werden, sondern nur dadurch, dass z. B. alle Mobilitätsanbieter zu Luft, zu Wasser, auf den Schienen und auf Straßen gemeinsam nach entsprechenden hochvernetzten Gesamtlösungen suchen und diese gemeinsam umsetzen.

Nach Jackson ist im Übrigen eine Transformation hin zu einer solchen neuen Dienstleistungswirtschaft längst im Gang und findet sich insbesondere auch in lokalen Gemeinschaftsinitiativen oder Sozialunternehmen. »Das sind kommunale Energieprojekte, regionale Bauernmärkte, Slow-Food-Genossenschaften, Sportvereine, Büchereien, kommunale Gesundheits- und Fitnesszentren, örtliche Reparatur- und Wartungsdienste, Kunsthandwerksbetriebe, Schreibwerkstätten, Aktivitäten in der freien Natur, Musik- und Theatergruppen, Yoga, Kampfsport, Meditation, Gärtnern, die Instandhaltung von Parks und Freiräumen.«[265]

Dieser Teil der Wirtschaft wird zwar meist nicht als »richtige« Ökonomie verstanden und führt in der offiziellen Lehre und medialen Präsenz ein Aschenputtel-Dasein, hat aber nach Jackson eine große Bedeutung für die Bestimmung von neuem Wohlstand, gutem Leben, echter Sinnerfüllung und nachhaltiger Beschäftigung auch im Sinne von Erwerbsarbeit.[266] Dies besonders dann, wenn – wie im Rahmen dieser Arbeit ausgeführt – entsprechende Finanzierungen für Unternehmen notwendig werden, die selbst keine adäquaten Preise auf dem Markt erzielen, und die aus den Überschüssen anderer Unternehmen aufgebracht werden müssen.

In die gleiche Richtung weisen die Argumente von Kate Raworth, deren Idee der Donut-Ökonomie dafür steht, anstelle des bisher geltenden Konsumismus und Wachstumszwangs »die Bedürfnisse aller Menschen innerhalb der Grenzen des Planeten zu erfüllen.«[267] Hierbei markiert nach Raworth der äußere Kreis des Donuts die ökologischen Grenzen, die nicht überschritten werden dürfen. Sie betreffen Klimawandel, Versauerung der Meere, chemische Umweltverschmutzung, Stickstoff- und Phosphorbelastung, Süßwasserverknappung, Flächenumwandlung, Verlust der Artenvielfalt, Luftverschmutzung und Rückgang der Ozonschicht. Nach Raworth gibt es hier jeweils eindeutige Indikatoren und Kontrollvariablen, die den jeweiligen Stand messen, im Falle des Klimawandels etwa die Konzentration von Kohlendioxid in der Atmosphäre, welche im Jahr 2019 410,5 ppm (parts per million) betrug[268], während die planetare Grenze bei 350 ppm liegt.

Der innere Kreis des Donuts steht für das soziale Fundament, wobei die hier versammelten Parameter gemäß der UNO-Ziele für eine nachhaltige Entwicklung definiert wurden und Ernährungssicherheit, Gesundheit, Bildung, Einkommen und Beschäftigung, Wasser und Hygiene, Energie, Netzwerke, Wohnen, Gleichstellung der Geschlechter, soziale

Gerechtigkeit, politische Mitsprache, Frieden und Gerechtigkeit beinhalten. Auch für all diese Ziele können objektive Indikatoren festgelegt werden, wie etwa der Anteil der Menschen, die kein sauberes Trinkwasser zur Verfügung haben.[269] Nach Raworth finden sich unterhalb des gesellschaftlichen Fundaments des Donuts die Gefahren und Unzulänglichkeiten für all diejenigen, denen lebensnotwendige Güter vorenthalten werden, während oberhalb der »überschießende Druck« auszumachen ist, welcher die Systeme der Erde z. B. durch den Klimawandel, die Versauerung der Ozeane und die chemische Umweltverschmutzung bedroht. »Zwischen diesen beiden Grenzen befindet sich jener angenehme, ideale Bereich – der unverkennbar die Form eines Donuts aufweist –, der den Menschen einen sicheren und gerechten Raum bietet.«[270] Raworth konkretisiert ihre Überlegungen zur Donut-Ökonomie, deren Parameter eindeutige Leitplanken für die Ausrichtung von Gesellschaften hergeben, die bereits in unterschiedlichen praktischen Umsetzungsfällen Anwendung finden konnten.[271]

Um diesem Ziel eines nachhaltigen Lebens innerhalb der inneren und äußeren Grenzen für alle Menschen zu entsprechen und dabei die Bedürfnisse aller Menschen innerhalb der Grenzen des Planeten zu erfüllen, müssen nach Raworth Unternehmen den Zweck ihres Wirtschaftens neu definieren, wobei das Streben nach Gewinn stets einen positiven Beitrag zur lebenden Welt leisten muss. Neben vielfältigen Vorschlägen für praktische Veränderungsmaßnahmen und Reformen, schlägt Raworth auch vor, Finanzierungen für Unternehmen durch öffentliche Investitionsbanken vorzusehen, die sich zu einem nachhaltigen und sozialen Leitbild verpflichten.[272] Dies ähnelt dem Finanzierungskonzept, wie es z. B. aktuell von der Europäischen Kreditinitiative vertreten wird.[273]

6.5   Wachstum auf den Punkt

Wie wir gesehen haben, braucht die Erzählung vom Wachstumszwang der Wirtschaft dringend ein Update! Die Erzählung vom Wirtschaftswachstum als Motor für den Fortbestand unserer Zivilisation ist offensichtlich eine sich selbst bestätigende Prophetie, welche vor allem in der westlichen Welt, den ohnehin überbordenden Konsumismus immer weiter anheizt, der dann wieder für die Rechtfertigung von Wachstum herhalten muss. Es handelt sich, wie von Raworth, Jackson und vielen anderen aufgezeigt, um rein theoretische Konstruktionen einer oberflächlichen Analyse wirtschaftlicher Abläufe, welche bei genauerem Hinsehen weder stringent plausibilisiert und damit logisch nachvollziehbar gemacht werden können, noch entsprechend sorgfältig durchgeführten wissenschaftlichen Modellrechnungen standhalten, wie von Peter Victor für Kanada und Christoph Gran für Deutschland nachgewiesen.

Der Wachstumszwang, als immer wieder bemühtes Drohpotenzial für die Aufrechterhaltung des Wirtschaftslebens, hat ausgedient und es bedarf keineswegs eines immer weiter anwachsenden Konsumismus, maximaler Überproduktion und immer höherer Müllberge, um gesellschaftlichen Wohlstand und sinnhafte Beschäftigung aufrechtzuerhalten. Wie gezeigt wurde, sind durchaus Nullwachstumsraten, ja sogar negatives Wachstum vorstellbar.

Allerdings braucht es hierzu natürlich flankierender Maßnahmen, ohne die das Ausbleiben von Wachstum tatsächlich kritisch werden könnte, weil derzeit alles auf entsprechende Wachstumsraten ausgelegt ist. Zu diesen flankierenden Maßnahmen beim Herunterfahren des Massenkonsums gehören eine Neubestimmung des Wohlstandsbegriffs durch entsprechende Aufklärungs- und Bildungsmaßnahmen, eingebettet in demokratische Debatten und Willensbildungsprozesse. Es braucht den Stopp eines immer weiteren Anheizens des Konsumismus über Online- und Offlinewerbung, die Verlagerung eines materialintensiven und produktorientierten Konsumangebots hin zu Dienstleistungsangeboten und vor allem die Umverteilung von Arbeit. Es bedarf einer Neubestimmung unserer wirtschaftlichen Ausrichtung, vom heutigen immer »Mehr« zu einer Konsum- und Wirtschaftsform, welche die faktischen Grenzen des möglichen Wachstums zur Kenntnis nimmt und in Anbetracht der Tatsache, dass ganz einfach nicht immer weiter gewachsen werden kann, entsprechende Konsequenzen zieht. Hierbei ist eine fundamentale Transformation vor allem unseres eigenen Denkens angesagt, welche Maja Göpel wie folgt auf den Punkt bringt: »Planetenzerstörung darf nicht mehr Wachstum heißen. Reine Geldvermehrung nicht länger Wertschöpfung. Grenzen des Wachstums sollten Überwindung der ökologischen und sozialen Schadschöpfung heißen.«[274]

7 Wirtschaftssteuerung – aber wie?

7.1 Wo soll es in Zukunft langgehen?

Wenn die Moderne neu erfunden werden soll, gilt es, dringend zu klären, nach welchen Regeln künftig gewirtschaftet werden wird und wem, also welchem rechtlichen Subjekt, in Zukunft die Aufgabe der Planung und Regulation wirtschaftlicher Prozesse zugedacht sein könnte, wenn diese nicht privater Willkür oder nicht vorhandenen – »unsichtbaren« – Marktgesetzen überlassen werden soll, genauso wenig wie auch staatszentralistischer Planwirtschaft. Nach welchen Spielregeln und gesellschaftlichen Vorgaben sollen Wirtschaftsbetriebe in Zukunft ihr Handeln orientieren?

Dass ganz offensichtlich nicht weiterhin auf grenzenloses Wachstum gesetzt werden kann, wurde mit Verweis auf erste makroökonomische Ansätze für die Gestaltung einer Postwachstumsökonomie im vorhergehenden Kapitel aufgezeigt. Dennoch stellt sich natürlich die Frage, wie der Weg zu einer solchen Null-Wachstums-Gesellschaft konkret aussieht, wer z. B. darüber entscheidet, wie viel zulasten aller auf Halde produziert werden kann und soll.[275]

Wer befindet über Abgasausstoß und Feinstaubaufkommen, Ressourcenverschwendung, Raubbau, Bodenversiegelung etc.? Es sind bislang immer diejenigen, die dabei Geschäfte und vorzugsweise auch Profite machen können, Geschäfte, welche – so die Ansage – Arbeitsplätze, Sicherheit und Wohlstand für alle gewährleisten. Und genau so wird es zukünftig nicht weitergehen können und deshalb wird es post Coronam darum gehen, auf der Grundlage einer nicht mehr auf materiellem Durchsatz und traditionellem Wachstum basierenden Wirtschaft allgemein gültige Spielregeln über natur- und menschenverträgliches Wirtschaften zu definieren: Es gilt, Richtlinien über das grundsätzliche Wie und Was der Produktionswelt aufzustellen – vorzugsweise unter Einbeziehung der Bürgerschaften. Ist Kreuzschifffahrt gesellschaftlich noch vertretbar, sind Abwrackprämien ohne Einbeziehung ökologischer Parameter sinnvoll und können z. B. weiterhin zum Nutzen einiger weniger Regenwälder abgeholzt[276] und Wasserreserven privatisiert werden?

Wie viel Umweltzerstörung kann durch wirtschaftliche Maßnahmen in Kauf genommen werden, wie viele Ressourcen dürfen in welchen Wirtschaftsräumen in welchen Zeiträumen verbraucht werden? Welche Umweltbelastungen dürfen durch den Individualverkehr entstehen, welche ökologischen Anforderungen sind an den nationalen und internationalen Flugverkehr zu richten? Welche Schäden ist die Gemeinschaft bereit, als Folge von Industrialisierung der Landwirtschaft – z. B. in Form des Artensterbens – zu akzeptieren? Wie wollen wir künftig die Verteilung der Güter Wohnraum, Gesundheit und Bildung organisieren? Und vor allem: Wie viel soll überhaupt produziert werden? Auch hierüber muss zukünftig gesprochen werden und zwar mit allen Betroffenen. Wollen wir weiter die noch vorhandenen Ressourcen maximal ausbeuten oder wollen wir es z. B. mit dem Verhaltensökonomen Armin Falk halten? Dieser plädiert für einen neuen kategorischen Imperativ in Zeiten des Klimawandels, nachdem alle so konsumieren sollten, wie sie sich wünschen würden, dass alle es tun.[277]

All dies sind Fragen, die sich zukünftig nicht mehr aus der Perspektive eines ertragreichen Geschäfts durch individuelle Unternehmen werden beantworten lassen, welche bei der Durchsetzung ihrer Interessen meist mit dem Verlust von Arbeitsplätzen drohen! Solche Fragen betreffen uns grundsätzlich alle hinsichtlich unserer Gesundheit, unseres gemeinsamen Wohlstands und nicht zuletzt auch hinsichtlich der Frage, welche Bedingungen wir unseren Kindern und Enkeln hinterlassen wollen.

7.2 Wirtschaftsdemokratie, Staatseinfluss und die Volksrepublik Walmart

Notwendig scheint offensichtlich ein Verfahren der Vorausplanung und Abstimmung darüber, was und wie viel tatsächlich an Gütern und Dienstleistungen bereitgestellt werden soll. Entfällt das Motiv der Maximierung des eigenen Profits als wesentlichem Steuerungsmechanismus für wirtschaftliches Handeln, bei dem jeder machen kann, was ihm ertragreich scheint und wofür er eine Finanzierung auftreiben kann, müssen andere Prinzipien an die Stelle des platten Bereicherungsinteresses treten. Die Frage lautet: Gibt es eine Möglichkeit der Organisation und Steuerung der Wirtschaft jenseits von Verdrängungswettbewerb, Preiskampf und Überproduktion, aufgrund von rationalen und nachhaltigen Gestaltprinzipien? Wer sollte eine solche Planung in Zukunft übernehmen?

Viele sehen hier verstärkt den Staat als wichtige Instanz hinsichtlich der erforderlichen ordnenden Aufgabenstellungen, insbesondere auch gegenüber ausufernder Wirtschaftstätigkeit. Der Staat wird vor allem deshalb als regulierende, planende und notfalls rettende Instanz und damit als Korrektiv der Wirtschaft gesehen, weil gesellschaftlich keine vergleichbar mächtige Instanz existiert, die potenzielle Übergriffe der Wirtschaft gegen das Gemeinwohl aufhalten könnte. Weil es also sonst ganz einfach keine annähernd mächtige Autorität gibt, die grenzenlosem Wachstum und Profitstreben der mächtigen Wirtschaftsorganisationen Einhalt gebieten könnte, resümiert z. B. Ulrike Hermann: »Daher gibt es keine Alternative zur Solidarität. Also zum Staat.«[278]

In ähnlicher Form sieht die Philosophin Jule Govrin eine wachsende Bedeutung des Staats in Abwesenheit neoliberaler Ordnungsmechanismen. Sie setzt hierbei explizit auf die Rückkehr von Staatlichkeit als einziger Garantin für die Durchsetzung von Gemeinwohl und fordert die Abkehr von der Theorie des freien Marktes und dessen scheinbarer Vernunft, welche nur die Logik ihrer eigenen Selbsterhaltung kennt.[279]

Tim Jackson sieht ebenfalls eine der wichtigsten Aufgaben des Staats darin sicherzustellen, dass »langfristig notwendige öffentliche Güter nicht durch kurzfristige private Interessen gefährdet werden.«[280] Hierbei ist auffällig, dass sich Regierungen auf der ganzen Welt bislang vor allem für einen grenzenlosen Konsumismus engagiert hätten, vor allem natürlich solche mit liberalen Volkswirtschaften. Dies mit der Konsequenz, dass die Freiheit und Ausweitung der Märkte deutlich höher gewertet wurden als soziale Ziele und das Gemeinwohl. Dies ist nach Jackson die logische Konsequenz eines auch bei den staatlichen Institutionen gängigen Irrglaubens, nach dem Wachstum wichtiger wäre als alle anderen politischen Zielsetzungen. Im Gegensatz zu einer Staatsraison, die sich darauf beschränkt, Marktfreiheit im Sinne eines zügellosen Konsumismus zu schützen, »ist der Staat das Instrument der Gesellschaft par excellence, Verpflichtungen einzugehen, und der wichtigste Akteur, wenn es gilt, unser aller Wohlstand zu wahren.«[281] Der Staat hat aus dieser Perspektive die Aufgabe, gemeinsamen Wohlstand für alle sicherzustellen, kurz: »Es ist Aufgabe der Regierung, den Bürgerinnen und Bürgern – innerhalb ökologischer Grenzen – Verwirklichungschancen für ein gutes Leben bereitzustellen.«[282]

Kate Raworth argumentiert in die gleiche Richtung und fordert eine neue Regierungsführung und eine neue Strategie der Staaten auf globaler Ebene, »die den Druck des Menschen auf die planetaren Grenzen vermindern können«[283] und dabei auch Interaktionen wie den untrennbaren Zusammenhang zwischen dem Nahrungs-, dem Wasser- und dem Energiebereich im Auge behalten. Raworth sieht es dabei als unumgänglich an, dass Regierungen in Zukunft wesentlich effektiver auf unerwartete Ereignisse reagieren können, »wie beispielsweise eine globale Krise der Nahrungsmittelpreise, während sie gleichzeitig die Entwicklung der neuen Technologien umsichtig vorantreiben.«[284]

Maja Göpel kritisiert eine Unterbewertung der Rolle des Staats durch die geltenden volkswirtschaftlichen Modelle, welche bezüglich des notwendigen Ausbalancierens von Angebot und Nachfrage nur Konsumenten und Produzenten in Anschlag bringen und hierbei den Staat vergessen bzw. maximal als Abnehmer sehen. Dies, obwohl die Regeln und Anreize, mit denen der Staat die Produktion von Gütern und Diensten organisiert, natürlich ganz maßgeblich Angebot und Nachfrage beeinflussen.[285] Hier darf nochmals an die durch Mariana Mazzucato nachgewiesene Tatsache erinnert werden, dass der Staat in unzähligen Fällen erheblich an der Entwicklung von Innovationen wie iPhones, Raumschiffen, Atomkraftwerken, dem Internet, Pharmaprodukten und vielem mehr beteiligt war – und nach wie vor ist – sowie gesellschaftliche Strukturen vorhält, ohne die Wirtschaft gar nicht stattfinden könnte[286], und schon allein deshalb ein gewichtiger Wirtschaftsfaktor ist. Es braucht, so sind sich viele Stimmen einig, dringend eine übergeordnete Instanz wie den Staat, die aus einer höheren Perspektive überprüft, ob die Summe der Einzelinteressen tatsächlich einen Nutzen für alle generiert. »Eine Instanz, die das Wohlergehen der Gruppe über die Möglichkeiten des Einzelnen stellt, seinen persönlichen Nutzen zu maximieren. Und die damit auf lange Sicht in vielen Fällen sogar das Wohlergehen der Bevorteilten selbst schützt. Das nennt sich Gemeinwohlsicherung, braucht längerfristige Voraussicht und ist originäre Aufgabe des Staates.«[287]

Göpel verweist in diesem Kontext auf John Maynard Keynes, der davon ausging, dass staatliche Eingriffe ganz normal und notwendig wären, um Angebot und Nachfrage auszubalancieren, und dies nicht nur bei »Produkten und Dienstleistungen, sondern auch bei Arbeitsmärkten, beim Export- und Importverhältnis oder bei der Geldmenge und den Währungsmärkten.«[288] Staatliche Intervention scheint auch im Kontext der Debatte um eine potenzielle Zerschlagung der Internetriesen für viele angezeigt. Wie vom amerikanischen Repräsentantenhaus ebenso wie von der EU-Kommission gefordert, sollen Firmen wie Facebook, Google, Amazon sowie – wenn auch unter einer etwas anderen Systematik – auch Apple wegen zu großer wirtschaftlicher Macht und der Bildung gefährlicher Monopole zum Schutze der Allgemeinheit kontrolliert und gegebenenfalls zerschlagen werden.

Für Göpel ist es also gar nicht die Frage, ob staatliche Eingriffe in Form von Verboten oder Anreizen sein dürfen oder nicht. Die eigentliche Frage lautet ihrer Auffassung nach nur, welche dieser Regeln überhaupt Sinn machen und den Weg zu einer nachhaltigen Lebensweise unterstützen oder diesen eher behindern. Wirtschaft funktioniert für sie überhaupt erst durch die Anwesenheit von Regeln, welche beeinflussen, »welche Freiheiten wir haben und welche nicht, was uns verboten ist und was nicht und welche Innovationen wahrscheinlich sind und welche nicht. Sonst wäre die hoch lukrative Sklaverei wohl nicht abgeschafft worden und es gebe noch immer kein Recht auf einen Acht-Stunden-Arbeitstag und ein arbeitsfreies Wochenende.«[289]

Und natürlich gibt es weitere wichtige Schnittstellen zwischen Wirtschaft und Staat, die beachtet sein wollen. Hierher gehören der Schutz vor Ungleichheit hinsichtlich Einkommen und Vermögen, die Sozialstaatlichkeit und der Schutz des Menschen bei Arbeitslosigkeit, Krankheit, Alter, Armut. Und last but not least gehört natürlich auch die Wahrung der ökologischen Grenzen durch Errichtung entsprechender Ordnungsparameter und Gegensteuerung bei Fehlentwicklungen zu den originären Aufgaben des Staats.[290] So ist der Staat bis zum heutigen Tag z. B. Betreiber des Atommülllagers Asse 2, und zwar in Gestalt des Helmholtz-Zentrums in München, und bezahlt so die Zeche. Damit geht es auch in allen umweltrelevanten Bereichen heute nicht nur um allgemeine Schutzmaßnahmen, die Ahndung bei Fehlverhalten bis hin zu strafrechtlicher Verfolgung, sondern es geht auch um wirtschaftliches Handeln durch den Staat. Dies gilt nach Hermann auch z. B. bei den großen vor uns liegenden Umstellungen in Richtung einer nachhaltigen Wirtschaftsweise, bei der der Staat in Zukunft gefordert wäre. Sei es, um auf geeignetem Wege den absehbaren Wegfall von Millionen von Arbeitsplätzen abzufedern oder um Abfindungen und Ausgleichszahlungen für die wahrscheinlich notwendige Stilllegung ganzer Branchen (Kohle- und Atomstrom-Anbieter) und vielem anderem mehr zu finanzieren.[291]

So wichtig es sein mag, dass der Staat über die Einhaltung des Gemeinwohls durch die Wirtschaft wacht und entsprechend schützend oder auch aktiv stützend eingreifen kann, so wichtig sind die Vorgaben, nach denen der Staat seine Arbeit ausrichtet. Diese Gestaltungskriterien dürfen sich nicht aus der Selbstherrlichkeit staatlicher Anmaßung ergeben oder gar der Steuerung durch Ministerialbeamte überlassen bleiben. Diese Steuerungsvorgaben und Gestaltungsparameter sind gesamtgesellschaftlich und direktdemokratisch – statt ministerialbürokratisch und staatszentralistisch – vorzusehen. Deshalb muss die Ausrichtung staatlichen Agierens insbesondere hinsichtlich der Frage geklärt werden, welche Annahmen und Voraussetzungen die Grundlage staatlicher Einflussnahme zukünftig darstellen sollen, ob z.B., wie bereits besprochen, Wachstumsorientierung oder Degrowth bei allen staatlichen Maßnahmen angesagt sein soll? Ob mit staatlichen Maßnahmen maximaler Konsumismus gefördert werden und maximale Freiheiten für Unternehmen und Marktkräfte eingeräumt werden sollen? Oder ob auf Grundlage demokratisch beschlossener Vorgaben eher das Gemeinwohl im Vordergrund stehen soll? All diese Gestaltungsparameter gilt es, gesellschaftlich neu zu diskutieren, in Bürgerkonventen zu definieren und in Parlamenten und durch direktdemokratische Verfahren neu zu konstituieren und zu legitimieren.

In Anbetracht vielfältiger und durchaus auch notwendiger Aufgaben des Staats, die sich auf die Gestaltung von Wirtschaft beziehen, muss auch eine Debatte über die konzeptionelle Ausrichtung und Neubestimmung der Aufgaben des Staats stattfinden, um die Parameter und makroökonomischen Vorgaben, nach denen in der öffentlichen Verwaltung gearbeitet wird, demokratisch festzulegen.

Geklärt werden muss vor allem aber auch die Frage, welche Aufgaben der Staat in der Eigenschaft als Eigenwirtschafter weiter wahrnehmen soll und welche nicht. Dies gilt, weil der Staat heute vielfältige wirtschaftliche Tätigkeiten wahrnimmt, und dies nicht nur in seiner Eigenschaft als Beschaffer – also Konsument – z. B. für den Bereich der Verteidigung. Hierher gehört heute die wirtschaftliche Tätigkeit für die Daseinsvorsorge im Bereich der öffentlichen Güter wie Bildung, Gesundheit, Energie, Strafvollzug, Straßenverkehr, Wohnen, inkl. der Verwaltung öffentlichen Eigentums wie Straßen, Eisenbahnen, Schulen, Krankenhäuser, Stadtwerke, Energieversorger oder Sozialdienste. Möglich ist, dass einige dieser Unternehmen und Dienstleistungsbetriebe unbedingt durch den Staat als Unternehmer selbst betrieben werden müssen. Möglich ist aber auch, dass am Ende entsprechender Beratungen und Abstimmungen zumindest einige dieser Betriebe auch in eigener und freier Trägerschaft organisiert sein könnten. Dies in der Form, wie z. B. im Bereich des Bildungswesens in größerem Umfang durch die Waldorfbewegung, Montessori-Schulen oder konfessionelle Bildungseinrichtungen in freier Trägerschaft seit Jahrzehnten umgesetzt. Man könnte eine solche freie Trägerschaft auch als einen Sektor zwischen »Privat« und »Staat« verstehen, der im öffentlichen Auftrag selbstverwaltet seine Aufgaben erfüllt.

Eine solche Selbstverwaltung entsprechender Betriebe könnte sicherlich auch in manch anderem der genannten Bereiche gelten und es wird zukünftigen Debatten überlassen bleiben, was hier neu gestaltet werden kann und soll. Dass allerdings die meisten gesellschaftlichen Arbeitsfelder mit Unterschusscharakter automatisch deshalb vom Staat als Unternehmer bewirtschaftet werden müssen, weil diese ihre Kosten nicht selbst decken können, ist keineswegs ausgemacht. Auch hier würde u. U. der bereits dargestellte Geld-begriff[292] weiterhelfen, der, wie beschrieben, Geld nicht als Ware und Unterschüsse nicht als ein zu subventionierendes Manko versteht, sondern als ganz normale Selbstverständlichkeit, die es eben auszugleichen gilt – ein demokratisch gestalteter Prozess.

Und damit nochmal zurück zu der Frage nach einer Instanz oder nach einem Verfahren für nachhaltige Wirtschaftsplanung. Bei aller berechtigten Würdigung wichtiger staatlicher Aufgaben und Verantwortungen im Bereich der Wirtschaft kann der Staat mit Sicherheit nicht als oberste Planungsinstanz für den gesamtgesellschaftlichen wirtschaftlichen Bedarf fungieren. Gemeinwohl und effizienter Ressourcenumgang in der Wirtschaft kann nicht durch jährliche Planungsvorgaben, Staatsdirigismus, Staatsbankinterventionen und andere zentralistische Maßnahmen erzwungen werden, eine Adaptierung der staatssozialistischen Planwirtschaft Chinas wäre ebenso wenig wünschenswert wie der Rückfall in die Tage des scheinbar »real existierenden Sozialismus« im Osten Europas.

Dies, obwohl es mittlerweile bezüglich jener vielgeschmähten Planwirtschaft interessante Argumente dafür gibt, dass diese heute vielleicht doch funktionieren könnte. Die Wirtschafts- und Wissenschaftsjournalisten Leigh Phillips und Michael Rozworski zeigen in ihrem Buch »People's Republic of Walmart«[293], dass der Inbegriff kapitalistischen Wirtschaftens, nämlich die US-Supermarktkette Walmart, de facto eine Planwirtschaft mit der Wirtschaftsleistung Schwedens darstellt.[294] Innerhalb des Unternehmens greifen nach Darstellung von Phillips und Rozworski keine der typischen Marktmechanismen. Die Koordination von Zulieferern, Filialen und Abteilungen beruht auf streng organisierter Kooperation und effizienter Planung. Dies könnte zumindest als weiterer wichtiger Akkord im Abgesang auf die scheinbare Alternativlosigkeit des Neoliberalismus gewertet werden und auf Marktverhältnisse, welche aufgrund komplexer Interdependenzen und dadurch hervorgerufener Intransparenzen eben am besten sich selbst überlassen werden sollten, gemäß Hayeks gewichtigem Argument von der informationellen Überlegenheit der Märkte.[295]

Ähnliches ließe sich nach Auffassung von Phillips und Rozworski auch für den Internetriesen Amazon nachweisen, dessen Planungshorizonte in eine ähnliche Richtung weisen und nicht nur zukünftige Bereitstellungsplanung, sondern auch aktuelle Logistikanforderungen antizipieren.[296] Diese Argumente sprechen für eine – besonders auch Big-Data-gestützte – Planbarkeit wirtschaftlicher Prozesse, wie dies bislang unvorstellbar schien. Hierbei handelt es sich um ziemlich ernst zu nehmende Argumente, welche zumindest die behauptete technische Unmöglichkeit der Planung von Wirtschaft mangels Transparenz deutlich infrage stellen. Dies gilt für die Kritik an sozialistischen Wirtschaftsmodellen ebenso wie für die scheinbare Legitimation kapitalistischer Systeme wegen mangelnder Transparenz und Planbarkeit. Es spricht allerdings nicht für eine grundsätzlich zentralistische Wirtschaftsplanung oder eine staatliche Planwirtschaft, auch wenn sich eine solche zentral gesteuerte Planungsform bei Walmart und Amazon auszahlen mag. Im Übrigen bleibt zu hinterfragen, ob zentralistische Planungsverfahren, die in großen Konzernen üblich und technisch möglich sein mögen, im Hinblick auf Entfaltung der Kreativität und Arbeitsfreude der arbeitenden Menschen auch wünschenswert sind. Die Frage nach geeigneten Instanzen und Verfahren einer nachhaltigen Vorausplanung wirtschaftlichen Bedarfs bleibt damit an dieser Stelle offen und soll im nachfolgenden Kapitel weiter untersucht werden.

Fest steht allerdings, dass der Staat nicht notwendigerweise bei allen sozialen Gemeinschaftsaufgaben selbst unternehmerisch tätig sein muss, dass jedoch die Leitplanken für staatliches Handeln durch die Gemeinschaft immer wieder neu demokratisch festgelegt werden müssen. Aufmerksam gilt es in Zukunft, Gemeinwohl gegen Individualwohl abzuwägen und alles Grundsätzliche zur Gestaltung der Wirtschaft nicht individualistisch, sondern da, wo alle betroffen sind, demokratisch zu regeln, dies allerdings unter der Maßgabe, dass auch das individuelle Wohl eines jeden Menschen Richtschnur zukünftiger Wirtschaftsgestaltung sein sollte. Deshalb werden aufgeklärte Gesellschaften nicht darum herumkommen, ihre geltenden Verfassungen um einen Wirtschaftsteil zu ergänzen, welcher das wirtschaftliche Miteinander grundsätzlich regelt. Dies kann über Wirtschaftskonvente zur Erarbeitung entsprechender Vorschläge für Rahmenordnungen sowie über Volksentscheide oder Parlamentsentscheidungen zur gesetzlichen Fixierung realisiert werden.

7.3 »Planning for Future« – Prozesssteuerung aus Einsicht

Nachdem wir uns mit den gesamtgesellschaftlichen Rahmenbedingungen für wirtschaftliches Handeln befasst haben und dabei feststellen konnten, dass allgemein gültige und auch allgemein gesetzte Regelwerke z. B. im Sinne von Wirtschaftsverfassungen erforderlich sind, um gedeihliches Wirtschaften für das Gemeinwohl zu ermöglichen, können wir uns jetzt der nächsten Frage zuwenden, nämlich der Frage, wie eine praktische Wirtschaftssteuerung auf der Ebene der Unternehmen funktionieren würde.

7.3.1 Was, Wie, Wo und Wie-viel? – Planen mit Einsicht und Sachverstand

Auf Basis entsprechender Wirtschaftsverfassungen gilt es, für die praktische Arbeit in der Wirtschaft neue Gestaltungsparameter und daraus abgeleitete Verfahrensweisen zu entwickeln, die das Was, Wie, Wo und Wie-viel der Produktion sachgemäß ermitteln und organisieren. Anstelle des immer weiteren Anheizens des Konsumismus und der Schaffung neuer Märkte, auf denen der Absatz über entsprechende Marketingkampagnen sichergestellt wird, werden Wahrnehmungsorgane sowie Planungs- und Beratungsinstanzen erforderlich, die eine möglichst effiziente Versorgung der Verbraucher mit allen erforderlichen und gewünschten Gütern und Diensten ermöglichen. Dies könnte z. B. durch entsprechend selbstverwaltete Netzwerkorganisationen geschehen, die alle relevanten Wirtschaftsprozesse wahrnehmend, beratend, moderierend, ausgleichend und mitentscheidend begleiten. Selbstverwaltete Netzwerkorganisationen, die mit Funktionen wie z. B. Bedarfsplanung, Prozessabstimmung, Produktions- und Investitionsentscheidungen etc. befasst sind und als Assoziationen[297] bezeichnet werden könnten, ergänzen sich durch Organe der Ideenbildung und Beratung sowie der Erarbeitung von Grundlagen, z. B. Kuratorien genannt. Assoziationen und Kuratorien könnten gemäß der jeweiligen Fragestellung mit der jeweils adäquaten Besetzung, Größe, Zuordnung zu Branchen oder Themen etc. gebildet werden. Entsprechende Assoziationsgremien würden sich als Planungsinstrumente und Qualitätssicherungsinstanzen verstehen ebenso wie bei Bedarf auch als Entscheidungs- und Kontrolleinrichtungen, da, wo dies der Sache nach ein einzelnes Unternehmen selbst nicht leisten kann. Diese Einrichtungen könnten sich auf regionalen, überregionalen, landes- und bundesweiten Ebenen selbst wieder aufgabenspezifisch zusammenschließen, um den jeweils erforderlichen Sachverstand zu versammeln. Dies, damit möglichst alle Anforderungen der Konsumenten hinsichtlich materieller und immaterieller Bedürfnisse berücksichtigt und die dafür erforderlichen Herstellungsprozesse ressourcen- und umweltschonend sowie zielorientiert ausgerichtet werden.

Die personelle Besetzung dieser verschiedenen Organe würde sinnvollerweise weitgehend aufgabenspezifisch zu handhaben sein, wobei Assoziationen und Kuratorien fallweise mit Vertretern bestimmter Branchen, Konsumenten, Forschungs- und Beratungsinstitutionen ebenso wie mit Repräsentanten der Bankenwelt besetzt werden könnten. Sinnvollerweise würden sich diese Organe auch durch Abgesandte von Verbraucherorganisationen und Wissenschaftseinrichtungen oder Einzelpersönlichkeiten konstituieren, die auf geeignetem Wege praktische Alltagsentscheidungen des Wirtschaftslebens vorbereiten und umsetzen und dabei auch die rechtlichen Rahmenbedingungen wie z.B. die Arbeits-, Einkommens- und Umweltgesetzgebungen einbeziehen. Die genannten Gremien würden sinnvollerweise neben den Unternehmensleitungen und Mitarbeitervertretungen auch Vorlieferanten sowie entsprechende Vertretungen der Abnehmer von Waren und Dienstleistungen als auch der Konsumenten umfassen. Entsprechende Einrichtungen könnten sich auf allen Ebenen bilden, um z.B. auch als Beratungsorgane von Landes- und Zentralbanken zu fungieren, die sich, aus der Natur der Sache, innerhalb von demokratisch vereinbarten Rahmenordnungen stets ihre Verfassungen selbst zu geben hätten.

Ein wichtiges Funktionsprinzip dieser selbstverwalteten Gremien ergibt sich aus dem freien Zusammenwirken verschiedener Interessen, Standpunkte, Kompetenzen und Erfahrungen: Dadurch, dass so Menschen in ihrer Unterschiedlichkeit – und jetzt eben ohne persönliche Bereicherungsabsicht – ein gemeinsames Problem bearbeiten, werden einseitige Einzelurteile vermieden und qualitativ bessere Entscheidungen getroffen. Breit verankerter Sachverstand und intensive gemeinsame Beratung und Abwägung von Vor- und Nachteilen bestimmter Handlungsoptionen werden sinnvolle gemeinsame Beschlüsse solcher Netzwerkorgane ermöglichen. Diese Forderung ist vor allem auch der Komplexität und gegenseitigen Abhängigkeit des modernen Wirtschaftslebens geschuldet. Es bedarf schlicht des gedanklichen Austausches und des gemeinsamen Gesprächs aus möglichst vielen Perspektiven, weil erst durch das gegenseitige aneinander Abschleifen subjektiver Gesichtspunkte echte Urteilsgrundlagen für gemeinwohlorientiertes Handeln gebildet werden können und unternehmerische Einzelwillkür ausgeschaltet bleibt.

Schon heute haben sich an verschiedenen Stellen in der Gesellschaft neue Formen von Produzenten-, Konsumenten- und sonstigen Organisationszusammenschlüssen als Vorformen für solche Beratungs- und Planungsebenen gesellschaftlicher Selbstverwaltung herausgebildet. Sie existieren in einem bereits weitverzweigten Geflecht beratender Gremien und Kuratorien. Dies gilt auch, wenn diese Gremien derzeit im Wesentlichen als Wirtschaftslobby zur Vertretung bestimmter Interessen funktionieren und statt des

Gemeinwohls in der Regel partikulare Interessen verfolgen. Zu diesen Vorformen zukünftiger gesellschaftlicher Beratungs- und Entscheidungsgremien gehören auch Zusammenschlüsse von Unternehmen in Verbänden, Innungen, Industrie- und Handelskammern ebenso wie Arbeitnehmer- und Arbeitgebervertretungen und Aufsichtsgremien auf Bundes-, Landes- oder Unternehmensebene.[298] Ebenso können die Einrichtung von Wirtschaftsclustern in Deutschland oder z. B. Verbraucherorganisationen als Zusammenschlüsse von Konsument:innen mit ihren spezifischen Interessen hinzugezählt werden. Des Weiteren sind Einrichtungen wie z. B. der Sachverständigenrat zur Begutachtung der gesamtwirtschaftlichen Entwicklung zu nennen, der 1963 durch Gesetz eingerichtet wurde und dem Ziel einer wiederkehrenden Begutachtung der gesamtwirtschaftlichen Entwicklung in der Bundesrepublik Deutschland dienen soll.[299] Eine ähnlich wichtige Organisation ist der Rat für Nachhaltige Entwicklung, der im April 2001 von der Bundesregierung berufen wurde. Die Aufgaben des Rats sind die Entwicklung von Beiträgen für die Umsetzung der nationalen Nachhaltigkeitsstrategie, die Benennung konkreter Handlungsfelder und Projekte sowie Nachhaltigkeit zu einem wichtigen öffentlichen Anliegen zu machen.

Letztlich gehören alle Zusammenschlüsse von Unternehmen auch und ganz besonders zum Zwecke der Preisgestaltung in die Reihe dieser neuen Organisationsformen. So kann selbst der Zusammenschluss von Unternehmen zur Formierung von klassischen Kartellen sinnvoll sein – ohne das Vorzeichen der Profitmaximierung. Durch entsprechende Übereinkunft hinsichtlich zunächst divergierender Interessen können konkreter ökonomischer Nutzen für alle generiert und vielfältige Mehrfachausgaben reduziert werden, unter dem Strich also Kosten gespart und Ressourcen geschont werden.

Heute unterliegen derartige Organisationsformen strengen Kontrollen oder sind schlicht verboten. Dies liegt allerdings nicht an einer durch ein Kartell intendierten Kosteneinsparung und Nutzenmaximierung, sondern an der Tatsache, dass bei privatwirtschaftlichen Interessenslagen einzelne Marktteilnehmer ungerechtfertigte Vorteile im Sinne von hohen Profiten aus diesen Konstruktionen ziehen können und Machtverhältnisse entstehen, die unter einer Neuregelung der wirtschaftlichen Verhältnisse nicht mehr funktionieren werden. Wirtschaft ohne Profitabsicht fordert umgekehrt geradezu wirtschaftliche Zusammenschlüsse, auch und gerade zum Zwecke der Preisabstimmung zum Wohle der Verbraucher:innen. Auch wenn die genannten bestehenden, mehr informellen Organisationen primär partikularen Interessen dienen und als spezielle Interessensvertretungen jeweils eigenen oder gruppenspezifischen Egoismen folgen mögen, zeigen sie doch die Notwendigkeit umfassender Wissens- und Kompetenzvernetzung zur Bewältigung immer höherer Komplexität im Wirtschaftsleben. Erfahrungsgemäß maximiert große Überschau, Transparenz und gemeinsame Abstimmung den wirtschaftlichen Nutzen und minimiert unnötigen Ressourcenverbrauch und Verschwendung. Es müssen damit keine neuen Funktionsprinzipien zur Steuerung und Organisation wesentlicher Wirtschaftsprozesse erfunden werden. Im Prinzip scheinen die erforderliche Beratungs- und Planungsebene ebenso wie Vernetzungsformen bereits in wichtigen Ansätzen ausgebildet zu sein. Es gilt lediglich, diese gesellschaftlichen Organbildungen komplett dem Gemeinwohl und dem Nutzen der Konsumenten zu unterstellen. Eine Anforderung, die mit

Wegfall des Profitprinzips als wesentlichem Wirtschaftsmotiv umzusetzen sein wird.

> Letztlich geht es um Prozesssteuerung aus Einsicht in die Anforderungen und Notwendigkeiten des Ganzen, was wiederum die Erarbeitung und Aktualisierung von Urteilsgrundlagen über die wirtschaftliche und gesellschaftliche Gesamtentwicklung bedingt. Diese Einsicht in die Entwicklungsbedingungen des Ganzen kann aufgrund des hohen Komplexitätsgrads weltumspannender Verflechtungen nur dann gewonnen werden, wenn möglichst viele Einzelerfahrungen und Erkenntnisse zusammengetragen und zu einem möglichst umfassenden Gesamtbild komponiert werden, dies vorzugsweise ohne Einmischung partikularer Interessen.

Allerdings muss die bedarfsgerechte Versorgung der Bevölkerung mit Waren und Dienstleistungen – zumindest in quantitativer Hinsicht – in Zukunft nicht notwendigerweise ausschließlich der Intuition von Menschen, Clustern oder Assoziationen überlassen bleiben. Im Gegenteil kann die Feststellung real vorhandenen Bedarfs heute geradezu »objektiv« auf vorhandener Zahlenbasis erfolgen. Wie bereits im Umfeld der Erwähnung von Walmart und Amazon angedeutet, wird künftig, hinsichtlich der Frage der Planbarkeit des Bedarfs, auch der Entwicklung der Digitalisierung entsprechende Bedeutung beigemessen werden müssen.

> Durch die Digitalisierung der Wirtschaft, insbesondere durch das sogenannte Internet der Dinge, entstehen jeden Tag unvorstellbare Datenmengen, die Aufschluss über Lebens- und Konsumgewohnheiten von uns allen geben und die durch Big-Data-Anwendungen, Machine Learning und künstliche

Intelligenz erschlossen werden können. Diese Daten könnten natürlich auch im Rahmen einer auf Gemeinwohl und nachhaltigen Bedarf ausgerichteten Konsumplanung und Steuerung eingesetzt werden. Dies natürlich nicht, ohne die Privatsphäre der Bürger:innen zu schützen und das Eindringen der digitalen Datenerhebung in die persönlichen und intimen Lebensbereiche der Menschen zu unterbinden.

Durch die permanente Kommunikation und Datenbereitstellung Abertausender von Sensoren, Kameras, Scannern und sonstigen Digitalisierungswerkzeugen in Verbindung mit entsprechenden Rechnersystemen entstehen Informationspotenziale, die heute vorwiegend zur Prozesssteuerung und Absatzoptimierung eingesetzt werden. Entsprechende Systeme zur Auswertung großer Datenmengen basieren auf der Kombination aus neuronalen Netzen und statistischen Methoden. Sogenannte Predictive Software erkennt hier relevante Zusammenhänge in Massendaten und liefert entsprechende Prognosen. Eine solche Software ist z. B. bei dem Versandhändler Otto in Hamburg im Einsatz und ist in der Lage, jährlich mehr als eine Milliarde Einzelprognosen zu erstellen, die anhand einer Vielzahl von Faktoren berechnet werden, die auf bis zu 300 Millionen Datensätzen pro Tag bzw. Woche basieren. Der Vorteil der Auswertung riesiger Datenmengen in Echtzeit für Otto liegt in einer deutlich besseren Lieferbereitschaft und einer höheren Wirtschaftlichkeit, mit Prognoseverbesserungen von bis zu 40 Prozent.[300] Unabhängig von dem Problem, dass der Einsatz von Predictive-Software-Lösungen heute vor allem der Steigerung der Profite und nicht der Steigerung des Gemeinwohls dient, zeigt das Beispiel Otto, dass Big Data selbstverständlich für effiziente Planung von Bedarf mit Erfolg eingesetzt werden kann und für genau die Transparenz sorgt, die die Vertreter klassischer Markttheorien in Abrede stellen.[301] Welche konkrete Gestaltung dieser Bereich und die Arbeit mit Big Data zukünftig annehmen sollen, wird gesamtgesellschaftlichen Beratungs- und Entscheidungsprozessen überlassen bleiben.

7.4   Wirtschaftssteuerung auf den Punkt

Das entscheidende Merkmal heutiger neoliberaler Wirtschaft ist das Prinzip der wirtschaftlichen Gier und der maximalen Bereicherung als zentralem Motiv des Handelns. Auch wenn dieses Prinzip im Kontext des Finanzmarktkapitalismus am deutlichsten in Erscheinung tritt, bestimmt es auch in allen anderen Wirtschaftsbereichen das ökonomische Handeln, so verantwortungsvoll im Einzelnen auch immer gearbeitet werden mag. Wie wir gezeigt haben, führt jedoch das Wirtschaftsmotiv des Profits zu gesellschaftlicher Ungleichheit, Ressourcenverschwendung und abnehmender Systemakzeptanz.

Deshalb muss das Prinzip, Profite zu machen, als Motivation des Wirtschaftens und zentraler Steuerungsansatz ganz grundsätzlich infrage gestellt werden. Auf der Suche nach einem nachhaltigen Wirtschaftsmotiv lässt sich feststellen, dass bestimmte gesellschaftliche Leistungen unter Preis oder sogar gratis abgegeben werden, während andere Leistungen hohe Preise erzielen. Wie dargestellt, werden zukünftig Geldprozesse deshalb so zu steuern sein, dass die Gewinne der einen – besser gesagt, die Überschüsse, die bei den einen auftreten – zur Deckung der gewollten und eingeplanten Unterschüsse der anderen eingesetzt werden. Gemeint sind hier die bereits mehrfach erwähnten Betriebe, die wichtige gesellschaftliche Aufgaben verrichten, durch gesellschaftliche Konvention allerdings ihre Dienste unter Preis oder gratis abgeben. Ausgleich also, genau wie dies zum Beispiel bei jedem Gemeindehaushalt seit jeher der Fall ist. Die neue Wirtschaftsmotivation bestünde nach der hier zur Diskussion gestellten Auffassung nicht im Generieren von maximalen Gewinnen, sondern in dem Bemühen, alles gesellschaftlich Notwendige bereitzustellen und die hierfür notwendigen Ausgaben zu finanzieren.

Nicht die Objekte des kapitalistischen Wirtschaftens müssen ausgetauscht werden, sondern das Grund-Funktionsprinzip desselben. Nicht nur Atom- und Kohlestrom gilt es durch Windenergie abzulösen, sondern über eine neue Wirtschaftsmotivation insgesamt gilt es nachzudenken. Dies weil Profitmaximierung und besonders auch der Wachstumsdruck, wie wir gesehen haben, die falschen Richtkräfte für nachhaltige gesellschaftliche Entwicklung sind. Sollte sich eine Wirtschaftsordnung ohne Macht und Gier etablieren lassen, wäre das herkömmliche »Drauflos-Wirtschaften« durch kooperativen Sachverstand und geeignete Beratungsgremien zu ersetzen, welche statt maximalem Ertrag für einige wenige, maximalen gesellschaftlichen Nutzen für möglichst viele zu generieren hätten.

Unabhängig davon, wie viel Information über die Planung eines real vorhandenen Bedarfs über Big Data und Machine Learning generiert werden kann oder auf entsprechenden Kompetenzebenen von den jeweils Betroffenen entschieden wird, auf alle Fälle erfordert gesamtgesellschaftliche Selbstverwaltung ein grundsätzliches Regelwerk, nachdem gearbeitet wird und welches weder den Algorithmen noch irgendwelchen Kuratorien überlassen bleiben darf. Es geht also um die Erstellung demokratisch legitimierter Regeln für den Vollzug von Wirtschaft, welche dann die Grundlage wären, um aus wirtschaftlichem Sachverstand auf Grundlage entsprechender Wirtschaftscluster in möglichst selbstverwalteter Weise die Betroffenen und Tätigen tatsächlich selbst entscheiden zu lassen.[302] Dies z. B. auch über miteinander vernetzte und selbstorganisierte (Branchen-)Verbände, die Einzelunternehmer:innen oder Shareholder als absolute souveräne Instanz zur Gestaltung der Wirtschaft ablösen würden.

Wenn die persönliche Bereicherung als Grund für wirtschaftliches Handels wegfällt, müssen andere Motive und Methoden der Gestaltung von Wirtschaft her, die in der optimalen Erfüllung von Gemeinwohl durch maximale Clusterkompetenz gesehen werden können. Rahmenrichtlinien für die geschilderten assoziativen Organbildungen branchen- und themenspezifischer Beratungs- und Entscheidungsebenen sind in demokratisch festgelegten Wirtschaftsverfassungen festzuhalten, die aus Sicht des Autors vorzugsweise über eine dreistufige Volksgesetzgebung einer komplementären Demokratie ins Leben gerufen werden.

8 Wirtschaft ohne Macht und Gier

Mit diesen Überlegungen zu zeitgemäßen Wirtschaftsformen, die wachsendem Populismus, steigender Staats- und Elitenverdrossenheit und fortschreitender Konzentration von Reichtum bei immer weniger Menschen diametral entgegenstehen, gilt es, neue Szenarien gesellschaftlicher Teilhabe zu entwerfen und umzusetzen. Szenarien, welche die Menschen in die Lage versetzen könnten, tatsächlich gestaltend an ihrem eigenen Leben mitzuwirken. Genauso wie Joseph Beuys dies im Kontext seiner Überlegungen zur Sozialen Plastik forderte: »Jeder Mensch ein Künstler« – Künstler oder Künstlerin im Sinne eines kreativen Mitgestaltens an der zukünftigen Ausformung der Gesellschaft, jeder gemäß seinen eigenen Fähigkeiten, jede an ihrem individuellen Standort.[303] Es geht damit um einen Gesellschaftsentwurf, der zumindest dem Anspruch an eine konkrete Utopie im Sinne von Ernst Bloch[304] genügt, der damit den Prozess der Verwirklichung zukünftiger Verhältnisse im Auge hatte, deren detaillierte Gestaltungsformen vorsichtig tastend und experimentierend entstehen. Gestaltungsideen, welche vorhandene Komplexität nicht bewusst übersehen, sondern möglichst viele mikro- und makroökonomische Bezüge und Abhängigkeiten beachten. Zukunftsbilder ungefähr so, wie von Harald Welzer und Richard David Precht in einem ZDF-Gespräch vom 29. November 2020 skizziert, »bei denen die Menschen gerne mitmachen und dabei sein möchten«. Zukunftsbilder, bei denen der einzelne Mensch

Teil von etwas ist, »von dem die anderen auch ein Teil sind.« Für Welzer und Precht eine notwendige Voraussetzung für Entwicklung, die ohne solche Zukunftsbilder nicht zustande kommen wird, also »Zukunft denkend sich zuzutrauen« und sich geradezu »zuzumuten, Zukunft zu denken.«[305]

Wie bereits zu Beginn dieser Arbeit festgestellt, gibt es genügend einzelne Aspekte eines solchen Zukunftsbilds für die Neuausrichtung der Wirtschaft jenseits ihres heutigen Hauptzwecks, Geld zu verdienen und um jeden Preis Profite zu machen. Zukunftsweisende Ideen wie von Jackson, Göpel, Herzog, Raworth und vielen anderen vorgestellt, können wahrscheinlich aber nur dann funktionieren, wenn einige der Grundschrauben des Systems neu justiert werden. Dies, weil gemeinwohlorientiertes Wirtschaften gesamtgesellschaftlich nur schwerlich unter den bestehenden Macht- und Eigentumsverhältnissen, der Geld- und Zinswirtschaft spekulativer Finanzmärkte, dem Zwang zur Erwerbsarbeit und der Beibehaltung des Prinzips Wirtschaftswachstum realisiert werden kann. Und genau deshalb scheint der Fortbestand des Kapitalismus, den genau diese Merkmale traditionell auszeichnen, grundsätzlich infrage gestellt.

Wie eine mögliche gesamtgesellschaftliche Alternative aus Sicht der Autoren funktionieren könnte, wurde im Rahmen dieser Arbeit entwickelt und der Entwurf eines solchen Zukunftsbilds aus vielen verschiedenen Blickwinkeln vorgestellt. Ein Bild der Zukunft, welches versucht, Zusammenhänge zu Ende zu denken und nicht auf halbem Wege, bei den Götzen eines veralteten Wachstums-, Geld-, Lohn- und Eigentumsbegriffs, verschreckt anhält. Dies, weil genau hier wahrscheinlich das »geistige Band« verläuft, welches als Zündschnur für die Wirksamkeit vieler interessanter Einzelideen funktionieren könnte.

8.1 Einsteigen in Economy for Future

Stellen wir uns also einfach einmal vor, die sich gegenseitig bedingenden Mechanismen von Konsumismus und Wachstumszwang würden schlicht »abgeschaltet« werden, weil erkannt wurde, dass dieser scheinbar unersetzliche Wirtschaftsmotor, der sich aus rein kommerziellen Gründen und keineswegs aus »naturgesetzlichen« Zwängen immer weiter dreht, nicht länger funktionieren kann. Jedenfalls nicht ohne dabei immer weiter mit Vollgas in die Zerstörung des Planeten zu rasen und weltweit für immer weiter wachsende Ungleichheit zu sorgen. Eine Neuausrichtung wirtschaftlichen Handelns würde unter diesen Vorzeichen am Gemeinwohl und an realen Konsumerfordernissen erfolgen, statt an Gelderwerb und Ertragsmaximierung. Was unter Einsatz wertvoller natürlicher und menschlicher Ressourcen zukünftig hergestellt wird, würde also in steigendem Maße dem entsprechen, was die Konsumenten tatsächlich brauchen, und nicht daran ausgerichtet sein, was ihnen über ausgefeilte Marketingstrategien wirkungsvoll eingeimpft worden ist.

Stellen wir uns weiter vor, dass neben dem Wachstumszwang auch das Zinsdiktat entfallen würde, weil die Bereitstellung notwendiger Finanzierungen in Form von Krediten, als ganz normale Bankdienstleistung, wie z.B. die Bereitstellung von Wasser oder Strom durch die Energieversorger, betrachtet wird. Natürlich würde dies die Umsetzung eines neuen Geldbegriffs jenseits von Spekulation und Zinserwerb bedeuten. Geld versteht sich dann als Rechtsmittel und nicht mehr als handelbare Ware oder als umfassendes Tauschmittel, mit dem buchstäblich alles erworben werden kann.

Stellen wir uns jetzt noch vor, dass alle wichtigen Aufgaben in einer Gesellschaft, unabhängig davon, ob sie gewinnversprechend betrieben werden können oder nicht, in ausreichendem Umfang finanziert werden, weil ein entsprechender Ausgleich von Überschuss und Unterschuss nicht »gnadenhalber« oder mäzenatenhaft erfolgt, sondern systematisch eingeplant und in den Rechtsordnungen der Gesellschaft verankert ist.

Stellen wir uns dann vor, dass die absurd hohen Einkommen über Zinserträge und Kapitalanlagen durch Investition von Geld in Grund und Boden oder Unternehmen schrittweise ausgeschlossen werden, weil diese Anlageformen gesellschaftlich einfach nicht mehr durchgesetzt werden können, nachdem Finanzspekulation nachweislich nicht der Förderung des Gemeinwohls dient, sondern zur Maximierung gesellschaftlicher Ungleichheit führt.

Stellen wir uns im nächsten Schritt vor, es gäbe eine existenzielle Absicherung für alle Bürger:innen eines Landes, weil das Recht auf ein bedingungsloses Grundeinkommen ohne irgendwelche Gegenleistungen durchgesetzt wäre und Einkommensordnungen zur Begrenzung der Arbeitseinkommen nach oben und unten gelten würden. Wenn darüber hinaus alle Menschen über angemessenen Wohnraum auch und gerade in Städten verfügen würden, weil Unterkunft nicht mehr ein Spekulationsobjekt, sondern ein Menschenrecht wäre, welches gesichert werden muss.

Stellen wir uns vor, es gäbe eine komplementäre Neugestaltung des Eigentumsrechts, basierend auf der Idee der Commons und z. B. im Sinne eines gesamtgesellschaftlichen Verantwortungseigentums. Ein Eigentumsrecht, welches persönlichen Besitz und privates Vermögen in gerechtfertigtem Umfang zulässt und das Eigentum z. B. am Eigenheim sichert, Machtmissbrauch jedoch grundsätzlich ausschließt. Dies, indem Unternehmenserträge und Spekulationsgewinne weder in Grund und Boden noch in Fabrikanlagen und schon gar nicht in riskante Finanzderivate gesteckt werden können, Erstere dienen dem Ausgleich gesellschaftlicher Über- und Unterschusshaushalte, Letztere entfallen schlicht. Die Rede ist von einem Eigentumsrecht, welches, wie in vielen Verfassungen verankert, Verantwortung übernimmt und vor allem dem Gemeinwohl dient.

Stellen wir uns weiter vor, es gelänge – über Formen nachhaltiger Bedarfsplanung in Branchenclustern, Wirtschaftsräten und Bürgerkonventen – die Einrichtung von geeigneten Planungsgremien für die Ermittlung des Bedarfs der Konsumentinnen und Konsumenten zu gewährleisten, die wir mit dem Begriff der »Assoziationen« gekennzeichnet haben. Dies gegebenenfalls auch unter Einsatz von Big Data und künstlicher Intelligenz, wobei Digitalisierung unter diesen Voraussetzungen zum echten Nutzen der Verbraucher:innen eingesetzt werden könnte und nicht länger dem Profitinteresse einiger Wirtschaftsgiganten überlassen bliebe.

Stellen wir uns dann vor, entsprechende Finanzierungen für gemeinwohlorientiertes Handeln wären tatsächlich bereitgestellt, z. B. genauso wie von der Europäischen Kreditinitiative gefordert, welche sich für eine soziale, ökologische und krisenfeste Wirtschaft engagiert und dabei auf neue Kreditierungsmöglichkeiten für gemeinwohlorientierte Unternehmen setzt, welche im europäischen Bankensystem verankert werden sollen.

Stellen wir uns vor, es würde gelingen, Rechtsstaatlichkeit auch im Wirtschaftsleben herzustellen und alle Mitarbeitenden grundsätzlich in wichtige, ihre Arbeitsplätze sowie in ihre berufliche Zukunft betreffende Unternehmensentscheidungen einzubeziehen. Arbeit könnte unter dieser Voraussetzung wieder mehr Sinnstiftung bedeuten, weil die

Menschen als freie Bürger wesentliche Ausrichtungen der Arbeit mitbestimmen würden und auf diese Weise genau »ihr Ding« machen, statt, wie leider viel zu oft geschehen, dem Kapitalinteresse folgend von einem Investor zum anderen mitverschachert zu werden.

Stellen wir uns zum Schluss auch noch vor, dass überhaupt alle Bürgerinnen und Bürger bei allen wichtigen Grundfragen über die Gestaltung ihres Lebens, also auch über die grundlegenden Gestaltungen im Bereich der Wirtschaft, mitentscheiden können. Dass dafür unsere parlamentarische Demokratie durch die direkte Demokratie komplementär ergänzt wäre und die zu treffenden Entscheidungen transparent z. B. durch Bürgerkonvente vorbereitet würden. Abstimmungsthema wäre hier z. B. auch die Neubestimmung der Aufgaben des Staats auf dem Weg vom »Wohlfahrtsstaat« zum »Gemeinwohlfahrtsstaat«. Gemeinwohlfahrtsstaat verstanden als Synonym für einen staatlichen Handlungsrahmen, der sich nicht nur mit sozialer Vor- und Nachsorge befasst und allerlei sozialpolitische Selbstverständlichkeiten garantiert, sondern das Interesse der Wirtschaft komplett auf das Gemeinwohl ausrichtet und private Vorteilsnahme grundsätzlich gemeinsamem Nutzen unterordnet.

Wenn alle genannten Wunschvorstellungen und wahrscheinlich noch einige mehr tatsächlich umgesetzt würden, dann könnte der Einstieg in eine Wirtschaft ohne Macht und Gier vielleicht funktionieren, vorausgesetzt, eine ausreichende Mehrheit der Bürger und Bürgerinnen würde dies wollen! Denn eine solche neue Wirtschafts- und Unternehmenskultur entsteht nicht von selbst, weshalb es notwendig ist, abschließend noch ein Wort über den Transformations- und Übergangsprozess zu einer Economy for Future ohne Macht und Gier zu verlieren.

Wichtig zum Verständnis des methodischen Ansatzes dieser Arbeit ist der Umgang mit dem Komplementaritätsbegriff, der hier z.B. von der Chemie auf die Gesellschaftswissenschaften transformiert werden kann. Im Kern besagt dieses Prinzip, dass zwei oder mehrere methodisch verschiedene Beobachtungen oder auch zunächst gegensätzliche Vorgehensweisen einander zwar theoretisch ausschließen mögen, sich aber dennoch wechselseitig entsprechen, gegenseitig ergänzen und besonders auch parallel angewandt und umgesetzt werden können.

Gesellschaftlicher Wandel versteht sich im Kontext dieser Ausführungen und unter der genannten methodischen Prämisse gerade nicht als gewaltsamer Entmachtungs-, Enteignungs-, Zerschlagungs- oder Verbotsprozess, sondern mehr als dualer Vorgang, bei dem komplementäre Strukturen – im oben erwähnten Sinne – parallel zu den alten Gestaltungsweisen, Wirtschaftsformen und Handlungsmotiven aufgebaut und als Anschauungsfelder eingerichtet werden sollen, für die dann jeweils eigene Spiel- und Gestaltungsregeln gelten können sollen. Unternehmen, die den neu eröffneten komplementären Wegen nicht folgen wollen und z.B. weiterhin nach dem Profitprinzip arbeiten möchten, sollen dies durchaus tun können, auch wenn dieses Tun dann zukünftig – mehr als bislang – demokratisch festgelegten Rahmenbedingungen entsprechen muss. Letztere wären durch geeignete Beratungsprozesse und Instanzen vorzubereiten, um dann in entsprechende Gesetzgebungsinitiativen zu münden. Es steht zu befürchten, dass ohne entsprechende rechtliche Rahmenrichtlinien, z.B. zum Umgang mit dem Geld, immer wieder Missbrauch zum Zwecke persönlicher Bereicherung auftreten könnte. Wohlgemeinte Appelle an und Selbstverpflichtungen von

Banken und Kapitalgesellschaften reichen hier wahrscheinlich nicht aus.

Nachdem hinsichtlich der genannten Axiome zur Veränderung voraussichtlich vorerst keine Unterstützung durch die bundesdeutsche Parteienlandschaft erfolgen wird, muss die notwendige Dynamik durch die Zivilgesellschaft selbst auf den Weg gebracht werden. Dies wird sich perspektivisch nur durch nationale und europäische Volksbegehren und Volksentscheide verwirklichen lassen, die zunächst selbst in geeigneter Form institutionalisiert werden müssen, um dann die genannten Rechtsgrundlagen für eine neue Wirtschaftsordnung Stück für Stück und sicherlich in mehreren Anläufen umsetzen zu können.

Let's Economy for Future!

9 Auf dem Weg zu einer Economy for Future

Zum Verhältnis von Demokratie und Wirtschaft

Ein Essay von Gerhard Schuster

Der nachfolgende Beitrag von Gerhard Schuster diskutiert die Rolle der Demokratie auf dem Weg zu einer neuen Wirtschaftsordnung und rundet die bisherigen Ausführungen unter dem Gesichtspunkt von deren gesellschaftlicher Umsetzbarkeit ab. Schuster ist ein führender Vertreter der Achberger Schule[306], ist Mitbegründer der European Credit Initiative[307] und engagiert sich für die Idee der direkten Demokratie durch dreistufige Volksgesetzgebung, zuletzt in der Initiative für komplementäre Demokratie[308] in Österreich.

9.1 Veränderung geht demokratisch

Das vorliegende Buch befasst sich mit einer zukünftigen Wirtschaft ohne Macht und Gier und damit mit den Anforderungen an eine neue solidarische Wirtschaftsordnung. Auf den folgenden Seiten wird es um die Überwindung von gesellschaftlicher Macht vorrangig auf dem Feld der Gesetzgebung gehen. Dabei soll aufgezeigt werden, wie die in diesem Buch dargestellten notwendigen Veränderungen im Wirtschaftsleben auf demokratischem Weg und über eine Erweiterung unserer Rechtsordnungen geschehen können.

Die Perspektive hierzu ist die direkte Demokratie, durch die der Parlamentarismus komplementär ergänzt werden soll.

Der Ausgangspunkt für eine solche Ergänzung und Erweiterung kann nur darin liegen, dass möglichst viele Bürgerinnen und Bürger diese Idee einer komplementären Demokratie aufgreifen und engagiert dafür eintreten. Erst wenn neben dem Wahlrecht auch das Initiativ- und Abstimmungsrecht in unseren Rechtsordnungen verankert ist, kann von einer vollständig entwickelten Demokratie gesprochen werden. Dann ist die Grundlage gegeben, um auch überfällige Entwicklungen auf allen weiteren Gesellschaftsfeldern voranbringen zu können. Letztlich geht es um Emanzipationsprozesse, um an die Stelle der herrschenden Machtverhältnisse neue, den jeweiligen Gesellschaftsbereichen adäquate Strukturen oder Freiheitsgestaltungen treten zu lassen. Ziel ist es, dass unser menschliches Potenzial überall aus frei ergriffener Initiative zum Wohl des Ganzen wirksam werden kann.

Die Forderung nach einer Weiterentwicklung der Demokratie zielt also nicht nur darauf, der sinkenden Wahlbeteiligung oder dem Vertrauensverlust in Parteien und Politik entgegenzuwirken. Es geht darum, die Verantwortung jedes Menschen in der Demokratie voll ernst zu nehmen. Was wir allgemein mit dem Begriff der Politikmüdigkeit bezeichnen, ist vor allem ein Kennzeichen der derzeitigen ausschließlich repräsentativen Demokratie, in der die Gefahr droht, dass die Institutionen mehr und mehr zu leeren Hüllen werden und politische Entscheidungen Profitinteressen untergeordnet werden, wie auch z. B. Colin Crouch in seinem Buch »Postdemokratie«[309] feststellt. Komplementäre Demokratie – also die Möglichkeit, auch direktdemokratisch Entwicklungen anzustoßen – könnte der Ausgangspunkt für eine umgekehrte Entwicklung sein: Statt zuzulassen, dass die Demokratie noch mehr unter das Joch von Machtinteressen gerät, können wir auf dem Fundament der Demokratie eine Wirtschaftsordnung schaffen, die ihrerseits dem demokratischen Zeitalter und dem Freiheitswesen des Menschen gemäß ist. Eine Wirtschaftsordnung der dezentralen Selbstverwaltung, wie sie in vorliegendem Buch das Thema ist.

Neben dem Befund, dass demokratische Legitimation in einem rein repräsentativen System nicht ausreichend gegeben ist, kann in Bezug auf die Bundesrepublik Deutschland festgestellt werden, dass es sich bei der Forderung nach direkter Demokratie auch um einen immer noch unerledigten Auftrag des Deutschen Grundgesetzes handelt, das in Artikel 20, Absatz 2 GG eindeutig festsetzt:

>»Alle Staatsgewalt geht vom Volke aus. Sie wird vom Volke in Wahlen und Abstimmungen und durch besondere Organe der Gesetzgebung, der vollziehenden Gewalt und der Rechtsprechung ausgeübt.«[310]

Obwohl von Verfassungsjuristen immer wieder infrage gestellt, legt diese Formulierung unmissverständlich fest, dass nach dem Willen des Grundgesetzes die Volkssouveränität eben nicht nur »in Wahlen und durch besondere Organe« eines ausschließlich parlamentarischen Systems, sondern auch direkt »in Abstimmungen« zum Ausdruck kommen soll. Schon deshalb sollten die Bürgerinnen und Bürger der Bundesrepublik Deutschland auf ihrem vollen Souveränitätsrecht bestehen. Eine Gesellschaft mündiger Demokrat:innen muss sich stets vorbehalten, ihr elementares Selbstbestimmungsrecht für direktdemokratische Entscheidungen immer dann zu aktivieren, wenn sie es für geboten hält. Erst mit dieser Ergänzung oder Vervollständigung können wir von voll verwirklichter Demokratie sprechen.

In weiterer Folge können auch weitere Formen der Bürgerbeteiligung, wie etwa Bürger:innenräte eine wichtige Rolle spielen. Solche Formen der Partizipation können beide Wege der Gesetzgebung – der mittelbaren wie der unmittelbaren Demokratie – beraten und beleben und gehören zu einer umfassenden komplementären Demokratie mit dazu. Neue Formen der Partizipation bieten die Chance, Politik insgesamt interaktiver und kommunikativer zu gestalten, und eine demokratische Auseinandersetzung mit mehr Argumenten und weniger Stimmungsmache böte auch Minderheiten bessere Möglichkeiten, sich Gehör zu verschaffen. Man könnte sogar sagen, dass die direkte Demokratie – so ihr Willensbildungsprozess adäquat ausgestaltet ist – selbst das zentrale Minderheitenrecht schlechthin darstellt. Durch direkte Demokratie können Minderheiten ihre Forderungen selbst auf die politische Tagesordnung setzen, um in einem Diskussionsprozess auch das Bewusstsein für spezifische Anliegen bei der Mehrheit zu schärfen. Das, so Andreas Gross, würde erst ein »bürgernäheres Machtgleichgewicht« schaffen, wenn »die Möglichkeit einer kleinen, aber noch repräsentativen Minderheit der Bürgerinnen und Bürger [besteht], jederzeit und auch gegen den Willen von Regierung oder Parlamentsmehrheit einen Volksentscheid […] auslösen zu können«.[311]

Direkte Demokratie und Partizipation sind die Voraussetzung für ein wieder wachsendes Interesse an Politik und politischer Teilhabe. Das alles entscheidende Argument für direkte Demokratie aber ergibt sich aus der Tatsache, dass diese die einzige Möglichkeit des Souveräns darstellt, auch inhaltlich konkret mitzubestimmen. Wahlen legitimieren

Personen, nach ihrem Gewissen zu entscheiden. Auch wenn diese Personen innerhalb von Parteien für bestimmte Inhalte stehen, kann eine Wahl niemals eine inhaltliche Zustimmung zu allen in einem Wahlprogramm festgehaltenen Punkten sein. Abgesehen davon, dass die Parteien dann in Koalitionen auch diese Inhalte neu verhandeln müssen, ist eine Willensbildung zu zusammengeschnürten »Paketen« mehrerer Inhalte nicht möglich. Inhaltliche Entscheidungen können demokratisch legitimiert nur in einer komplementären Gesetzgebung erfolgen. Dann allerdings auch in den Parlamenten. Man spricht hier vom Popularvorbehalt, unter den jeder parlamentarische Entscheid potenziell gestellt ist, wenn es die direkte Demokratie neben der repräsentativen Demokratie gibt. Grundsätzlich gilt: Wenn sich ein anderer Wille als der der Volksvertreter auf direktdemokratischem Weg jederzeit äußern kann, ist auch der parlamentarische Entscheid immer dann legitimiert, wenn eine direkt getroffene Willensäußerung ausbleibt. Die repräsentative Demokratie wird also durch die direkte noch ein Stück repräsentativer.

Das komplementäre Verhältnis von Wahlrecht einerseits und Initiativ- und Abstimmungsrecht andererseits ist also ein elementares Prinzip der Demokratie und nicht nur eine optionale Möglichkeit, die repräsentative Demokratie mit irgendwelchen Elementen für mehr Beteiligung zu versehen. Auch in der historischen Entwicklung der neuzeitlichen Demokratie waren die beiden Seiten immer im Spiel, etwa in den Verfassungsentwürfen der Französischen Revolution, in der Programmatik der Arbeiterbewegung oder auch in der Weimarer Republik. Sogar die ursprüngliche Verfassung der DDR kannte das Initiativ- und Abstimmungsrecht.[312] Im »Kampf ums Plebiszit«[313] haben sich jedoch immer wieder

Parteienmacht und hegemoniale Kräfte durchgesetzt, die den Parteienstaat und den Parlamentarismus für das Ganze der Demokratie ausgeben.

Im 21. Jahrhundert angekommen, wird eine parlamentarisch-außerparlamentarische Zusammenarbeit auch deshalb immer dringlicher, weil es angesichts der gegenwärtigen Herausforderungen nicht mehr um hegemoniale Kämpfe partikulärer Interessenslagen gehen kann. Es ist ein gemeinsames Interesse aller Menschen in den Vordergrund getreten: Der Erhalt unserer ökologischen Lebensgrundlagen und die proaktive Wiederherstellung gesunder Lebensräume für den Menschen, für die Tierwelt, für die ganze Natur.

Klimawandel, Artensterben, Bodenerosion, Mangel an Trinkwasser, alles das sind Herausforderungen, bei denen es um die existenziellen Bedingungen einer funktionierenden Zivilisation geht und nicht um das Interesse Einzelner oder bestimmter gesellschaftlicher Gruppen. Auch sollte die Neubelebung der Demokratie durch direkte Mitgestaltung nicht durch die Angst der Parteien vor Macht- und Bedeutungsverlust auf der Strecke bleiben. Gerade die Grünen könnten angesichts der ökologischen Herausforderung erkennen, was jetzt auf demokratiepolitischem Feld ansteht. Sie waren mit ihrer Gründung dazu angetreten, die verkrusteten Institutionen des Staats aufzubrechen und die Gesellschaft tatsächlich zu demokratisieren.[314] Heute meint die damalige »Anti-Parteien-Partei«, die demokratischen Institutionen gegen einen vermeintlich bedrohlichen Volkswillen schützen zu müssen, und stimmt bei ihrem digitalen Parteitag 2020 gegen den Verbleib der Volksabstimmung im grünen Grundsatzprogramm.[315]

9.2 Das Prinzip der Volkssouveränität und die Frage nach einer weiteren Ausdifferenzierung von Souveränität

Ganz unabhängig von Befindlichkeiten in den Parteien und unter unseren Volksvertreter:innen gilt für moderne Rechtsstaaten das Prinzip der Volkssouveränität als oberstes Gebot. Davon ausgehend muss dann differenziert auf die verschiedenen gesellschaftlichen Bereiche geschaut werden, um auch dort die jeweils notwendigen Selbstbestimmungsrechte zu konstituieren. Die entscheidende Frage lautet: Wer kann und soll in welchen Bereichen der Gesellschaft sagen, wo es langgeht? Wie verhält sich dabei etwa das Prinzip der Freiheit zu dem der Gleichheit? Wenn der einzelne Mensch ein freies Wesen ist, ist es immer auch der andere Mensch, und dort, wo mehrere Menschen gemeinsam betroffen sind, müssen sie sich als Gleiche unter Gleichen rechtlich vereinbaren. Hier kann die demokratische Mehrheit die Freiheit des Einzelnen einschränken, um sie an den Gemeinwillen und an das Gesetz zu binden.

Diese elementaren Fragen nach einer angemessenen Ausgestaltung von Souveränität sind in besonderer Weise auch für das Wirtschaftsleben von großer Bedeutung. Denn gerade hier ist offensichtlich, dass die aus reinem Profitinteresse gesteuerten Finanzströme natürlich keine legitime Souveränität abbilden und neben massiven ökologischen Bedrohungen auch enorme soziale Verwerfungen hervorrufen. Streng genommen kann hier im eigentlichen Sinne gar nicht mehr von Wirtschaft als solcher gesprochen werden, denn eine Wirtschaft, die weder ökologisch noch sozial ist, kann vor dem Ganzen unserer Lebenswirklichkeit nur als Misswirtschaft bezeichnet werden.

Wie aber können wir in diesem gesellschaftlichen Funktionssystem der ökonomischen Versorgung dann auf angemessene Weise zu Urteilen und Entscheidungen kommen, die nicht durch Einzelinteressen korrumpiert sind? Eine staatszentralistische Lösung – und wäre es auch eine demokratische – kommt nicht infrage. In der Wirtschaft braucht es Sachverstand und spezielle Fachkompetenzen und hier sind wir eben nicht Gleiche unter Gleichen. Hier bedarf es der Abstimmung und Vernetzung der Urteile, denn im Hinblick auf das Ganze unserer heute globalen Ökonomie reichen Einzelurteile nicht aus.

Deshalb müssen wir in der Wirtschaft das Verständnis des Privaten in Bewegung bringen. Wirtschaft ist dabei als Aufgabe im öffentlichen Interesse zu denken, wobei die individuelle Freiheit, etwa in der Entfaltung unternehmerischer Initiative oder in der Verantwortung über den eigenen Arbeitsbereich, beachtet werden muss. Unternehmensleitungen müssen weiterhin souveräne Entscheidungen in ihrem und für ihr Unternehmen treffen können. Dies ist aber im Sinne eines neuen Wirtschaftens nur möglich, wenn nicht mehr der Profit von Unternehmenseigner:innen das Ziel der Wirtschaft ist, sondern sich das Handeln des/der Einzelnen an den Notwendigkeiten des Ganzen orientieren kann. Letzteres braucht Kommunikations- und Beratungsstrukturen in einer assoziativ und selbstverwaltet gestalteten Wirtschaft. Hierbei sollten bestimmte Fragen gar nicht mehr in die Entscheidungsvollmacht des einzelnen Unternehmens fallen, wie das bei den Arbeitsbedingungen oder beim Arbeitsschutz auch heute schon der Fall ist. Es sind diese Fragen, wie z. B. auch die einer neuen gesellschaftlichen Rahmenordnung für die Vergabe von Einkommen, welche demokratisch im öffentlichen Recht zu verankern sind.

Ein anderes wichtiges Feld ist das der Preisgestaltung. Die Gesichtspunkte von Investitionen und Subventionen gehen in einer assoziativen Wirtschaft[316] über das Einzelunternehmen hinaus. Wo heute die Staaten die Finanzierung gewisser gesellschaftlicher Bereiche über Steuern organisieren, kann dies in einem von Profitinteressen unabhängigen Wirtschaftssektor zu einem kleineren oder größeren Teil durch diesen selbst erfolgen. So wie heute die Steuern in die Preise einkalkuliert werden, müssen in der Zukunft weitere gesellschaftliche Kosten direkt eingepreist werden. Die künftig in dieser Weise selbstverwalteten Bereiche der Wirtschaft stehen jetzt nicht mehr als privater Sektor der öffentlichen Hand gegenüber, sondern bilden selbst eine Art öffentliche Funktion und Aufgabe ab, jedoch in eigener Souveränität und zum Nutzen aller. In dieser Frage der Preisgestaltung, aber auch zum Beispiel in der Frage nach Produktionsmengen oder Ressourceneinsatz wird die Souveränität des einzelnen Unternehmens mit Blick auf ein größeres Ganzes eingeschränkt. Solche Entscheidungen sollten gerade nicht in der uneingeschränkten Freiheit derer liegen, die nach bisherigem Verständnis die Hand auf den Produktionsmitteln haben, und ebenso wenig den »Kräften des Marktes« unterstellt sein, wie im zweiten Kapitel dieses Buchs erörtert wurde. Vielmehr geht es darum, dass sich die wirtschaftlich Handelnden zum Wohl aller miteinander abstimmen und Strukturen einer wirtschaftlichen Selbstverwaltung schaffen, um immer mehr aus dem Ganzen und für das Gemeinwohl gestalten zu können. Hier sind es demokratisch festgestellte Strukturen, die den Rahmen für eine Art neuer Wirtschaftsverfassung abstecken, welche gemeinsam zu entwickeln und in den Rechtsordnungen der Gesellschaft zu verankern wären.[317] Wieder ist also die Demokratie der Dreh- und

Angelpunkt, denn nur sie hat die Kompetenz, ihre eigene Zuständigkeit zu begrenzen und die Reichweite der Kompetenzen auf den anderen Gesellschaftsfeldern zu bestimmen. Das Recht garantiert uns beispielsweise die Freiheit der Religion oder Weltanschauung, während Staat und Gesetzgebung die individuelle Freiheit in anderen Bereichen möglicherweise einschränken, wenn dies aus gemeinschaftlichem Konsens erforderlich ist.

Es bedarf also offensichtlich neben der individuellen Souveränität der einzelnen Persönlichkeit und der für alle geltenden Volkssouveränität noch eines dritten Souveränitätsbereichs, nämlich dem der Wirtschaftssouveränität, welche die Selbstverwaltung im Wirtschaftsleben auf dem Boden des demokratischen Rechts und der individuellen Freiheit konstituiert. Eine solche zukünftige wirtschaftliche Selbstverwaltung ist demokratisch zu legitimieren, wenn auch nicht demokratisch zu führen. Die Gesetzgebung kann hierbei weitere oder engere Rahmen für verschiedene Einzelfragen vorgeben, muss sich aber immer fragen, was ökonomisch fruchtbar wirkt oder möglicherweise die Entfaltung unternehmerischer Initiativen zu sehr einschränkt. Auf keinen Fall aber kann Wirtschaft reine »Privatangelegenheit« sein, wie sie heute noch vielfach verstanden wird, denn sie gehört eindeutig zu den primären gesellschaftlichen und damit öffentlichen Funktionssystemen der Gesellschaft. Ihre vornehmste Aufgabe ist die Deckung des Bedarfs im Dienst des Gemeinwohls und dies unter konsequenter Rücksichtnahme auf die Natur.

Wenn Selbstbestimmung an die Stelle von Macht treten soll, muss, wie bereits festgestellt, für die demokratische Neugestaltung unserer Gesellschaft die Frage beantwortet werden, wer in welchem gesellschaftlichen Bereich der jeweilige

Souverän ist. So kann der Souverän des geistigen Lebens der Gesellschaft und aller kulturellen Prozesse der Sache nach nur das Individuum sein und da, wo wir gemeinsam als Gleiche unter Gleichen in staatlichen Strukturen das Recht demokratisch beschließen, ist der Souverän die Gesamtbürgerschaft der Staatsbürger:innen (Volkssouveränität). Wenn wir erkennen, dass die Wirtschaft weder in der Souveränität »privater« Einzelner liegen kann noch die Staaten adäquate Lenker für die Wirtschaft darstellen, brauchen wir auch hier eine eigene Souveränität. Die faktischen Handlungseinheiten sind hier die in unzähligen Vorgängen miteinander verwobenen Unternehmen und Unternehmenszusammenschlüsse. Um dieser Realität auch in der Frage nach einer entsprechenden Leitung und Organisation gerecht zu werden, müssen Organe und Strukturen einer assoziativen Selbstverwaltung ausgebildet werden.

Insgesamt geht es damit um die Perspektive einer sich ausdifferenzierenden Souveränität und um ein mehrdimensionales Bild legitimer Entscheidungsfindung, deren jeweilige Strukturen sich wiederum gegenseitig ergänzen. Gerade um der Anforderung auch der unternehmerischen Freiheit gerecht werden zu können, kann diese nicht uneingeschränkt gedacht werden. Freiheit muss immer mit Gleichheit vereinbar sein und da, wo Wirtschaft den eigenen Funktions- und Zuständigkeitsbereich überschreitet, muss sie sich grundsätzlich im Ganzen integriert mit den anderen Bereichen abstimmen. Unter dieser Voraussetzung wird sich Freiheit in allen Lebensfeldern fruchtbar entfalten können und die freie Initiativkraft des Menschen wirksam in die Mitte der Gemeinschaft gestellt werden können. Und dies ist dringend notwendig, denn wir brauchen heute mehr denn je das ganze menschheitliche Potenzial, um unsere ökologischen und sozialen Lebenszusammenhänge bewahren und fortentwickeln zu können. Die Idee der komplementären Demokratie – als zeitgemäße Ausgestaltung des Prinzips der Volkssouveränität – ist dabei die Antwort auf die Frage, wie wir Schritt für Schritt den geschilderten gesellschaftlichen Gestaltungserfordernissen näherkommen können.

9.3 Die dreistufige Volksgesetzgebung

Kommt es mit der Formulierung »Wahlen und Abstimmungen« innerhalb des bundesdeutschen Grundgesetzes besonders auf das komplementäre Verständnis von repräsentativer und direkter Demokratie an, wird in der österreichischen Verfassung besonders der Aspekt des Rechts betont. Dort heißt es in Artikel 1: »Österreich ist eine demokratische Republik. Ihr Recht geht vom Volk aus.«[318] Es wird klar, worin der eigentliche Kern der Volkssouveränität liegt: in der Gesetzgebung, im Setzen von Recht. Und damit ist das Prinzip der Volkssouveränität das gegenüber den anderen Souveränitäten übergeordnete. Soll dieses Prinzip aber auch selbst auf dem Stand unserer Entwicklung ausgestaltet sein, muss es selbst auch die Freiheit einbeziehen, indem jeder und jede Bürger:in die Initiative zu einem direktdemokratischen Gesetzgebungsprozess anstoßen können muss.

Dies bedeutet, wie gesagt, nicht, dass es keine Gesetzesbeschlüsse durch in Wahlen bevollmächtigte Repräsentant:innen mehr geben soll, aber die Abgeordneten eines Parlaments können eben nicht in Vertretung jedes einzelnen Bürgers und jeder einzelnen Bürgerin den Gemeinwillen aus- und abbilden. Sie sind bevollmächtigt, nach bestem Wissen und Gewissen in Freiheit ihren eigenen Willen zu bilden und in den gewählten Gremien mit Mehrheiten zu beschließen.

Damit aber aus diesem Verfahren keine vormundschaftliche Parteienherrschaft resultiert, muss jederzeit die Möglichkeit bestehen, die demokratische Willensbildung an die unmittelbare Quelle der Volkssouveränität zurückzuholen. Dies ist allerdings bundesweit weder in Österreich noch in Deutschland möglich, wenn auch in Deutschland zumindest auf Länderebene in unterschiedlicher Qualität umgesetzt.[319]

Wie festgestellt, bedarf es also für eine vollständige Demokratie neben des Wahlrechts auch der Einrichtung des Initiativ- und Abstimmungsrechts. Hierbei soll es im Weiteren um die dreistufige Volksgesetzgebung gehen, als einer möglichen adäquaten Ausgestaltung der direktdemokratischen Säule der komplementären Demokratie.

Der Ausgangspunkt eines solchen Volksabstimmungsprozesses wäre – nach den einschlägigen hierzu vorgetragenen Vorschlägen[320] – die Volksinitiative, die das dreistufige Volksgesetzgebungsverfahren einleitet. Auf dieser ersten Stufe legt eine bestimmte Anzahl von Bürgerinnen und Bürgern dem Parlament einen Gesetzesentwurf vor. Wird der Vorschlag innerhalb einer bestimmten Zeitspanne unverändert durch das Parlament angenommen, wird er Gesetz. Bei Ablehnung kann durch die Initiative ein Volksbegehren eingeleitet werden. Erreicht das Volksbegehren innerhalb einer festgesetzten Frist wiederum ein bestimmtes – im Vergleich zur Volksinitiative höheres – Quorum an Unterstützung, findet ein Volksentscheid statt. Beim Volksentscheid führt die Mehrheit der abgegebenen Stimmen zum gültigen Beschluss des vorgeschlagenen Gesetzes. In der Zeit vor dem Volksentscheid sind die gleichberechtigte und umfassende Information und Diskussion über das Pro und Kontra zu gewährleisten (Medienbedingung). Mit diesen hier in knapper Form geschilderten drei Schritten – von der Volksinitiative über das Volksbegehren zum Volksentscheid und der Verpflichtung zu einer umfassenden und ausgewogenen öffentlichen Diskussion im Prozess der Abstimmung – scheint ein Weg gefunden zu sein, der die Bedingungen eines echten direktdemokratischen Lebensprozesses zu erfüllen vermag.

Ein solcher Prozess könnte eine ideale Brücke zwischen dem Individuum und der Gesamtheit einer Rechtsgemeinschaft darstellen, indem ausgehend von der Idee eines Einzelnen oder einer Gruppe ein neuer Gesetzesentwurf ins Spiel gebracht und beworben werden kann. Aus der Mitte des Volkes kann damit potenziell jeder Mensch die Verantwortung ergreifen und so seine eigenen Vorschläge ins Spiel bringen. Findet eine solche Idee eine entsprechende Unterstützung, müssen sich die parlamentarischen Organe – in Deutschland der Bundestag – damit befassen. Entsprechende Vorschläge für Initiativen auf Bundesebene in Deutschland sehen hier zum Beispiel 100.000 gesammelte Unterschriften vor.[321] Die durch Wahlen legitimierten Volksvertreter:innen haben dann gemäß ihres freien Mandats die Möglichkeit, den Vorschlag der Initiative in einer festzusetzenden Zeitspanne anzunehmen oder abzulehnen. Die Initiative hat die Möglichkeit, aufgrund der Diskussion und dadurch neu gewonnener Einsichten ihren Gesetzesentwurf anzupassen. Wird der Vorschlag durch das Parlament beschlossen, erlangt er Gesetzeskraft. Ist dies nicht der Fall, haben die Initiativträger:innen das Recht, ein Volksbegehren einzuleiten. Hier geht es, wie bereits kurz beschrieben, erneut darum, in einer bestimmten festzulegenden Zeitspanne ein bestimmtes Ausmaß an Unterstützung zu erreichen. Vorschläge für Deutschland sehen für dieses Quorum z. B. eine Million Unterstützungen vor.[322] Die Sammlung der Unterschriften in dieser zweiten Stufe soll frei oder auch ergänzt durch Amtseintragung erfolgen. Auf dieser zweiten Stufe des Volksbegehrens geht es nun um die Abwägung der Frage, ob das eingebrachte Anliegen einem Volksentscheid zugeführt werden soll oder nicht. Die jetzt gestellte Frage ist nicht, ob ich für oder gegen eine bestimmte Initiative bin, sondern ob die Sache ein solches Gewicht hat, dass alle in einer Abstimmung darüber verbindlich mitentscheiden sollten. Diese Frage beantwortet sich durch das Erreichen oder Nicht-Erreichen der festgelegten Hürde. Ist das Volksbegehren erfolgreich, kommt es nach der genannten Phase gleichberechtigter Diskussion über das Pro und Kontra zum Volksentscheid. Der öffentlich-rechtliche Rundfunk sowie Medien und Plattformen einer gewissen Reichweite haben jetzt die Verpflichtung, die demokratische und faire Urteils- und Willensbildung zu unterstützen, wobei für die Gestaltung und Durchführung dieses Prozesses die Einrichtung eines Medienrats vorgeschlagen wird. Am Ende des Prozesses geht es im Volksentscheid dann um die Feststellung des Gemeinwillens in Bezug auf einen in Gesetzesform eingebrachten Sachverhalt. Jedes Mitglied der Rechtsgemeinschaft kann sich an diesem Prozess beteiligen, es entscheidet die Mehrheit der abgegebenen Stimmen.

Zur Gewährleistung einer breiten Entscheidungsgrundlage kann die oben beschriebene Medienbedingung in unserer medial dominierten Welt als von elementarer Bedeutung angesehen werden. Auch sie müsste in einem Abstimmungsgesetz rechtlich geregelt werden[323] und sieht im Näheren vor, dass im Falle eines Volksentscheids, nach erfolgreich abgeschlossenem Volksbegehren, z.B. für drei bis sechs Monate vor dem Entscheid, in allen Massenmedien eine freie und gleichberechtigte Information und Diskussion über die zur

Abstimmung stehenden Positionen erfolgt. Dies ist notwendig, damit sich der demokratische Wille möglichst frei von Emotionen, Halbwissen, Vorurteilen oder Fake-News bilden kann. Deshalb kommt der Frage nach der Mitwirkung der Medien für den demokratischen Prozess einer Volksabstimmung eine Schlüsselrolle zu. Hierzu kann z. B. auch ein »Abstimmungsbüchlein« dienen, wie es die Regelungen in der Schweiz für jede Abstimmung vorsehen und wie es auch verschiedene Demokratie-Initiativen vorschlagen.[324] Auch hier geht es darum, die Pro- und Kontra-Positionen gleichberechtigt zur Darstellung zu bringen. Es sind öffentlich herausgegebene Informationsbroschüren zum jeweiligen Gegenstand der Abstimmungen, die an alle stimmberechtigten Bürger:innen verschickt werden. Aber auch in der Schweiz könnte in Zukunft eine wie oben beschriebene, verfassungsrechtlich zu verankernde Medienbedingung die Lösung für eine angemessene demokratische Willensbildung sein, denn ausgiebige und ausgewogene Information und Diskussion ist eine existenzielle Bedingung für den demokratischen Willensbildungsprozess. Dies gilt umso mehr, wenn es um Vorschläge für eine fundamentale gesellschaftliche Weiterentwicklung geht oder auch um notwendige Maßnahmen bezüglich der ökologischen Herausforderungen.[325]

Die Verpflichtung der Medien zu umfassender Information und Diskussion kann dabei nicht als Einschränkung der Meinungs- oder Pressefreiheit, sondern eher als Erweiterung derselben verstanden werden. Außerdem können die Rechte der Medienunternehmen und deren Eigentümer:innen, die heute die Meinungsbildung der Stimmberechtigten maßgeblich mitbeeinflussen, nicht über dem dargestellten Rechtsgut der freien Information und Kommunikation über das Pro und Kontra im Vorfeld eines Volksentscheids stehen.

In unserer Zeit einer immer komplexer werdenden Medienlandschaft, mit auch immer mehr Bedeutung der digitalen Plattformen, besteht eine grundsätzliche Verpflichtung der Medien zu sorgfältiger Information und Aufklärung. Das Ergebnis des Brexit-Referendums im Vereinigten Königreich und die Wahl von Donald Trump zum US-Präsidenten sind Beispiele dafür, welche Macht ausgeübt werden kann, wenn z. B. über geeignete Big-Data-Anwendungen Menschen mit zielgenau auf sie zugeschnittenen Informationen in einem Wahlkampf angesprochen und beeinflusst werden.[326] Ähnliches gilt für den Einsatz entsprechender Algorithmen, die festlegen, welche Google-Suchergebnisse uns angezeigt werden oder welche Nachrichten wir bei Facebook in unsere Timeline gespült bekommen. Das Ziel dieser Algorithmen ist die Erhöhung der Werbeeinnahmen bei dem jeweiligen Plattformanbieter, indem den Menschen stets ihrem bisherigen Such- und Klickverhalten ähnliche Inhalte geliefert werden. Auch wenn durch die Betreiber nicht bewusst auf Wahl- oder Abstimmungsverhalten Einfluss genommen werden soll, stellen bereits die Filterblasen, in die man durch die Vorauswahl bestimmter Informationen unweigerlich gerät, selbst schon eine deutliche Einflussnahme auf das Wahl- und Abstimmungsverhalten dar. Solche »Bubbles« reduzieren uns auf Inhalte, die uns ohnehin verwandt sind, und blenden andere Informationen aus. Auf YouTube etwa bekomme ich entsprechend meiner bisherigen Sehgewohnheiten Videos einer möglicherweise sehr einseitigen Richtung vorgeschlagen. Beim Einkauf von Büchern auf Amazon werden mir vorrangig meines bisherigen Leseverhaltens ähnliche Bücher angezeigt und »Zufallstreffer«, die meinen Horizont erweitern könnten, bleiben eher aus. Solche Voraussetzungen sind einem gemeinsamen demokratischen Ringen um die besten Ideen zur Gestaltung der Zukunft nicht zuträglich und bedürfen selbst der demokratischen Reform.

Darüber hinaus stellt der Bereich der Information und Kommunikation eine über die Volksgesetzgebung hinausgehende Gestaltungsaufgabe dar, weil die heutige Medien- und Kommunikationsinfrastruktur in einem großen Ausmaß zu Desinformation und Fake-News und damit auch zur fragwürdigen Beeinflussung von Wahlergebnissen oder auch zur Einflussnahme durch andere Staaten im Interesse der Destabilisierung genutzt wird. Die Medien repräsentieren eine zentrale Funktion der Gesellschaft und leisten einen wichtigen Beitrag in der Aufgabe der Urteilsbildung und der Vermittlung gesellschaftlicher Interessens- und Aufgabenfelder, wie sie mit Blick auf die ausdifferenzierte Souveränitätenfrage oben bereits skizziert wurden.

Zusammenfassend kann gesagt werden, dass der dreistufige Abstimmungsprozess neben der repräsentativen Demokratie eine gültige zweite Säule der Volkssouveränität darstellen kann. Beide Säulen stehen gleichberechtigt und autonom nebeneinander, um auf je eigenem Weg ihre Beschlüsse zu fassen. Die komplementäre Demokratie mit der Einrichtung der dreistufigen Volksgesetzgebung bietet auf diese Weise die geforderte Voraussetzung einer Weiterentwicklung unserer demokratischen Kultur und der Gesellschaft insgesamt. Demokratische Legitimation kann dabei nicht allein durch das Angebot von Wahlprogrammen entstehen, für die man sich nur pauschal und nur alle paar Jahre entscheiden kann. Bei Wahlen bevollmächtigt man die Abgeordneten dazu, ihren jeweils eigenen Willen verantwortungsvoll zu bilden und dazu parlamentarische Mehrheiten zu bilden. Entsprechen diese aber nicht dem Gemeinwillen, muss der Volkssouverän sich direkt äußern können. Des-

halb bedarf es der ergänzenden Möglichkeit der Volksgesetzgebung.

9.4   Das große Zukunftsgespräch

Wie könnten nun angesichts der riesigen Herausforderungen, vor denen wir stehen, alle konstruktiven Stimmen einer
gesellschaftlichen Erneuerung auch zu einer Kraft für die
Weiterentwicklung der Demokratie werden? Es wäre eine
große Chance, wenn dies gelänge. Einen Schub in diese
Richtung könnte die 2021 ergriffene Initiative Abstimmung
21 ergeben, die vier ausgewählte Themen – neben der Forderung einer »Volksabstimmung auf Bundesebene«, die »Kli-
mawende 1.5 Grad«, die »Widerspruchsregelung bei der
Organspende« und das Thema »Keine Profite mit Kranken-
häusern« – zu einer selbstorganisierten Volksabstimmung
gebracht hat.[327] Hinter dieser Initiative konnten zahlreiche
Organisationen versammelt werden, die sich gemeinsam für
dieses Projekt einsetzten und direkte Demokratie auch in der
Zivilgesellschaft konkret erlebbar machen.

Viele Anzeichen sprechen dafür, dass das 21. Jahrhundert das Jahrhundert der ökologischen Revolution wird, wo
sich – vergleichbar mit der industriellen Revolution – alles
noch einmal ganz grundlegend ändern wird. Diese umfassende Änderung wird zweifelsohne auch eine technische
sein, die mit der notwendigen vollständigen Dekarbonisierung unserer Wirtschaft einhergeht. Auch andere Innovationen – etwa auf dem Feld der Mobilitätswende – werden
unser Leben grundsätzlich ändern. Die Frage ist allerdings,
ob es uns dabei auch gelingt, die Prozesse der menschlichen
Emanzipation voranzubringen und in der globalen Dimension zu weltweiter Gerechtigkeit und Solidarität zu finden.

Ganz offensichtlich müssen wir den Umgang miteinander und mit unserer Erde völlig neu bestimmen und können dabei dafür sorgen, dass die neue Gesellschaft zugleich eine dem Menschen gerechtere wird. Eine Gesellschaft mit dem »Antlitz des Menschen« wie die Reformer des Prager Frühlings 1968 formulierten, bei der jeder und jede Einzelne in individueller Freiheit und demokratischer Gleichheit zu immer mehr Solidarität für und mit allen beitragen kann. Im Rahmen einer solchen Neubestimmung und aus Einsicht in die unterschiedlichen Souveränitätsverhältnisse innerhalb moderner Gesellschaften müssten überall auf der Welt grundgesetzliche Ordnungen für Freiheitsgestaltungen in allen Bereichen der Gesellschaft auf demokratischem Weg geschaffen werden. Fundament dafür wären die beiden Säulen der komplementären Demokratie, durch welche die staatlichen Rechtsgemeinschaften eine tragfähige Statik erhalten und die Anforderungen echter Volkssouveränität erfüllt werden. Auf diesem Fundament kann weiteres aktives Gestalten vollzogen werden, wie z. B. durch neue Formate einer deliberativen Demokratie, wie etwa die erwähnten Bürger:innen-Räte. Der durch die Initiative von Mehr Demokratie e. V.[328] angestoßene »Bürgerrat Demokratie«[329] stand 2019 am Beginn dieser Entwicklungen, welche in der Folge zu einem offiziell durch den Bundestag eingesetzten »Bürgerrat über die Rolle Deutschlands in der Welt«[330] führten. In der Zwischenzeit wurde auch das Bürgergutachten des 2021 initiierten »Bürgerrats Klima« mit »Empfehlungen für die deutsche Klimapolitik« veröffentlicht.[331]

Auch in anderen Ländern finden interessante Entwicklungen statt, bei denen, wie z. B. in Irland, über einen Bürgerrat (Citizens' Assembly) und anschließende Volksentscheide brisante Themen wie »Schwangerschaftsabbruch« oder »Ehe für alle« aufgegriffen wurden, für die es über lange Zeit in den rein parlamentarischen Prozessen zu keiner befriedigenden Lösung kommen konnte.[332] Erwähnenswert ist sicherlich auch die ursprünglich von dem französischen Präsidenten Emmanuel Macron angestoßene »Konferenz zur Zukunft Europas«[333]. Es bleibt abzuwarten, wie diese sicher wichtige, aber doch von »oben« angestoßene Initiative wirklich auch die Anforderungen zeitgemäßer Bürgerbeteiligung erfüllen kann. Das europaweite und breite Bündnis »Citizens Take Over Europe«[334], welches sich zusammengeschlossen hat, um eine zukunfts- und bürgerorientierte europäische Demokratie zu fördern, begleitet diesen Prozess kritisch und konstruktiv. In etwa die gleiche Richtung von deliberativen Gesprächen zur gesellschaftlichen Erneuerung Europas geht auch die Initiative European Public Sphere[335]. Sie wurde 2017 gemeinsam von Democracy International[336] und der 1999 aus der Achberger Arbeit hervorgegangenen IG-EuroVision[337] ins Leben gerufen und tourt seither mit geodätischen Holzkuppeln durch ganz Europa. Die drei im Einsatz befindlichen Kuppeln werden gemeinsam mit unterschiedlichen Partnern für einen oder mehrere Tage in ganz Europa auf öffentlichen Plätzen errichtet, um in sogenannten »Dome-Talks« mit interessierten Menschen ins Gespräch zu kommen.[338] Im Rahmen der Initiative Let's Economy[339] war der »Dome« der European Public Sphere verschiedentlich Schauplatz für die Diskussion wichtiger Zukunftsfragen der Wirtschaft.[340]

All das sind Beispiele, wie Perspektiven gesellschaftlicher Veränderung mehr und mehr in den öffentlichen Fokus geraten. Es zeigen sich an unterschiedlichsten Stellen wichtige Ansätze und Keime für das, was wir in Zukunft immer mehr nicht nur auf nationaler oder europäischer Ebene, sondern auch weltweit brauchen, das Gespräch und die Abstimmung. In der Demokratie geht es bekanntlich nicht darum, ob eine Sache richtig oder falsch entschieden wird, sondern darum, was von der Mehrheit einer Rechtsgemeinschaft gewollt wird. Dieser Wille muss sich möglichst gut informiert und unbeeinflusst in einem klar vorgegebenen Prozess bilden können. Das Gewollte ist dann in diesem Moment auch das »Richtige«, das dem Gemeinwohl am besten Dienende. Wer als der Souverän selbst könnte auf dem Boden der Demokratie sonst die Instanz sein, das Gegenteil festzustellen? Dies gilt auch, wenn die Umsetzung eines solchen gemeinsamen Willens im einen oder anderen Fall zu negativen Erfahrungen führt, für die eine Korrektur nötig erscheint, für die dann erneut der Prozess der Volksgesetzgebung angestoßen werden kann. Es sind auf jeden Fall immer nur wir Menschen, die Zukunft hervorbringen, durch unsere Innovationskraft oder auch durch unser Versäumen. Und wie genau wir die Zukunft gestalten wollen, müssen wir eben gemeinsam herausfinden, und dafür brauchen wir die dargestellte tragfähige Statik einer komplementären Demokratie mit ihren beiden Säulen, der repräsentativen und der direkten Demokratie, belebt durch begleitende Prozesse der Partizipation und des deliberativen Gesprächs. Neben vielen guten Beispielen dazu könnte auch ein Bürger:innenrat Wirtschaft ein nächster konstruktiver Schritt auf dem Weg hin zu einer Economy for Future und ihren Rechtsgrundlagen in einer neuen Wirtschaftsverfassung sein.

Gerhard Schuster im November 2021

Autoren

Michael W. Bader – Unternehmer, Autor, Speaker

Michael W. Bader, geboren am 26. Dezember 1952, studierte Germanistik und Politikwissenschaften unter anderem bei Professor Dr. Martin Greiffenhagen in Stuttgart. Bader ist geschäftsführender Gesellschafter der 1979 gegründeten Beratungsgesellschaft für Digitalisierung und Online-Kommunikation GFE Media GmbH in Göppingen sowie weiterer Gesellschaften, sein Interesse gilt neben dem praktischen Einsatz neuer Digital-Technologien insbesondere auch den Konsequenzen einer gesellschaftlich unkontrollierten Entwicklung künstlicher Intelligenz.

Seit über 30 Jahren arbeitet Michael Bader als Vorstand der Stiftung Media, Stuttgart, sowie als Initiator und Kuratoriumsmitglied der rumänischen Stiftung FCE – Foundation for Culture and Ecology mit Sitz in Mediaş, Transsylvanien (Rumänien). Bader war Mitbegründer der Partei Die Grünen in Deutschland und langjähriger Präsident der GPÖ Gesellschaft für politische Ökologie, der späteren Heinrich-Böll-Stiftung Baden-Württemberg, und dort über viele Jahre mit dem Aufbau grüner Bildungsarbeit in Deutschland befasst. Er gilt als einer der führenden Vertreter der sogenannten Achberger Schule, einer sozialwissenschaftlichen Forschungsinitiative, die sich für neue Gesellschaftsmodelle und Unternehmensformen jenseits traditioneller Profit- und Machtstrukturen engagiert, sein Buch *Jenseits von Kapitalismus und Kommunismus* ist 2016 im Berliner Wissenschaftsverlag erschienen.

Veröffentlichungen

Michael W. Bader, Ein Versuch gegen Libertarismus und Monopolismus, Ein Essay, 2015. https://www.gfe-media.de/blog/gegen-libertarismus-und-monopolismus

Michael W. Bader, Herrschaft der Algorithmen: Wie Künstliche Intelligenz unsere Freiheit bedroht, Ein Essay, 2016. https://www.gfe-media.de/blog/kuenstliche-intelligenz-herrschaft-der-algorithmen/

Michael W. Bader, Reign of the Algorithms: How Artificial Intelligence is Threatening our Freedom, 2016. https://www.gfe-media.de/blog/wp-content/uploads/2016/05/Herrschaft_der_Algorithmen_V08_22_06_16_EN-mb04.pdf

Michael W. Bader, Herrschaft der Algorithmen, Vortrag am 11. Mai 2017 in der GLS Bank Bochum. https://www.youtube.com/watch?v=Ys3hAAIb3tE

Michael W. Bader, Der Ubuntu-Algorithmus: Wege aus der KI-Falle, Ein Essay, 2018. https://www.stiftung-media.de/web/de/der-ubuntu-algorithmus-ii/

Michael W. Bader, Jenseits von Kapitalismus und Kommunismus: Theorie und Praxis des Wirtschaftsmodells der Achberger Schule, BWV, Berlin 2016, ISBN 978-3-8305-3682-6.

Gerhard Schuster – Campaign Manager, Aktivist, Speaker

Co-Autor Gerhard Schuster, geboren am 26. März 1973, studierte an der Universität Wien sowie am Achberger Institut für Sozialforschung und Zeitgeschichte. Schuster ist als Mitglied der Achberger Schule auch Vorstand des Internationalen Kulturzentrums Achberg e. V. und der ebenfalls in Achberg ansässigen Stiftung für Geisteswissenschaft und Dreigliederungsforschung e. V.

Er ist außerdem Mitbegründer und Campaign Manager der in dieser Arbeit mehrfach angesprochenen European Credit Initiative. Sein besonderes Interesse gilt auch dem Projekt European Public Sphere, in dessen Rahmen er zahlreiche Kuppelgespräche zu akuten sozialen und ökologischen Fragen moderiert. Träger dieses Projektes ist (neben Democracy International e. V.) der 1999 aus der Achberger Arbeit hervorgegangene und in Wien ansässige Verein IG-Euro-Vision, in dessen Rahmen Schuster in seinem Heimatland Österreich auch für die Idee der komplementären Demokratie (Ergänzung des Parlamentarismus durch direkte Gesetzgebung) tätig ist.

Diese vielfältigen Themen- und Aktivitätsfelder versteht Schuster als zusammengehörige Bausteine einer neuen sozialen Architektur, für die vor allem der Prozess der europäischen Integration mit seiner wieder aktuellen Verfassungsfrage eine Entwicklungsperspektive darstellt.

Veröffentlichungen

Gerhard Schuster, Quo vadis Europa? Über die zivilgesellschaftliche Aufgabe, Europa eine Verfassung zu geben, in: Glocalist Magazine, Ausgabe 9, Juli/August 2007, S. 25–26

Wilfried Heidt und Gerhard Schuster, Auf der Suche nach der Seele Europas, Dialogica II, Achberg 2008

Gerhard Schuster, Komplementäre Demokratie, in: Direkte Demokratie: Forderungen – Initiativen – Herausforderungen, hrsg. von Gertraud Diendorfer, S. 28–34, Working Paper des Demokratiezentrum Wien, Heft 1, 2013

Gerhard Schuster, Die Geld- und Bankenordnung ist in der Demokratie verankert, 2015
https://www.democracy-international.org/de/credit-initiative-interview-deutsch

Gerhard Schuster, Geld muss dienen. Die Europäische Kreditinitiative setzt neue Impulse, in: Erziehungskunst. Waldorfpädagogik heute. Januar 2017

Gerhard Schuster, Demokratie – ein leuchtender Stern, 2019
https://www.democracy-international.org/de/demokratie-ein-leuchtender-stern

Gerhard Schuster, Economy for Future: Selbstbestimmung und Selbstverwaltung, 2019
https://derdiedasrespekt.at/armut-sozialstaat/2019/11/economy-for-future-selbstbestimmung-und-selbstverwaltung/

Gerhard Schuster, Die Demokratiefrage ist zur Überlebensfrage geworden, 2020
https://www.democracy-international.org/de/die-demokratiefrage-ist-zur-ueberlebensfrage-geworden

Caro Hammoutene, Gerhard Schuster, Florian Wagner und Luise Wernisch-Liebich, Krisen gemeinsam meistern – Polarisierung und Radikalisierung entgegenwirken, 2022
https://derdiedasrespekt.at/demokratie-buergerrechte/2022/01/krisen-gemeinsam-meistern-polarisierung-und-radikalisierung-entgegenwirken/

Videos

Gerhard Schuster: Eine zeitgemäße Geld- und Wirtschaftsordnung als Kulturbeitrag Europas für die Welt – Ein neuer Weg der Mitte, Vortrag in der Stadtbibliothek Prag am 27.10.2015 – https://youtu.be/f3Fsd_07znQ

Gerhard Schuster, Kredit und Credo, Vortrag in der Johanneskirche in Bochum am 5.4.2016 – https://youtu.be/z7M6pl_xbmM

Gerhard Schuster: Schütze die Flamme – Joseph Beuys und die aktuelle Aufgabe der Neugründung Europas. Vortrag im Rahmen des 5. Joseph-Beuys-Symposiums in Krefeld am 12.05.2018 – https://vimeo.com/281006804

Gerhard Schuster: Partei ergreifen für die Demokratie. Im Gespräch mit Peko Baxant, am 19. Februar 2018 in der Sektion 3 der SPÖ Wien-Mariahilf – https://youtu.be/kZDHCcDI8xQ

Gerhard Schuster: Souveränität – keine einfache Sache! Vortrag beim Omnibus für Direkte Demokratie, Schloss Freudenberg in Wiesbaden am 13.4.2019 – https://vimeo.com/334755962

Gerhard Schuster: Wirtschaftswerte, Geldkreislauf, Kapital – Zum 100. Geburtstag von Joseph Beuys – Vortrag und Gespräch in der Wiener Bildungsakademie am 10.6.2021 – https://youtu.be/qnKs6NowIMk

Anmerkungen

1   Der Begriff Achberger Schule wurde u. a. von dem ungarischen Sozial-
    psychologen István Siklaki, Universität Budapest, geprägt, der so die Ach-
    berger Aktivitäten in den 1970er- und 1980er-Jahren in Anlehnung an
    andere, organisatorisch offene, jedoch inhaltlich zusammengehörige, sozio-
    logische und philosophische Ideengebäude bezeichnete.

2   Achberger Kreis, vergleiche Silke Mende, ›*Nicht rechts, nicht links, sondern
    vorn*‹: *Eine Geschichte der Gründungsgrünen*. Ordnungssysteme 33 (Mün-
    chen: Oldenbourg, 2011). U. a. Kap. ›[…] Der Achberger Kreis‹, S. 141 ff.
    und Kap. ›[…] Die Freie Internationale Universität‹, S. 146 ff.

3   Michael W. Bader, *Jenseits von Kapitalismus und Kommunismus*: *Theorie und
    Praxis des Wirtschaftsmodells der Achberger Schule* (Berlin: BWV Berliner
    Wissenschafts-Verlag, 2016).

4   Jorge Mario (Franziskus) Bergoglio, »Enzyklika FRATELLI TUTTI des Hei-
    ligen Vaters Papst Franziskus: über die Geschwisterlichkeit und die soziale
    Freundschaft.« (Libreria Editrice Vaticana, 03.10.2020). http://www.vatican.
    va/content/francesco/de/encyclicals/documents/papa-francesco_20201003_
    enciclica-fratelli-tutti.html (letzter Zugriff: 16. März 2021). Abs. 22.

5   Michael Kröger und dpa, »Kardinal Marx ruft zum Kampf gegen den
    Kapitalismus auf: Katholikentag in Regensburg.« *SPON* (28.05.2014).
    https://www.spiegel.de/wirtschaft/soziales/kardinal-marx-ruft-zum-kampf-
    gegen-den-kapitalismus-auf-a-972335.html (letzter Zugriff: 6. April 2021).

6   »Demokratische Entscheidungen wurden durch die Diktatur der interna-
    tionalen Finanzmärkte ersetzt, und nach ihrem Zusammenbruch sind die
    Staaten gezwungen, sie zu retten. Hundert Millionen von Arbeitslosigkeit
    bedrohte Menschen in Europa und den USA und drei Milliarden Arme, die
    zusammen jährlich ein geringeres Einkommen haben, als die 400 reichsten
    Familien der Erde an Vermögen besitzen, sind geeint in der Angst vor der
    Zukunft, aber auch in der Wut, dem Abscheu und dem tiefen Misstrauen
    gegenüber den politischen, ökonomischen und wissenschaftlichen Eliten,
    die […] offensichtlich unfähig waren und teilweise immer noch sind, die
    offenkundigen Fehler des kapitalistischen Systems zu erkennen und die
    unausweichliche Globalisierung der Ökonomie human zu gestalten[[…]]
    Der Kapitalismus ist genauso falsch wie der Kommunismus.« Heiner Geiß-
    ler, »Der Kapitalismus ist genauso falsch wie der Kommunismus.«, 17. Febru-
    ar 2010. http://www.heiner-geissler.de/documents/heiner-geissler.de_
    thema_kapitalismus-kommunismus.pdf (letzter Zugriff: 17. Februar 2016).

7 Kristina Dunz und Gregor Mayntz, »Müller fordert Abkehr von traditionellem Kapitalismus: Erdüberlastungstag.« *RPonline* (02.05.2020). https://rp-online.de/politik/deutschland/mueller-fordert-zum-erdueberlastungstag-abkehr-von-kapitalismus_aid-50338885 (letzter Zugriff: 5. Mai 2020).

8 Joana Breidenbach und Marie Gamillscheg, »Die Post-Corona-Welt kann menschlicher und nachhaltiger sein.« *ZEITonline* (13.05.2020). https://www.zeit.de/arbeit/2020-04/joana-breidenbach-homeoffice-digitale-innovation-arbeitsmarkt (letzter Zugriff: 13. Mai 2020).

9 »Individuals in developed countries are exhibiting significant discontent. On average, 63 percent of residents of OECD countries say they believe their country is on the ›wrong track‹, according to a 2018 survey, while just 37 percent say it is heading in the ›right direction‹. Forty-three percent of individuals in advanced economies believe the average person today is worse off than 20 years ago.«
David Fine et al., »Inequality: A persisting challenge and its implications.«. Discussion Paper (Juni 2019); McKinsey Global Institute. https://www.mckinsey.com/~/media/mckinsey/industries/public%20and%20social%20sector/our%20insights/inequality%20a%20persisting%20challenge%20and%20its%20implications/inequality-a-persisting-challenge-and-its-implications.pdf (letzter Zugriff: 22. März 2021).

10 Bernd Sommer und Harald Welzer, *Transformationsdesign: Wege in eine zukunftsfähige Moderne.* Transformationen 1 (München: Oekom, 2014). S. 13 ff.

11 Mathis Wackernagel, zitiert nach ebd., S. 26.

12 Gerhard Schuster, am 31. Januar 2020 beim ersten Treffen zur Bildung einer Allianz für eine »Economy for Future« im Impact Hub Vienna.

13 Kate Raworth, »Ökologisch und sozial: Eine Ökonomie des guten Lebens.« *Blätter für deutsche und internationale Politik* (Mai 2018): S. 97–108.

14 Thomas Piketty, *Kapital und Ideologie* (München: C. H. Beck, 2020). S. 1186.

15 »Wenn man die Menschen glauben macht, zu den bestehenden sozio-ökonomischen Verhältnissen und Klassenungleichheiten gebe es keine glaubwürdige Alternative, dann ist es kein Wunder, dass alle Hoffnung auf Veränderung sich auf die Feier der Grenze und der Identität verlagert.« Ebd. S. 1186.

16 Bundeszentrale für politische Bildung, »Das Lexikon der Wirtschaft: Kapitalismus.«. https://www.bpb.de/nachschlagen/lexika/lexikon-der-wirtschaft/19938/kapitalismus (letzter Zugriff: 22. März 2021).

17 Hierunter sind Maßnahmen wie z. B. die 2018 vom damaligen US-Präsidenten Donald Trump durchgeführte Steuersenkung zu verstehen.

18 Fundamentale Beeinflussung der Märkte z. B. auch die von Mario Draghi zum Erhalt des Euro eingeleitete Zins- und QE-Politik nach dem Motto »What ever it takes«. Wikipedia, »Draghi-Effekt.«. https://de.wikipedia.org/wiki/Draghi-Effekt (letzter Zugriff: 22. März 2021).

19 Hierzu gehören auch jede Menge Fake-News, die Niedrig- und Negativ-
zinspolitik der Zentralbanken und das immer größer werdende Schulden-
volumen bei Konsumenten, Unternehmen und Staaten.

20 »The dictionary definition of capitalism is simply an economic system in
which a nation's land, resources, industries, and capital are owned by private individuals and businesses rather than the government. It's often asso-
ciated with for-profit business, specifically, but private ownership does
not necessarily require a for-profit structure. It does, however, give con-
trol over capital and assets, including the income streams generated by
them, to their owners or shareholders.« Austin Rogers, »This Is Not Capitalism.« *Seeking Alpha,* 19. November 2019. https://seekingalpha.com/artic-
le/4307705-this-is-not-capitalism (letzter Zugriff: 4. März 2021).

21 Bundeszentrale für politische Bildung, »Das Lexikon der Wirtschaft«.

22 »Bei genauerer Betrachtung wird der Markt weitgehend vom Staat erschaffen: durch die Gewährung der Unternehmensfreiheit, die Garantie des Privateigentums, das Privatrecht als Grundlage für Kauf-, Miet-, Arbeits-,
Zulieferer- oder Kreditverträge; durch die Ausgabe von Geld als Zahlungs-
mittel, die Bereitstellung von Infrastruktur in den Bereichen Verkehr, Bildung, Gesundheit sowie durch Aufsichts-, Regulierungs- und Steuerbehör-
den, die das Gesamtsystem feintunen. So gesehen ist der Markt eine vom
demokratischen Rechtsstaat geschaffene Super-Infrastruktur, auf der sich
wirtschaftliche Tätigkeiten und Freiheiten erst entfalten können.« Christian Felber, *This is not economy: Aufruf zur Revolution der Wirtschaftswissenschaft* (Wien: Deuticke, 2019). S. 224.

23 Adam Smith, »An Inquiry into the Nature and Causes of the Wealth of
Nations.« (The Electronic Classics Series, The Pennsylvania State Univer-
sity, 2005). https://eet.pixel-online.org/files/etranslation/original/The%20
Wealth%20of%20Nations.pdf (letzter Zugriff: 10. März 2021). S. 19.

24 Adam Smith, *Natur und Ursachen des Volkswohlstandes: Zweiter Band, Erstes Buch,* II. Aufl. (Berlin: Elwin Staude, 1882). https://books.google.de/
books?id=tbgi10-1cIoC&printsec=frontcover&hl=de&source=gbs_ge_
summary_r&cad=0#v=onepage&q&f=false (letzter Zugriff: 6. Mai 2022).

25 Interessanterweise steht diese Sichtweise in krassem Widerspruch zu einer
anderen Aussage in seinem zweiten Hauptwerk »Theorie der ethischen
Gefühle«. Dort schreibt er: »Wie selbstsüchtig ein Mensch auch scheinen mag, er ist von seinem Wesen her am Wohlergehen anderer interessiert, auch wenn er daraus nichts zieht als die bloße Freude.« zitiert
nach Elke Pickartz, »Abrechnung mit dem Homo oeconomicus.« *wiwo.
de* (09.10.2011). https://www.wiwo.de/politik/konjunktur/wirtschaftswis-
senschaft-abrechnung-mit-dem-homo-oeconomicus/5754646.html (letzter
Zugriff: 28. Dezember 2021).
Interessant ist hierbei, dass sich seine Epigonen hinsichtlich der weiteren
Rezeption von Adam Smith weitgehend auf den egozentrischen Ansatz kap-
rizieren. Diesen hatte Smith aber noch ganz am Beginn des industriellen
Zeitalters formuliert und sich dabei vor allem auf Handwerker und Arbeiter

bezogen, die er in einem Marktgeschehen zu befreien hoffte. Durch die Effizienzsteigerung im Zuge der Industrialisierung wurden seine Annahmen ins Gegenteil verkehrt.

26 Der Wohlstand der Nationen, Smith (1937), (1776), Buch IV, Kapitel II, zitiert nach Tim Jackson, *Wohlstand ohne Wachstum – das Update: Grundlagen für eine zukunftsfähige Wirtschaft*, Deutsche Erstausg., 3. Aufl. (München: Oekom, 2017). S. 197.

27 Robinson, zitiert nach ebd. S. 197.

28 Wikipedia, »Friedrich August von Hayek.«. https://de.wikipedia.org/wiki/Friedrich_August_von_Hayek (letzter Zugriff: 29. September 2015).

29 »Wir verdanken unseren Reichtum einem Preissystem, das den Menschen sagt, was sie tun sollen. Und diese Preise sind die Quelle der Einkommen. Preise aber, die den Menschen sagen, was sie tun sollen, können nicht mit irgendwelchen Verdiensten zusammenhängen. Sie müssen unterschiedlich sein. Wir haben entdeckt (nicht erfunden!), daß die beste Methode zur Erledigung unserer Angelegenheiten die Teilnahme an einem Spiel ist, das teilweise aus Glück, teilweise aus Geschicklichkeit besteht. Wenn wir aber das Spiel akzeptiert haben, weil es effizient ist, können wir hinterher nicht sagen, seine Ergebnisse seien ungerecht. Solange niemand betrügt, gibt es in diesem Spiel nichts Ungerechtes. Auch dann nicht, wenn man in diesem Spiel verliert.« Friedrich August von Hayek, »Interviewfilm Inside the Hayek-Equation: Passage frei übersetzt von Roland Baader.« *World Research* (1979). http://hayek.de/friedrich-a-von-hayek/zitate/ (letzter Zugriff: 6. April 2022).

30 »Wir müssen uns von dem naiven Aberglauben freimachen, die Welt habe so beschaffen zu sein, dass es möglich ist, durch unmittelbare Beobachtung einfache Regelmäßigkeiten zwischen allen Phänomenen zu entdecken, und dass dies eine notwendige Voraussetzung für die Anwendung wissenschaftlicher Methoden sei.« Friedrich August von Hayek: Die Theorie komplexer Phänomene, zitiert nach Wikipedia, »Friedrich August von Hayek«.

31 Walter Otto Ötsch, *Mythos Markt. Mythos Neoklassik: Das Elend des Marktfundamentalismus*. Kritische Studien zu Markt und Gesellschaft Band 11 (Marburg: Metropolis, 2019). S. 9, 429 und 457.

32 Presse- und Informationsamt der Bundesregierung 2011, zitiert nach ebd. S. 10–12.

33 ebd. S. 10.

34 ebd. S. 10 ff.

35 Es handelt sich neben Ludwig von Mises und Friedrich August von Hayek auch um Vertreter des Ordoliberalismus (wie Wilhelm Röpke und Walter Eucken), der (früheren) Schule von Chicago (vor allem Henry Calvert Simons) und um englische Ökonomen (wie Lionel Robbins), ebd. S. 10–12.

36 Jule Govrin, »Der Markt regelt das nicht: Pandemie.« *ZEITonline*, 9. April 2020. https://www.zeit.de/kultur/2020-04/pandemie-coronavirus-kapitalismus-wirtschaft-wachstum-deutschland (letzter Zugriff: 2. März 2021).

37 ebd.

38 ebd.

39 Rahel Jaeggi und Simone Miller, »Was ist falsch am Kapitalismus? Gesellschaft in der Dauerkrise.« *Deutschlandfunk Kultur* (03.05.2020). https://
www.deutschlandfunkkultur.de/gesellschaft-in-der-dauerkrise-was-ist-
falsch-am.2162.de.html?dram:article_id=475824 (letzter Zugriff: 13. Mai
2020).

40 Julius Raab Stiftung und René Schmidpeter, »Anschlag auf unseren Wohlstand? Wie die Gemeinwohl-Ökonomie unsere Soziale Marktwirtschaft
zerstören will.« (Julius Raab Stiftung, 2012). S. 6.

41 ebd. S. 9 f.

42 »Es zeigt sich in der Realität, dass dort, wo Wettbewerbsdruck fehlt und
sich ein Monopol bildet, die Monopolisten dazu tendieren, ihre Macht-
stellung auszunutzen. Dies führt zu einer schlechteren Güterversorgung zu
höheren Preisen als im Konkurrenzfall und führt damit zu gesellschaftlichen Wohlfahrtseinbußen«. Karin Steigenberger, »Gemeinwohlökonomie am Prüfstand: Eine umfassende und kritische Analyse.«. Wirtschaftskammer Österreich, Dossier Wirtschaftspolitik (2013/8, 27. August 2013)
S. 19 f.

43 Richard David Precht, *Künstliche Intelligenz und der Sinn des Lebens* (München: Goldmann, 2020). S. 45.

44 Nicholas Gregory Mankiw und Mark P. Taylor, *Grundzüge der Volkswirtschaftslehre*, 6., überarb. u. erweit. Auflage (Stuttgart: Schäffer-Poeschel,
2016). S. 1.

45 Günter Wöhe, Ulrich Döring und Gerrit Brösel, *Einführung in die allgemeine Betriebswirtschaftslehre*, 26., überarb. u. aktual. Aufl. Vahlens Handbücher der Wirtschafts- und Sozialwissenschaften (München: Verlag Franz
Vahlen, 2016). S. 4.

46 Christoph Lütge und Matthias Uhl, *Wirtschaftsethik* (München: Verlag
Franz Vahlen, 2018). S. 33.

47 Hans-Werner Sinn und Uwe Westdörp, »ifo-Chef Sinn: Man muss
das Kapital hätscheln: Interview.« *Neue Osnabrücker Zeitung (Webseite
H. W. Sinn)* (19.04.2005). https://www.hanswernersinn.de/archiv-hws/
presseinterview/medienecho_369009_ifointerview-NeueOsnabrueckerZei-
tung-19-04-05.html (letzter Zugriff: 14. Februar 2022).

48 Ulrike Herrmann, »Ende einer Theorie: Corona-Dämmerung für Neoliberalismus.« *taz*, 21. März 2020. https://taz.de/Corona-Daemmerung-fuer-
Neoliberalismus/!5669238/ (letzter Zugriff: 9. Mai 2020).

49 Wikipedia, »Realwirtschaft.«. https://de.wikipedia.org/wiki/Realwirtschaft
(letzter Zugriff: 1. Februar 2022).

50 Statista, »Finanzmarkt.«. https://de.statista.com/statistik/kategorien/kate-
gorie/11/themen/808/branche/finanzmarkt/ (letzter Zugriff: 1. Februar
2022).

51 Statista, »Weltweites Bruttoinlandsprodukt (BIP): von 1980 bis 2020 und Prognosen bis 2026.«. https://de.statista.com/statistik/daten/studie/159798/umfrage/entwicklung-des-bip-bruttoinlandsprodukt-weltweit/ (letzter Zugriff: 31. Januar 2022).

52 Statista, »Wachstum des weltweiten realen Bruttoinlandsprodukts (BIP): von 1980 bis 2023.«. https://de.statista.com/statistik/daten/studie/197039/umfrage/veraenderung-des-weltweiten-bruttoinlandsprodukts/ (letzter Zugriff: 31. Januar 2022).

53 Wolfgang Müller, »Coronakrise: Warum die Aktienkurse trotz Rezession nicht fallen wollen.« *Finanzmarktwelt* (30.04.2020). https://finanzmarktwelt.de/coronakrise-warum-die-aktienkurse-trotz-rezession-nicht-fallen-wollen-165874/ (letzter Zugriff: 18. Januar 2022) sowie Wolfgang Müller, »Aktienmärkte: Warum die Kurse seit Wochen steigen.« *Finanzmarktwelt* (11.05.2020). https://finanzmarktwelt.de/aktienmaerkte-warum-die-aktienmaerkte-seit-wochen-steigen-166905/ (letzter Zugriff: 18. Januar 2022).

54 Statista, »Marktkapitalisierung der börsennotierten Unternehmen weltweit von 1980 bis 2019.«. https://de.statista.com/statistik/daten/studie/604732/umfrage/marktkapitalisierung-der-boersennotierten-unternehmen-weltweit/ (letzter Zugriff: 1. Februar 2022).

55 Statista, »Anzahl der weltweit abgesetzten Elektroautos von Tesla von 2010 bis 2021.«. https://de.statista.com/statistik/daten/studie/277932/umfrage/automobil-absatz-von-tesla/ (letzter Zugriff: 31. Januar 2022).

56 AFP/dpa/Reuters, »Tesla überholt VW an der Börse: Mehr als 100 Milliarden Dollar.« *FAZ.net* (22.01.2020). https://www.faz.net/aktuell/wirtschaft/unternehmen/tesla-ueberholt-vw-mehr-als-100-milliarden-dollar-boersenwert-16595466.html (letzter Zugriff: 18. Januar 2022).

57 Volkswagen AG, »Mobilität für kommende Generationen: Geschäftsbericht 2019.«. https://geschaeftsbericht2019.volkswagenag.com/.

58 Anteil der Big 5 Firmen am S&P 500-Aktienindex siehe Markus Weingran, »US-Techriesen Apple, Amazon, Alphabet, Facebook und Microsoft büßen 250 Milliarden Dollar Börsenwert ein!« *Onvista* (24.02.2020). https://www.onvista.de/news/us-techriesen-apple-amazon-alphabet-facebook-und-microsoft-buessen-250-milliarden-dollar-boersenwert-ein!-331698509 (letzter Zugriff: 16. Februar 2022).

59 Statista, »Börsenwert von Apple in den Jahren 2001 bis 2021.«. https://de.statista.com/statistik/daten/studie/219902/umfrage/marktkapitalisierung-von-apple/ (letzter Zugriff: 7. April 2022).

60 Antonio Tricario und Heike Löschmann, »Finanzialisierung – ein Hebel zur Einhegung der Commons.« in *Commons: Für eine neue Politik jenseits von Markt und Staat,* hrsg. von Silke Helfrich und Heinrich-Böll-Stiftung. 2.Aufl., S. 184–195 (Bielefeld: transcript, 2014).

61 Siehe hierzu ein Video des Kabarettisten Chin Mayer https://www.youtube.com/watch?v=NMbVLtTmL-4 (letzter Zugriff: 16. Februar 2022).

62 Unter Aktienrückkäufen versteht man den Rückkauf eigener Aktien durch die betreffenden Firmen, wobei Anteilscheine entweder regulär am Markt erworben oder den Aktionären entsprechende Rückkaufangebote unterbreitet werden. Solche Rückkäufe erfolgen meist, um den Aktienkurs positiv zu beeinflussen. Problem dabei ist, dass die Firmen selbst den Markt gestalten, wenn sie die eigenen Aktien nach eigenem Gutdünken kaufen oder verkaufen und damit den Aktienpreis entsprechend bewegen.

63 »And buybacks have long been limited by prohibitively high costs of capital relative to the shareholder returns that they purchase. In other words, when interest rates floated in a historically normal range, buybacks were mostly impractical due either to the cost of debt or to relatively high investment hurdle rates. As interest rates have fallen, so too have the hurdle rates for corporate investment, incrementally making unproductive uses of capital like buybacks seem like better uses of cash.« Rogers, »This Is Not Capitalism«.

64 In zehn Jahren wurde über Financial Engineering in den USA 5.000 Milliarden Dollar in den Rückkauf eigener Aktien gesteckt. 2018 806 Milliarden Dollar und 2019 immer noch über 700 Milliarden. Wolfgang Müller, »Fed verlängert für Banken Verbot von Aktienrückkäufen – die Folgen.« Finanzmarktwelt (02.10.2020). https://finanzmarktwelt.de/fed-verlaengert-fuer-banken-verbot-von-aktienrueckkaeufen-die-folgen-180080/ (letzter Zugriff: 2. Februar 2022).

65 Alexander von Parseval, »Aktienrückkäufe – so funktioniert legaler Betrug.« ErfolgsAnleger (21.01.2020). https://erfolgs-anleger.de/?s=Aktienr%C3%BCckk%C3%A4ufe+%E2%80%93+so+funktioniert+legaler+Betrug (letzter Zugriff: 2. Februar 2022).

66 Die EU-Finanzminister verabschieden Anfang April 2020 Hilfsgelder in Höhe einer halben Billion Euro. Björn Finke, »Worum es im Disput um Hilfspakete und Coronaanleihen geht: Europäische Union.« Süddeutsche, SZ.de (22.04.2020). https://www.sueddeutsche.de/politik/coronavirus-eu-hilfspakete-coronaanleihen-1.4882439 (letzter Zugriff: 29. November 2021). In Deutschland summieren sich Hilfspakete und Ausgleichszahlungen von Bund und Ländern bereits im April 2020 auf 1.173 Milliarden Euro. Katja Auer, Markus Balser und Cerstin Gammelin, »Der Rettungsschirm wird immer größer: Corona-Pandemie.« Süddeutsche, SZ.de (05.04.2020). https://www.sueddeutsche.de/politik/coronavirus-rettungsschirm-hilfspaket-1.4868495 (letzter Zugriff: 29. November 2021).

67 Christian Felber verweist hier z. B. auf die Universität Siegen, die Cusanus Hochschule, die Alanus Hochschule, das Institute for Ecological Economics der Wirtschaftsuniversität Wien, das Institut für Sozioökonomie an der Universität Duisburg-Essen, die Universität Kassel (Nachhaltiges Wirtschaften), die Leuphana-Universität Lüneburg, die Universität Witten-Herdecke, die Hochschule für Nachhaltige Entwicklung in Eberswalde. Felber, This is not economy. S. 253.

68 Hartmut Rosa, »Wir können die Welt verändern: Corona-Pandemie.« ZEITonline (Christ & Welt) (04.05.2020). https://www.zeit.de/2020/19/

corona-pandemie-oekonomie-zukunft-klimakrise (letzter Zugriff: 9. Mai 2020).

69 Richard David Precht, »Das große Erwachen: Corona-Pandemie.« *ZEIT-online* (04.04.2020). https://www.zeit.de/2020/15/corona-pandemie-politische-entscheidungen-richard-david-precht (letzter Zugriff: 9. Mai 2020).

70 »Since the Occupy days, progressives have successfully put the struggle against income and wealth inequality on page one, a great achievement. But now socialists must take the next step and, with the health care and pharmaceutical industries as immediate targets, advocate social ownership and the democratization of economic power.« Mike Davis, »In a Plague Year.« *Jacobin* (14.03.2020). https://jacobinmag.com/2020/03/mike-davis-coronavirus-outbreak-capitalism-left-international-solidarity (letzter Zugriff: 2. Februar 2022).

71 Naomi Klein, »Coronavirus Capitalism: Naomi Klein's Case for Transformative Change Amid Coronavirus Pandemic.« *Democracy now!* (19.03.2020). https://www.democracynow.org/2020/3/19/naomi_klein_coronavirus_capitalism (letzter Zugriff: 2. Februar 2022).

72 Piketty, *Kapital und Ideologie*. S. 1186.

73 ebd. S. 1186.

74 ebd. S. 1214.

75 ebd. S. 1207.

76 ebd. S. 1204.

77 »Grundlagen des Kapitalismus sind eine Eigentumsordnung, die die freie Verfügung über das Privateigentum (z. B. an den Produktionsmitteln) schützt, ferner ein (...) Wirtschaftssystem auf der Basis des Marktmechanismus und der Selbststeuerung durch Angebot und Nachfrage. Diese Rahmenbedingungen (...) erlaubten eine enorme Kapitalanhäufung und führten im Verlauf der industriellen Revolution des 19. Jh. zu politischen und sozialen Gegenbewegungen, deren politische und wirtschaftliche Auswirkungen bis in unsere Zeit reichen.« Klaus Schubert und Martina Klein, »Kapitalismus.« *Bundeszentrale für politische Bildung; Das Politiklexikon.* http://www.bpb.de/nachschlagen/lexika/politiklexikon/17696/kapitalismus (letzter Zugriff: 26. Februar 2015).

78 »In Europa ist eines der größten Probleme die direkte Bodenvernichtung durch Flächeninanspruchnahme, insbesondere für Verkehr, Wohnsiedlungen und Gewerbeflächen. Sie macht allein in Deutschland täglich eine Fläche von mehr als 100 Fußballfeldern aus. / Doch auch die Landwirtschaft, ein Wirtschaftsbereich, der ohne den Boden und die entsprechende Bodenqualität nicht existieren kann, geht mit dem Boden wenig nachhaltig um. Die nutzungsbedingten Bodendegradierungsprozesse haben ihre Hauptursachen in: _Nährstoffentzug durch Kulturpflanzen; _Verringerung des Anteils organischer Bodensubstanzen infolge negativer Humusbilanz; _Verdichtung des Oberbodens durch maschinelle Bearbeitung und Viehtritt; _Abtragung von Boden- und Humuspartikeln durch Wind und

Wasser als Folge der Bodenbearbeitung und geringer Bodenbedeckung; _ Anreicherung löslicher Salze durch unsachgemäße Bewässerung; _Kontamination mit organischen und anorganischen Schadstoffen aus Dünge-, Pflanzenschutz- und Schädlingsbekämpfungsmitteln sowie mit belasteten Materialien aus Industrie- und Siedlungsabfällen (z. B. Klärschlämmen).« Frank Augsten, »Die Bodenfrage neu stellen: Aber wie?« in *Wem gehört die Welt? Zur Wiederentdeckung der Gemeingüter,* hrsg. von Silke Helfrich und Heinrich-Böll-Stiftung. 2. Aufl., S. 126–133 (München: Oekom, 2009). S. 128.

79 Piketty, *Kapital und Ideologie.* S. 1192.

80 Hierbei werden z. b. allein in Deutschland jährlich 6,7 Mio. Tonnen Lebensmittel, 800.000 Tonnen Kleider oder auch 1 Mio. Tonnen noch weitgehend funktionsfähiges technisches Gerät wie Computer, Mobiltelefone oder TV-Geräte einfach weggeworfen. Wolfgang Uchatius, »Jan Müller hat genug.« *ZEITonline* (28.02.2013). http://www.zeit.de/2013/10/DOS-Konsum/komplettansicht (letzter Zugriff: 27. Januar 2015).

81 »Vor der sog. Geldwirtschaft gab es eine Tauschwirtschaft, in der Waren beliebig ausgetauscht wurden, zum Beispiel fünf Birnen gegen acht Äpfel. [...] Aufgrund der vielen Vorteile, die das Geld beim Handel hat, unterscheidet man deshalb auch die Geldwirtschaft von der Tauschwirtschaft. In der menschlichen Entwicklung war der Übergang von der Tauschwirtschaft zur Geldwirtschaft wahrscheinlich fließend. Die ersten Formen des Geldes waren wahrscheinlich Stein-, Bronze- oder metallene Werkzeuge, die das Leben erleichterten (deshalb allgemein begehrt waren) und doch eine gewisse Haltbarkeit aufwiesen.« Wikibooks, »Wirtschaft: Wesentliche Prinzipien der Wirtschaft und des Wirtschaftens.«. http://de.wikibooks.org/wiki/Betriebswirtschaft/_Grundlagen/_Wirtschaft_und_Betriebswirtschaft (letzter Zugriff: 15. März 2014).

82 Heinz Sauermann, *Einführung in die Volkswirtschaftslehre,* 2., durchges. Aufl. Die Wirtschaftswissenschaften Band I (Wiesbaden: Gabler, 1965). S. 54 ff.

83 »Am Beispiel der Schuhproduktion kann ein Phänomen, das für die heutige Massenfertigung charakteristisch ist, deutlich werden: die Einzelfunktionen des Produktionsvorganges sind auf völlig neue Weise ineinander verschachtelt und voneinander abhängig. Die Massenfertigung eines Produktes ist somit nicht das Resultat einfacher Kooperation zwischen den Produzenten. Sie ist im Gegenteil untrennbar mit Institutionen außerhalb des Produktionsbereiches – wie z. B. mit dem Schulwesen, dem Bankenwesen, dem Verteilungsnetz, der Geldpolitik usw. – verbunden.« Eugen Löbl, *Wirtschaft am Wendepunkt: Wegweiser in eine soziale Zukunft ohne Inflation und Arbeitslosigkeit.* Perspektiven der Humanität 1 (Achberg, Köln: Achberger Vlg.-Anst. [u. a.], 1975). S. 36.

84 Lisa Herzog, *Die Rettung der Arbeit: Ein politischer Aufruf* (Berlin: Hanser, 2019). S. 44.

85 Eugen Löbl, *Wirtschaft am Wendepunkt.* S. 36ff, S. 83.

86 »Wenn man die gleiche Betrachtung heute in Bezug auf die Gegenstände in einem durchschnittlichen Haushalt anstellt, stößt man auf ein noch viel größeres, noch stärker ausdifferenziertes Netz weltweiter geteilter Arbeit, an dem unzählige Einzelpersonen beteiligt sind. In diesem Netz werden zahlreiche Erkenntnisse und Erfahrungen aus der Vergangenheit genutzt – das betrifft wissenschaftliches Wissen und technische Expertise, aber auch Organisationsformen und Praktiken der Zusammenarbeit, die zudem ständig angepasst und weiterentwickelt werden.« Herzog, *Die Rettung der Arbeit.* S. 46.

87 ebd. S. 39.

88 Unter Digitalisierung wird in diesem Zusammenhang der Prozess von der Erfassung und Aufbereitung bis hin zur Speicherung von analogen Informationen auf digitalen Speichermedien verstanden, welcher die Nutzung, Bearbeitung, Verteilung, Erschließung und Wiedergabe von Daten in elektronischen Datenverarbeitungssystemen und damit die kompletten Entwicklungs- und Produktionsmethoden der Gegenwart vollständig veränderte. Digitale Daten können nicht nur schneller verarbeitet werden und erlauben deutlich komplexere Aufgabenbewältigungen, sie können insbesondere auch viel schneller durchsucht und recherchiert sowie beliebig vervielfältigt werden.

89 Springer Gabler Verlag (Hrsg.), »Gabler Wirtschaftslexikon: Stichwort ›Just in Time (JIT)‹.«. http://wirtschaftslexikon.gabler.de/Archiv/57306/just-in-time-jit-v9.html (letzter Zugriff: 9. Juli 2014).

90 Bader, *Jenseits von Kapitalismus und Kommunismus.* S. 38 ff.

91 ebd. S. 38 ff.

92 Siehe hierzu ebd. S. 56.

93 Steigenberger, »Gemeinwohlökonomie am Prüfstand«. S. 68

94 Vergl. Bader, *Jenseits von Kapitalismus und Kommunismus.* S. 112.

95 University of Illinois at Urbana-Champaign, »Ingredients of happiness around the world.« *ScienceDaily* (04.07.2011). https://www.sciencedaily.com/releases/2011/06/110629123039.htm (letzter Zugriff: 25. Mai 2021).

96 Jochen Mai, »Bedürfnispyramide nach Maslow: Kritik an der Bedürfnispyramide.«. https://karrierebibel.de/beduerfnispyramide-maslow/#Kritik-an-der-Beduerfnispyramide (letzter Zugriff: 24. Mai 2021).

97 Daniel Kahneman und Angus Deaton, »High income improves evaluation of life but not emotional well-being.« *PNAS Proceedings of the National Academy of Sciences* (21.09.2010). https://www.pnas.org/content/107/38/16489 (letzter Zugriff: 12. April 2021).

98 Jochen Mai, »Macht Geld glücklich? Das sagt die Wissenschaft.«. https://karrierebibel.de/macht-geld-gluecklich/#Macht-Geld-gluecklich-Das-sagt-die-Wissenschaft (letzter Zugriff: 24. Mai 2021).

99 Prateek Agarwal, »The Easterlin Paradox.« *Intelligent Economist* (03.12.2018). https://www.intelligenteconomist.com/easterlin-paradox/ (letzter Zugriff: 25. Mai 2021).

100 Hanni Welter und Anna Zwenger-Mathavan, *Altruismus versus Egoismus: oder was uns zu Egoisten macht.* ARD-alpha (2014). https://www.br.de/mediathek/video/altruismus-vs-egoismus-doku-reihe-oder-was-uns-zu-egoisten-macht-2-3-av:5d026a99275d84001a1d58cf.

101 Siehe hierzu auch Wilhelm Schmundt, *Zeitgemäße Wirtschaftsgesetze: Über die Rechtsgrundlagen einer nach-kapitalistischen, freien Unternehmensordnung, Entwurf einer Einführung*, 2. Aufl., erweitert um Bemerkungen zur Geldordnung (Achberg: Achberger Verlag, 1980).

102 Die Bereitstellung von Produktionskrediten ist keine an kommerziellem Gewinn orientierte Leistung, die in Folge zu Bereicherung durch Zinsbezug führt, sondern eine dem öffentlichen Wohl dienende gemeinnützige Dienstleistungsaufgabe des Bankenwesens. »*Das Geld muss dienen und nicht regieren!*« Bergoglio, Jorge Mario, *Apostolisches Schreiben EVANGELII GAUDIUM des Heiligen Vaters Papst Franziskus: an die Bischöfe, an die Priester und Diakone, an die Personen geweihten Lebens und an die christgläubigen Laien.* Verlautbarungen des Apostolischen Stuhls 194 (Bonn: Libreria Editrice Vaticana, 2013); über die Verkündigung des Evangeliums in der Welt von heute. *S. 48/Absatz 58.*

103 »Im Durchschnitt gibt jeder Bundesbürger etwa 30 Prozent für versteckte Zinsen aus.« (Beate Krol, »Zinsen.« *planet wissen, Südwestrundfunk* (15.08.2018). https://www.planet-wissen.de/gesellschaft/wirtschaft/geld/pwiederpreisdesgeldes100.html (letzter Zugriff: 24. Mai 2021).) Ähnliche Werte werden auch an anderer Stelle genannt. Eine exaktere Berechnung scheint unnötig. Auch hier gilt der vom RWI zur Steuer- und Abgabenquote getroffene Kommentar: »Die Quantifizierung … ist mitunter schwierig und bedarf einiger Schätzungen. Sie ist auch nicht frei von subjektiven Einschätzungen, welche Positionen letztendlich bei diesen Rechnungen berücksichtigt werden sollen.« Roland Döhrn und u.a., »Steuer- und Abgabenlast in Deutschland.« (RWI–Leibniz-Institut für Wirtschaftsforschung, 25.03.2017). https://www.rwi-essen.de/media/content/pages/publikationen/rwi-projektberichte/rwi-pb_steuer-_und_abgabenlast.pdf (letzter Zugriff: 24. Mai 2021).

104 Siehe hierzu diverse Studien des Zukunftsinstituts. Das 1998 gegründete Zukunftsinstitut GmbH mit Sitz in Frankfurt/M., München und Wien gilt als einer der einflussreichsten Think-Tanks der europäischen Trend- und Zukunftsforschung; siehe http://www.zukunftsinstitut.de/. Hier vor allem Thomas Huber et al., *Die Zukunft des Konsums: Wie Meta-Services die Wirtschaft umkrempeln (Trendstudie)* (Zukunftsinstitut / Matthias Horx, 2013).

105 Felber, *This is not economy.* S. 267.

106 Hannes Zipfel, »Profit und Ethik an der Börse.« *Finanzmarktwelt* (07.09.2019). https://finanzmarktwelt.de/profit-ethik-boerse-139547/ (letzter Zugriff: 15. Juni 2021).

107 Facundo Alvaredo et al., *Die weltweite Ungleichheit: Der World Inequality Report* (München: C. H. Beck, 2018). https://wir2018.wid.world/files/download/wir2018-full-report-deutsch.pdf (letzter Zugriff: 12. Juli 2021).

108 Der Gini-Koeffizient ist ein Index, der die Einkommensanteile unterschiedlicher Bevölkerungsgruppen darstellt und sie dadurch vergleichbar macht. Er ist Kennwert für die Ungleichheit einer Gesellschaft.

109 Christine Haas, »Politiker und Ökonomen, die Entwarnung geben wollten, liegen falsch.« *Welt.de* (07.10.2019). https://www.welt.de/wirtschaft/article201469314/Einkommensverteilung-Der-Streit-der-Oekonomen-um-den-Gini-Koeffizient.html (letzter Zugriff: 2. Mai 2022).

110 Zipfel, »Profit und Ethik an der Börse«.

111 »Ohne individuelle Erwerbstätigkeit haben Normalbürger kein Einkommen, das ihnen ein Auskommen sichert. Sozialleistungen oder so etwas wie ein bedingungsloses Grundeinkommen gelten als schädlich, werden diskriminiert und abgewertet. In der reichsten Gesellschaft der Menschheitsgeschichte bleiben Jede und Jeder erst einmal auf Existenzsicherung durch Erwerbsarbeit zurückgeworfen.« Hans-Jürgen Arlt und Marcus Klöckner, »Eine Berichterstattung, die ausblendet und Nebelkerzen wirft.« *Telepolis* (05.05.2017). https://www.heise.de/tp/features/Eine-Berichterstattung-die-ausblendet-und-Nebelkerzen-wirft-3703531.html (letzter Zugriff: 5. Mai 2017).

112 »Wer bietet Erwerbsarbeit, die sogenannte abhängige Beschäftigung, an oder auch nicht? Das sind in erster Linie Wirtschaftsunternehmen. Wenn Unternehmen nicht genügend bezahlte Arbeitsleistungen anbieten, entstehen soziale Probleme. So wie die Arbeit in der Erwerbsgesellschaft organisiert ist, muss es den Wirtschaftsorganisationen gut gehen, damit keine sozialen Krisen entstehen. Deshalb stellt es sich als vernünftiges und verantwortliches Handeln dar, der Wirtschaft Vorrang einzuräumen und als erstes nach der wirtschaftlichen Effizienz von allem und jedem zu fragen.« Ebd.

113 »Obwohl Arbeit ein kollektiver Prozess ist, in dem jede Person und jede Organisation von vielen anderen abhängig sind und ohne andere nichts zu Wege bringen würden, findet die Aneignung des Erarbeiteten singulär statt.« Ebd.

114 Löbl, *Wirtschaft am Wendepunkt.* S. 35 ff.

115 Bader, *Jenseits von Kapitalismus und Kommunismus.* S. 78.

116 Herzog, *Die Rettung der Arbeit.* S. 55.

117 Wie im Kontext der Commons ausgeführt, entspricht diese Betrachtungsweise z. B. auch der Ubuntu-Philosophie, wie diese durch die Völker der Zulu und Xhosa vertreten wird und nach der »die eigenen Bedürfnisse nur dann berücksichtigt werden, wenn die Bedürfnisse der anderen ebenfalls in

den gemeinsamen Aktivitäten aufgehoben sind«. Silke Helfrich und Heinrich-Böll-Stiftung, Hrsg., *Commons: Für eine neue Politik jenseits von Markt und Staat*, 2. Aufl. (Bielefeld: transcript, 2014).

118 Émile Durkheim, Über soziale Arbeitsteilung: *Studie über die Organisation höherer Gesellschaften*, 6. Aufl. suhrkamp taschenbuch wissenschaft 1005 (Frankfurt a. M.: Suhrkamp, 2012).

119 Herzog, *Die Rettung der Arbeit*. S. 62.

120 Bergoglio, *Enzyklika FRATELLI TUTTI des Heiligen Vaters Papst Franziskus*.

121 Der dem Kontext der französischen Revolution entnommene Begriff der »Brüderlichkeit« schließt hier selbstverständlich alle Menschen ein, gleich welchen Geschlechts.

122 Löbl, *Wirtschaft am Wendepunkt*. S. 42 f.

123 Mit der Feststellung, »daß ein Arbeitender nicht entsprechend der von ihm geschaffenen Werte entlohnt werden kann,« (ebd. S. 44) begibt sich Löbl in Widerspruch zu Ricardos *kapitalistischer* und Marx' *sozialistischer* Arbeitswertlehre. Beiden Theorien hält Löbl entgegen, dass für jede Arbeitswertlehre objektive Maßstäbe vorhanden sein müssen, die jedoch als Anteil des Einzelnen am Gesamtprodukt nicht ermittelt werden können.

124 ebd. S. 42 – »Folglich müssen wir auch die Preise als nicht objektiv ermittelt ansehen.« ebd. S. 43.

125 Bader, *Jenseits von Kapitalismus und Kommunismus*. S. 39.

126 »Grundsätzlich ist festzuhalten, dass unterschiedliche Einkommenshöhen keineswegs ein negatives Kennzeichen der Marktwirtschaft sind, sondern durchaus wünschenswert und sogar notwendig. [...] Denn die Chance, durch individuelles Handeln die eigenen Lebensumstände selbst beeinflussen und den sozialen Aufstieg eigenverantwortlich herbeiführen zu können, ist Triebfeder für eine dynamische Wirtschaftsentwicklung.« Steigenberger, »Gemeinwohlökonomie am Prüfstand«. S. 24.

127 »Derzeit gehen Unternehmer hohe wirtschaftliche Risiken ein, um ihre Ideen zu verwirklichen. Würde dies nur mehr mit dem Zwanzigfachen abgegolten, würden viele Unternehmen und Produktideen gar nicht mehr verwirklicht. Zudem behindert jede willkürliche Begrenzung nach oben Kreativität und Engagement in einer Gesellschaft.« Julius Raab Stiftung und Schmidpeter, »Anschlag auf unseren Wohlstand?«. S. 17.

128 »Was ist ›Soziale Gerechtigkeit‹? [...] Gerechtigkeit ist sehr wichtig, aber sie besteht aus Verhaltensregeln für den einzelnen. Man kann sich gerecht oder ungerecht verhalten (handeln). Aber Dinge wie die Verteilung der Einkommen können durch keine Verhaltensregel für das Individuum gelenkt werden. Es ist genauso unsinnig, jemanden für die Einkommensverteilung verantwortlich zu machen wie jemanden für den Gesundheitszustand der Leute oder für ihre Dummheit oder den Mangel an Schönheit verantwortlich zu machen.« Hayek, »Interviewfilm Inside the Hayek-Equation«.

129 »Die politische Rechte und viele Ökonomen neigen dazu, den Nutzen des Leistungslohns zu über- und seine Kosten zu unterschätzen. ... Interessanterweise sind uns die Gefahren eines Leistungslohns auf manchen Gebieten durchaus bewusst: Sachverständige in einem Prozess dürfen beispielsweise nicht danach bezahlt werden, wie der Prozess ausgeht. Weil finanzielle Anreizsysteme niemals perfekt ausgestaltet werden können, führen sie oftmals zu verzerrten Verhaltensweisen, einer Überbetonung der Quantität und einer Unterbewertung der Qualität.« Joseph E. Stiglitz, *Der Preis der Ungleichheit: Wie die Spaltung der Gesellschaft unsere Zukunft bedroht* (München: Siedler, 2012). S. 157 ff.

130 Die Initiative *Unternimm die Zukunft* wird jetzt vom Freiburger Institut zur Erforschung des Grundeinkommens fortgeführt, siehe https://www.fribis.uni-freiburg.de/ (letzter Zugriff: 20. Januar 2022).

131 http://www.grundeinkommen.ch (letzter Zugriff: 20. Januar 2022).

132 »Den kooperativen Sektor auszuweiten, die Banken staatlicher Kontrolle zu unterwerfen, öffentliche Dienstleistungen gebührenfrei oder so billig wie möglich bereitzustellen, die Arbeit so zügig wie möglich zu automatisieren und den Übergang mit Hilfe des Grundeinkommens abzufedern, Arbeit und Einkommen gezielt zu entkoppeln, Information so weit wie möglich als soziales Gut zu behandeln – so sehen die Umrisse dessen aus, was ich das postkapitalistische Projekt nennen möchte.« Paul Mason, »Nach dem Kapitalismus?!« *Blätter für deutsche und internationale Politik,* Nr. 5 (2016): S. 45–59.

133 Heinrich-Böll-Stiftung, »Bedingungsloses Grundeinkommen.« *Heinrich-Böll-Stiftung* (21.04.2008). https://www.boell.de/de/navigation/wirtschaft-soziales-2987.html.

134 Piketty, *Kapital und Ideologie.* S. 1204.

135 Der entsprechende Faktor lag bei dem betreffenden Schweizer Volksentscheid bei 1:12, siehe Wikipedia, »Eidgenössische Volksinitiative ›1:12 – Für gerechte Löhne‹.«. https://de.wikipedia.org/wiki/Eidgenössische_Volksinitiative_»1:12_–_Für_gerechte_Löhne« (letzter Zugriff: 15. Dezember 2021).

136 Zum Thema »Gemeinwohl-Bilanzen« siehe u. a.: *In wenigen Schritten zur Gemeinwohl-Bilanz* https://web.ecogood.org/de/unsere-arbeit/gemeinwohl-bilanz/ (letzter Zugriff: 15. Dezember 2021).

137 Christian Felber, *Die Gemeinwohl-Ökonomie: Eine demokratische Alternative wächst,* Aktualisierte und erw. Neuausgabe (Frankfurt am Main: Büchergilde Gutenberg, 2012). S. 49.

138 Matrix-Entwicklungsteam, Hrsg., *Arbeitsbuch zur Gemeinwohl-Bilanz 5.0: Vollbilanz* (Gemeinwohl-Ökonomie, April 2017). https://web.ecogood.org/media/filer_public/73/da/73dab961-6125-4f69-bf7a-3c8613a90739/gwoe_arbeitsbuch_5_0_vollbilanz.pdf (letzter Zugriff: 15. Dezember 2021).

139 ebd.

140 »Das Bekenntnis zu demokratischen Prinzipien […] sollte nicht an der Schwelle zu den Arbeitsplätzen Halt machen. Im Gegenteil: Ich werde dafür plädieren, gerade die neuen Informations- und Kommunikationsmöglichkeiten des digitalen Zeitalters dafür zu nutzen, Partizipation und demokratische Formen der Governance noch viel stärker in die Wirtschaftswelt zu tragen, als dies derzeit der Fall ist.« Herzog, *Die Rettung der Arbeit*. S. 13.

141 ebd. S. 12.

142 ebd. S. 13.

143 democratizing.org, »Die Zukunft der Arbeit nach Corona: Wirtschaften nach der Pandemie.« *ZEITonline* (15.05.2020). https://www.zeit.de/kultur/2020-05/wirtschaften-nach-der-pandemie-demokratie-dekommodifizierung-nachhaltigkeit-manifest (letzter Zugriff: 15. Mai 2020).

144 ebd. – »Das Bekenntnis zu demokratischen Prinzipien […] sollte nicht an der Schwelle zu den Arbeitsplätzen Halt machen. Im Gegenteil: Ich werde dafür plädieren, gerade die neuen Informations- und Kommunikationsmöglichkeiten des digitalen Zeitalters dafür zu nutzen, Partizipation und demokratische Formen der Governance noch viel stärker in die Wirtschaftswelt zu tragen, als dies derzeit der Fall ist.« Herzog, *Die Rettung der Arbeit*. S. 13.

145 Lisa Herzog, Anke Hassel und Simone Miller, »Weniger Markt, mehr Mitbestimmung: Manifest zur Zukunft der Arbeit.« *Deutschlandfunk Kultur* (14.06.2020); Gesprächszusammenfassung. https://www.deutschlandfunkkultur.de/manifest-zur-zukunft-der-arbeit-weniger-markt-mehr-100.html (letzter Zugriff: 30. August 2020). Zitiert nach der Gesprächszusammenfassung von Simone Miller, s. a. das Audio an selber Stelle.

146 ebd.

147 ebd.

148 Charles Darwin, *On the Origin of Species by Means of Natural Selection: Or The Preservation of Favoured Races in the Struggle for Life* (London: John Murray, 1859). https://www.google.de/books/edition/On_the_Origin_of_Species_by_Means_of_Nat/jTZbAAAAQAAJ.

149 Maja Göpel, *Unsere Welt neu denken: Eine Einladung* (Berlin: Ullstein, 2020). S. 67.

150 Felber, *This is not economy*. S. 116.

151 ebd. S. 116.

152 Daniel Kahneman, *Schnelles Denken, langsames Denken,* 1. Aufl. (München: RM Buch und Medien Vertrieb, Buchgemeinschaftsausgabe, 2012). S. 75–76.

153 Richard David Precht zitiert nach Felber, *This is not economy*. S. 121.

154 Joachim Bauer, *Prinzip Menschlichkeit: Warum wir von Natur aus kooperieren,* 6. Aufl., aktualisierte Taschenbucherstausg. Heyne 63003 (München: Heyne, 2013). S. 38 ff.

155 ebd. S. 30.

156 Richard Davidson, gem. Dalai Lama und Cutler, zitiert nach Jackson, *Wohlstand ohne Wachstum – das Update.* S. 94.

157 »Ohne Privateigentum an den Produktionsmitteln gibt es keine Marktwirtschaft. Privateigentum und Marktwirtschaft hängen somit eng miteinander zusammen. / Privateigentum ist die Grundlage des Erwerbsstrebens in der Marktwirtschaft. Die Möglichkeit, Gewinne zu erzielen und Eigentum zu bilden, ist der stärkste Leistungsanreiz in der Marktwirtschaft. / Ohne die uneingeschränkte Verfügungsgewalt über die Produktionsmittel können die Unternehmer nicht selbstständig (autonom) planen. Sie werden dann auch nicht bereit sein, das Risiko im Wirtschaftsprozess zu übernehmen, so dass wichtige Investitionen unterbleiben.« bankazubi.de, »Prinzip der Freien Marktwirtschaft.«. http://www.bankazubi.de/wissenspool/artikel. php?opid=1&fachgebietid=10&katid=28&artikelid=109 (letzter Zugriff: 7. März 2014).

158 Vgl. Kap. 3.4 zu Argumenten gegen Christian Felber und die Gemeinwohl-Ökonomie.

159 Steigenberger, »Gemeinwohlökonomie am Prüfstand«. S. 37.

160 Vgl. Kap. 3.4.

161 Thomas Piketty, *Das Kapital im 21. Jahrhundert* (München: Beck, 2014), S. 327.

162 Stiftung Familienunternehmen, »Die volkswirtschaftliche Bedeutung der Familienunternehmen.« *Stiftung Familienunternehmen* (Dezember 2021). https://www.familienunternehmen.de/media/public/pdf/daten-zahlen-fakten/sfu-daten-zahlen-fakten_de.pdf (letzter Zugriff: 15. Dezember 2021).

163 Steigenberger, »Gemeinwohlökonomie am Prüfstand«. S. 26.

164 Vgl. Kapitel 2.

165 Bader, *Jenseits von Kapitalismus und Kommunismus.* S. 98.

166 Steigenberger, »Gemeinwohlökonomie am Prüfstand«. S. 26.

167 Astrid Cullmann et al., »Keine Effizienzunterschiede zwischen öffentlichen und privaten Energieversorgungsunternehmen: Effizienzvergleich.« *DIW Wochenbericht,* 20/2016 (19.05.2016): S. 448–453. https://www.diw.de/documents/publikationen/73/diw_01.c.533993.de/16-20-3.pdf.

168 Silke Helfrich, David Bollier und Heinrich-Böll-Stiftung, Hrsg., *Die Welt der Commons: Muster gemeinsamen Handelns* (Bielefeld: transcript, 2015).

169 Steigenberger, »Gemeinwohlökonomie am Prüfstand«. S. 26.

170 Tom Schaffer, »6 schockierende Dinge, die du über deine Mode nicht wusstest.« *Momentum Institut* (24.08.2020). https://www.moment.at/story/6-schockierende-dinge-die-du-ueber-deine-mode-nicht-wusstest (letzter Zugriff: 6. April 2022).

171 »Economic inequality is largely driven by the unequal ownership of capital, which can be either privately or public owned. We show that since 1980, very large transfers of public to private wealth occurred in nearly all countries, whether rich or emerging. While national wealth has sub-

stantially increased, public wealth is now negative or close to zero in rich countries.« Facundo Alvaredo et al., *World inequality report 2018* (World Inequality Lab, 2017). https://wir2018.wid.world/files/download/wir2018-full-report-english.pdf (letzter Zugriff: 16. November 2021). S. 14.

172 Piketty, *Das Kapital im 21. Jahrhundert*. S. 327, siehe auch »hat sich der Anteil des obersten 1 % Prozents der Weltbevölkerung am Weltvermögen zwischen 1980 und 2016 von 28 auf 33 % erhöht, während der Anteil der unteren 75 % im gleichen Zeitraum stets bei knapp über oder knapp unter 10 % lag.« Alvaredo et al., *Die weltweite Ungleichheit*. S. 24.

173 Piketty, *Kapital und Ideologie*. S. 1198.

174 »One way the rich get richer is through inheritance, and they're barely paying taxes on it. Americans are projected to inherit $ 764 billion this year and will pay an average tax of just 2.1 % on that income, New York University law professor Lily Batchelder estimates in a paper published Tuesday by the Brookings Institution.« Ben Steverman, »Americans to Inherit $ 764 Billion This Year, Mostly Tax-Free.« *Bloomberg Europe Edition* (28.01.2020). https://www.bloomberg.com/news/articles/2020-01-28/americans-will-inherit-764-billion-this-year-mostly-tax-free (letzter Zugriff: 6. April 2022).

175 Bundesministerium für Arbeit und Soziales, *Lebenslagen in Deutschland*: *Der Sechste Armuts- und Reichtumsbericht der Bundesregierung* (12.05.2021); Kurzfassung. https://www.armuts-und-reichtumsbericht.de/SharedDocs/Downloads/Berichte/sechster-armuts-reichtumsbericht-kurzfassung.pdf.

176 »The bottom half of wealth holders collectively accounted for less than 1 % of total global wealth in mid-2019, while the richest 10 % own 82 % of global wealth and the top 1 % alone own 45 %. Global inequality fell during the first part of this century when a narrowing of gaps between countries was reinforced by declining inequality within countries.«, Credit Suisse Research Institute, »Global wealth report 2019.« (Oktober 2019). https://www.credit-suisse.com/media/assets/corporate/docs/about-us/research/publications/global-wealth-report-2019-en.pdf (letzter Zugriff: 6. April 2021). S. 2.

177 Jean Jacques Rousseau zitiert nach Frank Augsten, »Die Bodenfrage neu stellen: Aber wie?« in *Wem gehört die Welt?* (s. Anm. 82).

178 »Geistesgeschichtlich war die Neuerfindung der Natur als ökonomischer Konkurrenz- und Optimierungsprozess eine zentrale Figur in der Einhegung der Allmende. Sie geht als geistige ›enclosure‹ den realen Enteignungen und Vertreibungen voraus und legitimiert sie. Historisch fallen die ersten Umwandlungen von Gemeineigentum in Privatkapital in die frühe Neuzeit (ca. 1500–1800).« Andreas Weber, »Wirtschaft der Verschwendung.« in *Commons: Für eine neue Politik jenseits von Markt und Staat,* hrsg. von Silke Helfrich und Heinrich-Böll-Stiftung. 2. Aufl., S. 32–38 (Bielefeld: transcript, 2014).

179 »Enclosures have appropriately been called a revolution of the rich against the poor. The lords and nobles were upsetting the social order, breaking down ancient law and custom, sometimes by means of violence, often by pressure and intimidation. They were literally robbing the poor of their share in the common, tearing down the houses which, by the hitherto unbreakable force of custom, the poor had long regarded as theirs and their heirs'. The fabric of society was being disrupted; desolate villages and the ruins of human dwellings testified to the fierceness with which the revolution raged, endangering the defences of the country, wasting its towns, decimating its population, turning its overburdened soil into dust, harassing its people and tuning them from decent husbandmen into a mob of beggars and thieves.« Karl Polanyi, *The Great Transformation: The Political and Economic Origins of Our Time* (Boston, Mass.: Beacon Press, 2001). https://inctpped.ie.ufrj.br/spiderweb/pdf_4/Great_Transformation.pdf (letzter Zugriff: 6. April 2022). S. 37.

180 Ulrich Duchrow, »Kann ein Mensch seine Mutter besitzen? Inter-kulturelle Alternativen zum westlichen Eigentumsindividualismus.« in *Wem gehört die Welt? Zur Wiederentdeckung der Gemeingüter,* hrsg. von Silke Helfrich und Heinrich-Böll-Stiftung. 2. Aufl., S. 56–66 (München: Oekom, 2009). S. 60.

181 Frank Augsten, »Die Bodenfrage neu stellen: Aber wie?« in *Wem gehört die Welt?* (s. Anm. 82). S. 133.

182 Ulrich Duchrow, »Kann ein Mensch seine Mutter besitzen? Inter-kulturelle Alternativen zum westlichen Eigentumsindividualismus.« in *Wem gehört die Welt?* (s. Anm. 183). S. 61.

183 Statistisches Bundesamt *»Für 28 % der Haushalte Realität: Der Traum vom eigenen Einfamilienhaus.«.* https://www.destatis.de/DE/ZahlenFakten/ GesellschaftStaat/EinkommenKonsumLebensbedingungen/Wohnen/Aktuell_EVS.html (letzter Zugriff: 27. Januar 2015).

184 Antwort des Bundesinnenministeriums auf eine Kleine Anfrage der Linksfraktion, siehe Hannes Zipfel, »Wohnungsmieten explodieren – Mitverantwortliche beschweren sich am lautesten.« *Finanzmarktwelt* (30.08.2019). https://finanzmarktwelt.de/wohnungsmieten-explodieren-138593/ (letzter Zugriff: 12. Juni 2021). Siehe auch dpa, »Fast jeder siebte Deutsche gibt 40 Prozent seines Einkommens fürs Wohnen aus: Bundesinnenministerium.« *Handelsblatt* (30.08.2019). https://www.handelsblatt.com/politik/deutschland/bundesinnenministerium-fast-jeder-siebte-deutsche-gibt-40-prozent-seines-einkommens-fuers-wohnen-aus/24959858.html (letzter Zugriff: 7. März 2022).

185 Christoph Strawe, »Sozialbindung des Eigentums: Das Spannungsverhältnis zwischen dem § 903 BGB und dem Artikel 14 des Grundgesetzes.« in *Eigentum: Die Frage nach der Sozialbindung des Eigentums an Boden und Unternehmen,* hrsg. von Stefan Leber, 191–207, Sozialwissenschaftliches Forum Bd. 5 (Stuttgart: Verlag Freies Geistesleben, 2000). S. 194.

186 Bergoglio, *Enzyklika FRATELLI TUTTI des Heiligen Vaters Papst Franziskus*. Absatz 123.

187 Löbl, *Wirtschaft am Wendepunkt*. S. 49.

188 Mariana Mazzucato, *Das Kapital des Staates: Eine andere Geschichte von Innovation und Wachstum* (Frankfurt am Main [u. a.]: Büchergilde Gutenberg, 2014).

189 »Unter diesen Bedingungen ist es nur folgerichtig, wenn Personen, die große Vermögen akkumuliert haben, einen Teil derselben jährlich der Gemeinschaft zurückgeben und Eigentum derart zu einem nicht mehr dauerhaften, sondern temporären Eigentum wird.« Piketty, *Kapital und Ideologie*. S. 1215.

190 Franziskus M. Ott, *Befristetes Eigentum als Resultat empirischer Rechtsanschauung* (Zürich: Juris Druck + Verlag, 1977); zugl.: Zürich, Univ., Diss., 1976. S. 131.

191 ebd. S. 138.

192 ebd. S. 139.

193 Im Jahr 2019 betrug die durchschnittliche Eigenkapitalquote aller mittelständischen deutschen Unternehmen 31,8 Prozent. Statista, »Durchschnittliche Eigenkapitalquoten von mittelständischen Unternehmen in Deutschland nach Beschäftigtengrößenklassen von 2006 bis 2020.«. https://de.statista.com/statistik/daten/studie/150148/umfrage/durchschnittliche-eigenkapital-quote-im-deutschen-mittelstand/ (letzter Zugriff: 1. Februar 2022).

194 Piketty, *Kapital und Ideologie*. S. 1188.

195 Löbl, *Wirtschaft am Wendepunkt*. S. 49 ff.

196 Lisa Herzog und Bernd Kramer, »Wir übersehen die positiven Seiten der Arbeit.« *ZEITonline* (21.02.2019). https://www.zeit.de/arbeit/2019-02/lisa-herzog-philosophin-arbeit-job-berufsleben-interview (letzter Zugriff: 8. Juni 2021).

197 *There is no alternative* – das ist alternativlos.

198 Elinor Ostrom, *Was mehr wird, wenn wir teilen: Vom gesellschaftlichen Wert der Gemeingüter* (München: Oekom, 2011); Silke Helfrich (Hrsg.). S. 21.

199 Zu den sogenannten natürlichen Gemeingütern zählen neben Grund und Boden, Weiden und Wäldern z. B. biologisches Erbgut, die Artenvielfalt, Wasservorräte (Meere, Seen, Flüsse, Grundwasser), Bodenschätze, Wälder, Sonnen- und Windenergie, natürliche Prozesse wie die Fotosynthese, Saatgut und die Atmosphäre.

200 Yochai Benkler, »Die Politische Ökonomie der Gemeingüter.« in *Wem gehört die Welt? Zur Wiederentdeckung der Gemeingüter*, hrsg. von Silke Helfrich und Heinrich-Böll-Stiftung. 2. Aufl., S. 96–102 (München: Oekom, 2009). S. 97.

201 Christian Siefkes, »Die Commons der Zukunft: Bausteine für eine commonsbasierte Gesellschaft.« in *Wem gehört die Welt? Zur Wiederentdeckung der Gemeingüter*, hrsg. von Silke Helfrich und Heinrich-Böll-Stiftung. 2. Aufl., S. 208–215 (München: Oekom, 2009). S. 211.

202 Frank Augsten, »Die Bodenfrage neu stellen: Aber wie?« in *Wem gehört die Welt?* (s. Anm. 82). S. 132.

203 Silke Helfrich und Jörg Haas, »Gemeingüter – Eine große Erzählung: Statt eines Nachworts.« in *Wem gehört die Welt? Zur Wiederentdeckung der Gemeingüter,* hrsg. von Silke Helfrich und Heinrich-Böll-Stiftung. 2. Aufl., S. 251–267 (München: Oekom, 2009). S. 256.

204 Die Bezeichnung *Dritter Weg* bezieht sich in diesem Zusammenhang explizit nicht auf die rechtsextremistische Kleinpartei gleichen Namens.

205 Ostrom, *Was mehr wird, wenn wir teilen.*

206 »Therein is the tragedy. Each man is locked into a system that compels him to increase his herd without limit – in a world that is limited. Ruin is the destination toward which all men rush, each pursuing his own best interest in a society that believes in the freedom of the commons. Freedom in a commons brings ruin to all.« Garrett Hardin, »The Tragedy of the Commons.« *Science,* Nr. 162 (1968): 1243–1248. http://www.garretthardinsociety.org/articles/art_tragedy_of_the_commons.html (letzter Zugriff: 16. Oktober 2017).

207 Felber, *This is not economy.* S. 239.

208 Elinor Ostrom hat 1990 in ihrem Hauptwerk »Governing the Commons« ihre Design-Prinzipien veröffentlicht, welche 2009 anlässlich ihrer Rede zur Verleihung des Alfred-Nobel-Gedächtnispreises für Wirtschaftswissenschaften nochmals vorgestellt wurden. Elinor Ostrom, »Prize Lecture: Beyond Markets and States: Polycentric Governance of Complex Economic Systems.« (2014); Rede am 8. Dezember 2009 zur Verleihung des Alfred-Nobel-Gedächtnispreises für Wirtschaftswissenschaften. https://www.nobelprize.org/nobel_prizes/economic-sciences/laureates/2009/ostrom-lecture.html (letzter Zugriff: 19. Oktober 2017).

209 Silke Helfrich, »Acht Orientierungspunkte für das Commoning.« in *Die Welt der Commons: Muster gemeinsamen Handelns,* hrsg. von Silke Helfrich, David Bollier und Heinrich-Böll-Stiftung, S. 57–58 (Bielefeld: transcript, 2015). https://commons.blog/2012/08/21/wie-sich-commons-entfalten-konnen/ (letzter Zugriff: 15. Januar 2022).

210 Silke Helfrich, diverse Veröffentlichungen, siehe z. B. im Literaturverzeichnis dieses Buches.

211 Stefan Meretz, »Ubuntu-Philosophie: Die strukturelle Gemeinschaftlichkeit der Commons.« in *Commons: Für eine neue Politik jenseits von Markt und Staat,* hrsg. von Silke Helfrich und Heinrich-Böll-Stiftung. 2. Aufl., S. 58–65 (Bielefeld: transcript, 2014).

212 Vgl. Kapitel 4.4.4. Arbeit, Recht und Menschenbild.

213 Südafrikanische Völker bzw. Volksgruppen.

214 ebd.

215 Purpose Stiftung (Hrsg.), »Verantwortungseigentum: Unternehmenseigentum für das 21. Jahrhundert.« (Purpose Stiftung gGmbH, 2017); PDF-Download. https://purpose-economy.org/de/ (letzter Zugriff: 5. November 2020).

216 https://www.neue-rechtsform.de (letzter Zugriff: 12. Januar 2022).

217 Bader, Jenseits von Kapitalismus und Kommunismus. S. 183.

218 Vgl. hierzu Kapitel 3.3.

219 »Es ist amoralisch, Privateigentum zur Milderung der schrecklichen Übelstände zu verwenden, die aus der Einrichtung des Privateigentums entspringen. Es ist nicht nur amoralisch, sondern auch unehrlich.« Oscar Wilde, *Die Seele des Menschen im Sozialismus: Ein Essay* (Hamburg: Edition Nautilus, 2017).

220 Matrix-Entwicklungsteam, *Arbeitsbuch zur Gemeinwohl-Bilanz 5.0.* S. 46.

221 ebd.

222 Eine solche Neutralisierung der Verfügungsrechte kann nicht über Nacht z. B. durch eine entsprechende Gesetzesänderung verordnet werden und setzt umfangreiche Informations- und Aufklärungsarbeit voraus. Aus dieser Einsicht verfolgt z. B. die European Credit Initiative ihren Ansatz eines neuen Weges der Wirtschaft und des Geldes. Unternehmen, die aus freiem Entschluss eine solche gemeinwohlorientierte Neutralisierung umsetzen wollen, soll eine entsprechende, von Profit- und Eigentumsinteressen unabhängige Finanzierungsmöglichkeit durch das Europäische Zentralbanksystem eröffnet werden. Siehe https://www.creditinitiative.eu (letzter Zugriff: 12. Januar 2022).

223 Jeremy Rifkin, *Access, das Verschwinden des Eigentums: Warum wir weniger besitzen und mehr ausgeben werden,* 2. Aufl. (Frankfurt/M: Campus-Verlag, 2000). S. 13.

224 Silke Helfrich und Jörg Haas, »Gemeingüter – Eine große Erzählung: Statt eines Nachworts.« in *Wem gehört die Welt?* (s. Anm. 206). S. 254.

225 »Wir müssen mehr ›Waren und Dienstleistungen‹ schaffen. Meist geschieht das, indem man beginnt, etwas zu verkaufen, das vorher gratis war. Man verwandelt Wälder in Holz, Musik in ein Produkt, Ideen in geistiges Eigentum, gesellschaftliches Geben und Nehmen in bezahlte Dienstleistungen. In den vergangenen Jahrhunderten begünstigte und beschleunigte der technologische Fortschritt die Umwandlung von Werten, die einst keinen Preis hatten, in Waren und Dienstleistungen.« Charles Eisenstein, Ökonomie der Verbundenheit: *Wie das Geld die Welt an den Abgrund führte – und sie dennoch jetzt retten kann* (Berlin, München: Scorpio Verlag, 2013); Vorwort v. Margrit Kennedy. https://d-nb.info/1028630190/04 (letzter Zugriff: 27. Dezember 2021). S. 125.

226 Jackson, *Wohlstand ohne Wachstum – das Update.* S. 58, sowie https://web.ecogood.org/de/erw/ubersicht-blog/blog-7/ (letzter Zugriff: 20. Dezember 2021).

227 Kate Raworth, *Die Donut-Ökonomie: Endlich ein Wirtschaftsmodell, das den Planeten nicht zerstört.* Sonderausg. f. d. Landeszentralen für politische Bildung (München: Carl Hanser Verlag, 2018). S. 298.

228 Ulrike Herrmann, *Der Sieg des Kapitals: Wie der Reichtum in die Welt kam: die Geschichte von Wachstum, Geld und Krisen,* 2. Aufl. (Frankfurt am Main: Westend, 2013). S. 246.

229 Christoph Gran, *Perspektiven einer Wirtschaft ohne Wachstum: Adaption des kanadischen Modells LowGrow an die deutsche Volkswirtschaft* (Marburg: Metropolis-Verlag, 2017). S. 28 ff.

230 Jackson, *Wohlstand ohne Wachstum – das Update.* S. 285.

231 »Luftverschmutzung und Zigarettenreklame und die Rettungswagen, die das Blutbad auf unseren Autobahnen beseitigen. Es misst Spezialschlösser für die Türen und die Gefängnisse für die Leute, die die Schlösser knacken. Es misst die Zerstörung der Mammutbäume und den Verlust unserer Naturwunder bei der chaotischen Ausbreitung der Städte. [...] Und während es eifrig damit beschäftigt ist, den mit derart vielen zweifelhaften oder eindeutig zerstörerischen Praktiken verbundenen vermutlichen Nutzen aufzusummieren, lässt das BIP ziemlich viel aus bei seiner alles verarbeitenden Rechnung. [...] Es misst weder Scharfsinn noch Mut, weder Weisheit noch Bildung, weder Mitleid noch unsere Liebe zum Land«, zitiert nach ebd. S. 99.

232 ebd. S. 208.

233 Vergl. Kap. 3.4. Vom Profit zum Gemeinwohl.

234 ebd. S. 285.

235 ebd. S. 175.

236 ebd. S. 285.

237 ebd. S. 285.

238 ebd. S. 285.

239 ebd. S. 285.

240 Raworth, »Ökologisch und sozial: Eine Ökonomie des guten Lebens«. S. 105 f.

241 Jackson, *Wohlstand ohne Wachstum – das Update.* S. 98.

242 Raworth, *Die Donut-Ökonomie.* S. 77.

243 ebd. S. 77.

244 Niko Paech, »Ökologischen Anstand üben: Wachstumskritik im Wandel.« *Politische Ökologie,* 157–158 (01.01.2019): S. 28–33. http://www.postwachstumsoekonomie.de/wp-content/uploads/Paech-2019-P%C3%96. pdf. S. 31.

245 Jackson, *Wohlstand ohne Wachstum – das Update.* S. 212.

246 ebd. S. 212.

247 Siehe hierzu Hans Diefenbacher et al., »Analyse einer Integration von Umweltindikatoren und alternativen Wohlfahrtsmaßen in ökonomische Modelle: Abschlussbericht.« *Umweltbundesamt, Texte,* 189/2020 (Oktober 2020). https://www.umweltbundesamt.de/sites/default/files/medien/5750/publikationen/2020-10_23_texte_189_2020_umweltindikatoren-wohlfahrtsmassnahmen.pdf (letzter Zugriff: 12. Januar 2022).

248 Jackson, *Wohlstand ohne Wachstum – das Update.* S. 213.

249 Gran, *Perspektiven einer Wirtschaft ohne Wachstum.* S. 277.

250 ebd. S. 278.

251 ebd. S. 278.

252 Piketty, *Das Kapital im 21. Jahrhundert.*

253 Nach Einschätzung von Ulrike Herrmann weist diese Formel erhebliche Schwächen auf: »Zum einen erklärte sie nichts; sie beschrieb nur die Ungleichheit, aber es fehlte die Analyse, warum die Kluft zwischen Arm und Reich angeblich zwingend sein sollte. Zudem war der Ansatz deterministisch; politische Einflüsse waren ausgeschlossen. Vor allem aber stimmte die Formel nicht, wie Pikettys eigenen Statistiken zu entnehmen war; in den Jahrzehnten von 1940 bis 1980 ist die Ungleichheit im Westen nicht etwa gestiegen, sondern gesunken, und erst in den vergangenen vierzig Jahren hat sie wieder zugenommen.« Ulrike Herrmann, »Eine Erbschaft für alle: Thomas Pikettys ›Kapital und Ideologie‹.« *taz.de* (26.03.2020). https://taz.de/Thomas-Pikettys-Kapital-und-Ideologie/!5667261/ (letzter Zugriff: 14. Januar 2022).

254 Jackson, *Wohlstand ohne Wachstum – das Update.* S. 253.

255 Substitutionselastizität indiziert, wie leicht oder wie schwer Arbeit durch Kapital ersetzt werden kann, wenn sich die relativen Preise von Arbeit und Kapital ändern. »Auf den höheren Stufen der Substituierbarkeit zwischen Kapital und Arbeit steigt die Ungleichheit tatsächlich unkontrolliert, während die Wachstumsraten sinken, ganz so, wie das Piketty prophezeit. In einer Wirtschaft mit geringerer Substitutionselastizität ist die Gefahr jedoch viel weniger akut. Genau genommen ist es sogar möglich, die Ungleichheit bei den Einkommen zu reduzieren, auch wenn die Wachstumsrate gegen null geht – dafür muss die Substitutionselastizität zwischen Kapital und Arbeit nur geringer als eins sein.« Ebd. S. 254.

256 ebd. S. 257.

257 ebd. S. 257.

258 ebd. S. 257.

259 ebd. S. 257.

260 ebd. S. 229.

261 ebd. S. 208.

262 ebd. S. 208.

263 ebd. S. 208.

264 ebd. S. 209.

265 ebd. S. 210.

266 ebd. S. 210.

267 Zitiert nach Jonathan Barth, »Wirtschaftswachstum war gestern – Donut ist heute: Buchrezension.« https://www.boell.de/de/2018/06/26/wirtschaftswachstum-war-gestern-donut-ist-heute (letzter Zugriff: 26. April 2022).

268 Wiki Bildungsserver, »Kohlendioxid-Konzentration.«. https://wiki.bildungsserver.de/klimawandel/index.php/Kohlendioxid-Konzentration#:~: text=2015%20wurde%20sogar%20die%20symbolische,im%20Vergleich%20zur%20vorindustriellen%20Zeit (letzter Zugriff: 14. Dezember 2021).

269 Raworth, »Ökologisch und sozial: Eine Ökonomie des guten Lebens«. S. 102.

270 ebd. S. 102.

271 Praktische Umsetzungsmodelle der Donut-Ökonomie finden sich z. B. in Amsterdam, siehe Jannis Carmesin, »›Donut-Theorie‹: Amsterdam will ökonomische Neuordnung: Nachhaltige Wirtschaft für Mensch und Umwelt.« *Deutschlandfunk Nova* (21.05.2020). https://www.deutschlandfunknova.de/beitrag/donut-theorie-eine-wirtschaft-fuer-mensch-und-umwelt-erschaffen (letzter Zugriff: 12. Dezember 2021).

272 Raworth, *Die Donut-Ökonomie*. S. 283 ff.

273 Die Europäische Kreditinitiative macht einen Vorschlag zur Ergänzung der Satzung des Europäischen Systems der Zentralbanken und der Europäischen Zentralbank, um für Unternehmen, die gemeinwohlorientiert und unabhängig von Anlegerinteressen arbeiten wollen, eine neue Finanzierungsquelle zu erschließen. Sie stellt dabei neben der Gemeinwohlorientierung noch zwei weitere Bedingungen, die die Unternehmen erfüllen müssen, um an der vorgeschlagenen Kredit-Finanzierung angeschlossen zu werden: 1. ein permanenter Verzicht auf privatisierbare Profite und 2. eine Einkommensordnung, die dem öffentlichen Recht obliegt. Durch den permanenten Profitverzicht eröffnet sich auch die in diesem Buch eingenommene Perspektive eines Ausgleichens von Unter- und Überschüssen innerhalb von assoziativen Unternehmensverbänden, die im öffentlichen Interesse ihre Tätigkeit entfalten wollen. Siehe auch https://www.creditinitiative.eu (letzter Zugriff: 12. Januar 2022).

274 Göpel, *Unsere Welt neu denken*. S. 96.

275 Das reale BIP pro Kopf der USA wuchs von 1978 bis 2017 um 86%, die Medianeinkommen stiegen im gleichen Zeitraum nur um 18%. Deshalb würde zur Befriedigung der Massennachfrage eine Kapazität von etwa 63% ausreichen. Es existiert also eine erhebliche Überkapazität. https://data.worldbank.org/indicator/NY.GDP.PCAP.KD?locations=US (letzter Zugriff: 12. Januar 2022) und Kayla Fontenot, Jessica Semega und Melissa Kollar, »Income and Poverty in the United States: 2017.« (United States Census Bureau, September 2018). https://www.census.gov/content/dam/Census/library/publications/2018/demo/p60-263.pdf (letzter Zugriff: 12. Januar 2022).

276 Alle vier Sekunden werde weltweit die Fläche eines Fußballfeldes abgeholzt – vor allem für die riesigen Soja- und Palmölplantagen. »Das müssen wir sofort stoppen. Wir betreiben Raubbau in den Regenwäldern.« Die Brandrodung der Regenwälder verursache elf Prozent des weltweiten CO2-Ausstoßes. Siehe Dunz und Mayntz, »Müller fordert Abkehr von traditionellem Kapitalismus«.

277 Armin Falk, »Ich und das Klima.« *Die Zeit* (21.11.2019). https://news.briq-institute.org/wp-content/uploads/2019/11/DIE-ZEIT-48-2019-21.11.201931.pdf (letzter Zugriff: 9. März 2022).

278 Herrmann, »Ende einer Theorie«.

279 Govrin, »Der Markt regelt das nicht«.

280 Jackson, *Wohlstand ohne Wachstum – das Update.* S. 278.

281 ebd. S. 280.

282 ebd. S. 281.

283 Raworth, »Ökologisch und sozial: Eine Ökonomie des guten Lebens«. S. 105 f.

284 ebd. S. 105 f.

285 Göpel, *Unsere Welt neu denken.* S. 141.

286 Mazzucato, *Das Kapital des Staates.*

287 Göpel, *Unsere Welt neu denken.* S. 144.

288 Ähnliches gilt nach Maja Göpel auch für den US-Präsidenten Franklin D. Roosevelt, der in einer Ansprache vom 7. Mai 1933 feststellt: »Die unfairen zehn Prozent konnten so billig Güter produzieren, dass die fairen neunzig Prozent sich gezwungen sahen, die unfairen Bedingungen zu übernehmen. Hier kommt der Staat ins Spiel. Der Staat muss das Recht haben und wird das Recht haben, nach Studien und Planungen für eine Branche und mit der Unterstützung der überwiegenden Mehrheit dieser Branche, unfaire Praxis zu verhindern und dieses Abkommen mit der Autorität des Staates durchzusetzen.« https://teachingamericanhistory.org/library/document/fireside-chat-on-the-new-deal/ Zitiert nach ebd., S. 145.

289 ebd. S. 152.

290 Felber, *This is not economy.* S. 229.

291 Ulrike Herrmann und Thilo Jung, *Wirtschaftsjournalistin Ulrike Herrmann.* Jung & Naiv, Folge 451 (12.01.2020). https://www.youtube.com/watch?v=TAaUZcZUmnI (letzter Zugriff: 12. Januar 2022). V. a. 36:00–48:20 Min.

292 Siehe Kapitel 3, Profit und Geld, S. 28.

293 Leigh Phillips und Michal Rozworski, *People's republic of Walmart: How the world's biggest corporations are laying the foundation for socialism* (New York: Verso, 2019).

294 Bernhard Pirkl, »«Kapitalismus funktioniert nur in der Theorie»: Leigh Phillips' & Michael Rozworskis People's Republic of Walmart.«. https://www.designing-history.world/theorie/review-phillips-rozworski-peoples-republic-of-walmart/ (letzter Zugriff: 13. Juni 2020).

295 Der Meinung von Hayek und Mises, dass Informationsdefizite zu Autoritarismus führen, vor dem nur der Markt retten kann, halten Phillips und Rozworski entgegen, dass, nachdem autoritäre top-down-Kommandostrukturen zur Verschlechterung von Daten führen, wirtschaftliche Planung nur demokratisch funktionieren könne, weshalb sie auch die »Lösung

zur Rettung der Welt« in einer globalen, demokratisch kontrollierten Planwirtschaft sehen. Siehe ebd.

296 ebd. sowie Ulrike Herrmann, »Der neue Charme der Planwirtschaft.« *Die Tageszeitung (taz)*, 22. Juni 2021; S. 13.

297 Als Assoziation ist hier die Verbindung und Zusammenarbeit unterschiedlicher Stakeholder in einem Gesamtsystem mit gemeinsamem Ziel zu verstehen.

298 Bader, *Jenseits von Kapitalismus und Kommunismus*. S. 70.

299 Sachverständigenrat zur Begutachtung der gesamtwirtschaftlichen Entwicklung, »Aufgaben.«. https://www.sachverstaendigenrat-wirtschaft.de/ueber-uns/aufgaben.html (letzter Zugriff: 12. Februar 2022).

300 Bitkom, »Big Data im Praxiseinsatz – Szenarien, Beispiele, Effekte.« (2012). https://www.bitkom.org/sites/default/files/file/import/BITKOM–LF-big-data-2012-online1.pdf (letzter Zugriff: 6. April 2022). S. 62.

301 PWC Price Waterhouse Cooper, »Big Data – Bedeutung Nutzen Mehrwert.« (Juni 2013). https://www.pwc.de/de/prozessoptimierung/assets/pwc-big-data-bedeutung-nutzen-mehrwert.pdf (letzter Zugriff: 8. März 2022).

302 Hans-Jürgen Arlt formuliert an dieser Stelle treffend: »Arbeitende Menschen kämen niemals auf die Idee, mit ihrer Leistung ihre Umwelt so zu beschädigen, dass es sich nachteilig auf ihre Gesundheit auswirkt oder gar die natürlichen Existenzgrundlagen der Erdregion zerstört, in der sie leben und arbeiten.«… »Alle diese Absurditäten entstehen erst, wenn über die Arbeit rein wirtschaftlich entschieden wird. Dann zählt nur zahlungsfähiger Bedarf, dann interessiert am Gebrauch nur der Verbrauch, dann darf die Leistung nur möglichst wenig kosten, Hungerlöhne und die Externalisierung von Kosten gehören dann zum normalen Geschäft, solange sich kein Widerstand dagegen erhebt.« Arlt und Klöckner, »Eine Berichterstattung, die ausblendet und Nebelkerzen wirft«.

303 Siehe Joseph Beuys und Clara Bodemann-Ritter, *Jeder Mensch ein Künstler: Gespräche auf der documenta 5/1972*, Geringfügig veränd. Ausg., 5. Aufl. Ullstein-Buch Sachbuch 34450 (Frankfurt am Main: Ullstein, 1994).

304 Ernst Bloch, *Geist der Utopie*, Nachdruck. suhrkamp taschenbuch wissenschaft 552 (Berlin: Suhrkamp, 2011); Bearb. Neuaufl. der 2. Fassung von 1923. Ernst Bloch, *Das Prinzip Hoffnung*, 12. Aufl. suhrkamp taschenbuch wissenschaft 554 (Berlin: Suhrkamp, 2013).

305 Harald Welzer und Richard David Precht, *Harald Welzer bei PRECHT.* PRECHT (29.11.2020); ZDF. https://www.youtube.com/watch?v=eUk-3j7YMaUI (letzter Zugriff: 24. November 2021).

306 Der von Joseph Beuys geprägte Begriff der »Sozialen Plastik« bezeichnet u. A. den Prozess der aktiven Mitgestaltung des Menschen an der gesellschaftlichen Zukunft. In diesem Sinne ist »Jeder Mensch ein Künstler«, der – durch entsprechende Begriffe, Aktionen und Prozesse – kreativ bestehende Verhältnisse formen und verändern kann. Siehe hierzu auch Bader, Jenseits von Kapitalismus und Kommunismus. S. 159.

307 https://www.creditinitiative.eu (letzter Zugriff: 12. Januar 2022).

308 https://www.volksgesetzgebung.at (letzter Zugriff: 12. Januar 2022).

309 Colin Crouch, *Postdemokratie.* Edition Suhrkamp (Berlin, Frankfurt am Main: Suhrkamp, 2008).

310 *Grundgesetz für die Bundesrepublik Deutschland, Artikel 20.* https://www.gesetze-im-internet.de/gg/art_20.html (letzter Zugriff: 16. März 2022).

311 Andreas Gross, »Deutschland kann mehr Direkte Demokratie wagen!« *SWI swissinfo.ch* (06.10.2014). https://www.swissinfo.ch/ger/direkte-demokratie/standpunkt_deutschland-kann-mehr-direkte-demokratie-wagen-/40874980 (letzter Zugriff: 4. Januar 2022).

312 Für die Verfassungsgeschichte der DDR und einen Versuch im Juni 1989, einen Anstoß für die Demokratisierung der DDR zu geben, siehe »Weimarer Memorandum. Ein nächster Schritt auf dem Weg zur menschheitlichen Emanzipation: Grundgedanken für die Zukunft der Demokratie in Deutschland. 1949–1989 ff.«. https://www.stiftung-gw3.de/wp-content/uploads/1989-weimarer-memorandum.pdf (letzter Zugriff: 30. April 2022).

313 Wilfried Heidt, »Der Kampf ums Plebiszit – oder: Eintreten für das Selbstverständliche.« *Neue Politik* 29. Jg., XI (1984). https://www.stiftung-gw3.de/wp-content/uploads/1984-kampf-ums-plebiszit.pdf (letzter Zugriff: 26. April 2022).

314 »Wir setzen uns in allen politischen Bereichen dafür ein, daß durch verstärkte Mitbestimmung der betroffenen Bevölkerung in regionalen, landesweiten und bundesweiten Volksabstimmungen Elemente direkter Demokratie zur Lösung lebenswichtiger Planungen eingeführt werden.« Die Grünen, »Bundesprogramm.« (1980). https://www.boell.de/sites/default/files/assets/boell.de/images/download_de/publikationen/1980_001_Grundsatzprogramm_Die_Gruenen.pdf?dimension1=division_agg (letzter Zugriff: 7. März 2022). – Siehe hierzu auch: Die Grünen, »Mündige Demokratie durch Volksentscheid: Dokumentation und Arbeitsmaterialien.« (1984). https://www.stiftung-gw3.de/wp-content/uploads/1984-gruene-muendige-demokratie.pdf (letzter Zugriff: 26. April 2022). In der von Lukas Beckmann für das Buch verfassten Vorbemerkung ist zu lesen: »Die Bundesdelegiertenversammlung der GRÜNEN vom 18. bis 20. November 1983 faßte den Beschluß, zum Thema ›Volksentscheid / Bundesabstimmungsgesetz‹ einen bundesweiten Kongreß durchzuführen. Hiermit greifen DIE GRÜNEN die Initiative der AKTION VOLKSENTSCHEID auf, die seit Anfang letzten Jahres zur Ergänzung der parlamentarischen Entscheidungsprozesse einen Entwurf für die Gesetzgebung auf dem Weg der direkten Demokratie entwickelt hat und diesen Anfang November 1983 als Petition dem Deutschen Bundestag vorgelegt hat. Damit ist dem Parlament eine ganz wesentliche Gesetzgebungsaufgabe gestellt, die als allgemeine Forderung ein Kernpunkt grüner Programmatik von Anfang an war.«

315 Die Zeit, »Grüne lehnen bundesweite Volksentscheide ab: Grünen-Parteitag.« *Zeitonline* (22.11.2020). https://www.zeit.de/politik/deutschland/2020-11/gruene-bundesparteitag-volksentscheide-buergerraete-grundsatzprogramm (letzter Zugriff: 2. Februar 2022).

316 Siehe hierzu die Ausführungen unter Kapitel 7.3.1.

317 Die European Credit Initiative (siehe auch Kapitel 6.4 und Kapitel 5.8) kann hier als ein erster Schritt in diese Richtung betrachtet werden. Auf demokratischem Weg soll für Unternehmen, die gemeinwohl- und bedarfsorientiert jenseits des Profitprinzips wirtschaften wollen, eine Finanzierungsmöglichkeit aus dem europäischen Zentralbanksystem heraus geschaffen werden, um sie unabhängig von Anlegerinteressen und Shareholdern zu machen. Eine solche im Recht der EU, genauer in der Satzung des ESZB und der EZB, verankerte Rahmensetzung wäre eine erste grundlegende Bedingung für die Bildung eines neuen öffentlichen, aber aus eigener Souveränität verwalteten Wirtschaftsbereichs.

318 Bundesministerium für Digitalisierung und Wirtschaftsstandort, Wien, »Bundes-Verfassungsgesetz: Erstes Hauptstück.«. https://www.ris.bka.gv.at/GeltendeFassung.wxe?Abfrage=Bundesnormen&Gesetzesnummer=10000138 (letzter Zugriff: 2. Februar 2022).

319 Für die österreichische Situation siehe Gerhard Schuster, »Komplementäre Demokratie.« in *Direkte Demokratie: Forderungen – Initiativen – Herausforderungen,* hrsg. von Gertraud Diendorfer, S. 28–34, Working Paper des Demokratiezentrum Wien Heft 1 (Wien). http://demokratiezentrum.org/wp-content/uploads/2021/04/WP1_DirekteDemokratie_final_download.pdf (letzter Zugriff: 2. Februar 2022). – Für den internationalen Stand der Entwicklung direktdemokratischer Elemente sei auf die Arbeit des »Initiative and Referendum Institute Europe« (www.iri-europe.org, letzter Zugriff: 2. Februar 2022) verwiesen sowie auf den weltweit agierenden Verein »Democracy International« (www.democracy-international.org, letzter Zugriff: 2. Februar 2022), der auch regelmäßig das »Global Forum on Modern Direct Democracy« veranstaltet. Eine aus dieser Arbeit hervorgegangene Initiative ist der »Direct Democracy Navigator«, der einen umfassenden Überblick über die zahlreichen direkt-demokratischen Instrumente im globalen Ländervergleich gibt (www.direct-democracy-navigator.org, letzter Zugriff: 2. Februar 2022).

320 1983 Entwurf eines Bundesabstimmungsgesetzes der Aktion Volksentscheid, siehe https://www.stiftung-gw3.de/wp-content/ uploads/1983-petition-aktion-volksentscheid.pdf (letzter Zugriff: 30. April 2022) sowiehttps://www.mehr-demokratie.de/fileadmin/pdf/MD-Gesetzentwurf_Volksentscheid.pdf (letzter Zugriff: 30. April 2022). Außerdem siehe Omnibus für direkte Demokratie, »Gesetzentwurf zur Einführung der Volksabstimmung auf Bundesebene mit Volksinitiative, Volksbegehren und Volksentscheid sowie fakultativen und obligatorischen Referenden. « https://www.omnibus.org/fileadmin/user_upload/pdf/Infomaterial/Volksabstimmung-Gesetzentwurf_OMNIBUS.pdf (letzter Zugriff: 2. Februar 2022). Für

Österreich siehe auch »Initiative für komplementäre Demokratie.«, »Die komplementäre Ergänzung der repräsentativen Demokratie durch dreistufige Volksgesetzgebung: Der konkrete Vorschlag.« https://volksgesetzgebung.at/der- konkrete-vorschlag (letzter Zugriff: 2. Februar 2022)

321 Siehe Fußnote 322.

322 Siehe Fußnote 322.

323 Es sei erwähnt, dass diese Medienbedingung in den oben in Fußnote 326 zitierten Vorschlägen nicht von allen Initiativen als notwendiger Bestandteil des dreistufigen Prozesses angesehen wird. Die identischen Vorschläge von »Mehr Demokratie e. V.« und von »OMNIBUS für Direkte Demokratie gGmbH« sehen die Erstellung einer Abstimmungsbroschüre – ein Abstimmungsbüchlein nach Schweizer Vorbild – zur Information der Stimmberechtigten vor. Dieser Ansatz beinhaltet auch das Organ einer »Abstimmungskommission«, das neben der Erstellung der Abstimmungsbroschüre auch für eine entsprechende Kontrolle und Umsetzung von Spendentransparenz sorgen soll.

324 Siehe Fußnote 325.

325 Interessante Beispiele aus der Schweiz sind Abstimmungen über das Grundeinkommen: Wikipedia, »Initiative Grundeinkommen.«. https://de.wikipedia.org/wiki/Initiative_Grundeinkommen (letzter Zugriff: 3. Februar 2022). Oder z. B. auch über einen Pestizidausstieg: Wikipedia, »Eidgenössische Volksinitiative «Für eine Schweiz ohne synthetische Pestizide».«. https://de.wikipedia.org/wiki/Eidgenössische_Volksinitiative_»Für_eine_ Schweiz_ohne_synthetische_Pestizide« (letzter Zugriff: 3. Februar 2022).

326 Vgl. Michael W. Bader, »Der Ubuntu-Algorithmus: Wege aus der KI-Falle.« (11.12.2018). https://www.stiftung-media.de/web/de/der-ubuntu-algorithmus-ii/ (letzter Zugriff: 2. März 2021).

327 Für die am 26. September 2021 – am Tag der Bundestagswahl – bekanntgegebenen Ergebnisse siehe: https://abstimmung21.de/abstimmungen/#2021 (letzter Zugriff: 30. April 2022).

328 https://www.mehr-demokratie.de/projekte/buergerraete (letzter Zugriff: 30. April 2022).

329 https://buergerrat.de (letzter Zugriff: 12. Januar 2022).

330 https://deutschlands-rolle.buergerrat.de (letzter Zugriff: 12. Januar 2022).

331 https://buergerrat-klima.de/ergebnisse-gutachten (letzter Zugriff: 30. April 2022).

332 https://citizensassembly.ie (letzter Zugriff: 12. Januar 2022).

333 https://futureu.europa.eu (letzter Zugriff: 12. Januar 2022).

334 https://citizenstakeover.eu/ (letzter Zugriff: 12. Januar 2022).

335 https://www.publicsphere.eu (letzter Zugriff: 12. Januar 2022).

336 https://www.democracy-international.org (letzter Zugriff: 12. Januar 2022).

337 https://www.ig-eurovision.eu/ (letzter Zugriff: 12. Januar 2022).

338 https://www.publicsphere.eu (letzter Zugriff: 12. Januar 2022).

339 https://www.economyforfuture.net (letzter Zugriff: 12. Januar 2022).

340 Siehe auch: https://www.creditinitiative.eu/de/2021/06/30/lets-economy-konferenz (letzter Zugriff: 12. Januar 2022).

Literaturverzeichnis

Grundgesetz für die Bundesrepublik Deutschland, Artikel 20. https://www.gesetze-im-internet.de/gg/art_20.html (letzter Zugriff: 16. März 2022).

»Weimarer Memorandum. Ein nächster Schritt auf dem Weg zur menschheitlichen Emanzipation.: Grundgedanken für die Zukunft der Demokratie in Deutschland. 1949–1989 ff.«. https://www.stiftung-gw3.de/wp-content/uploads/1989-weimarer-memorandum.pdf (letzter Zugriff: 30. April 2022).

AFP/dpa/Reuters, »Tesla überholt VW an der Börse: Mehr als 100 Milliarden Dollar.« *FAZ.net* (22.01.2020). https://www.faz.net/aktuell/wirtschaft/unternehmen/tesla-ueberholt-vw-mehr-als-100-milliarden-dollar-boersenwert-16595466.html (letzter Zugriff: 18. Januar 2022).

Agarwal, Prateek, »The Easterlin Paradox.« *Intelligent Economist* (03.12.2018). https://www.intelligenteconomist.com/easterlin-paradox/ (letzter Zugriff: 25. Mai 2021).

Alvaredo, Facundo, Lucas Chancel, Thomas Piketty, Emmanuel Saez und Gabriel Zucman, *Die weltweite Ungleichheit: Der World Inequality Report.* München: C. H. Beck, 2018. https://wir2018.wid.world/files/download/wir2018-full-report-deutsch.pdf (letzter Zugriff: 12. Juli 2021).

Alvaredo, Facundo, Lucas Chancel, Thomas Piketty, Immanuel Saez und Gabriel Zucman, *World inequality report 2018.* World Inequality Lab, 2017. https://wir2018.wid.world/files/download/wir2018-full-report-english.pdf (letzter Zugriff: 16. November 2021).

Arlt, Hans-Jürgen und Marcus Klöckner, »Eine Berichterstattung, die ausblendet und Nebelkerzen wirft.« *Telepolis* (05.05.2017). https://www.heise.de/tp/features/Eine-Berichterstattung-die-ausblendet-und-Nebelkerzen-wirft-3703531.html (letzter Zugriff: 5. Mai 2017).

Auer, Katja, Markus Balser und Cerstin Gammelin, »Der Rettungsschirm wird immer größer: Corona-Pandemie.« *Süddeutsche, SZ.de* (05.04.2020). https://www.sueddeutsche.de/politik/coronavirus-rettungsschirm-hilfspaket-1.4868495 (letzter Zugriff: 29. November 2021).

Augsten, Frank, »Die Bodenfrage neu stellen: Aber wie?« in *Wem gehört die Welt? Zur Wiederentdeckung der Gemeingüter,* hrsg. von Silke Helfrich und Heinrich-Böll-Stiftung. 2. Aufl., S. 126–133. München: Oekom, 2009.

Bader, Michael W., *Jenseits von Kapitalismus und Kommunismus: Theorie und Praxis des Wirtschaftsmodells der Achberger Schule.* Berlin: BWV Berliner Wissenschafts-Verlag, 2016.

——, »Der Ubuntu-Algorithmus: Wege aus der KI-Falle.« (11.12.2018). https://www.stiftung-media.de/web/de/der-ubuntu-algorithmus-ii/ (letzter Zugriff: 2. März 2021).

bankazubi.de, »Prinzip der Freien Marktwirtschaft.«. http://www.bankazubi. de/wissenspool/artikel.php?opid=1&fachgebietid=10&katid=28&artikelid=109 (letzter Zugriff: 7. März 2014).

Barth, Jonathan, »Wirtschaftswachstum war gestern – Donut ist heute: Buchrezension.«. https://www.boell.de/de/2018/06/26/wirtschaftswachstum-war-gestern-donut-ist-heute (letzter Zugriff: 26. April 2022).

Bauer, Joachim, *Prinzip Menschlichkeit: Warum wir von Natur aus kooperieren,* 6. Aufl., aktualisierte Taschenbucherstausgabe. Heyne 63003. München: Heyne, 2013.

Benkler, Yochai, »Die Politische Ökonomie der Gemeingüter.« in *Wem gehört die Welt? Zur Wiederentdeckung der Gemeingüter,* hrsg. von Silke Helfrich und Heinrich-Böll-Stiftung. 2. Aufl., S. 96–102. München: Oekom, 2009.

Bergoglio, Jorge Mario (Franziskus). »Enzyklika FRATELLI TUTTI des Heiligen Vaters Papst Franziskus: über die Geschwisterlichkeit und die soziale Freundschaft.« Libreria Editrice Vaticana, 03.10.2020. http://www.vatican.va/content/francesco/de/encyclicals/documents/papa-francesco_20201003_enciclica-fratelli-tutti.html (letzter Zugriff: 16. März 2021).

Bergoglio, Jorge Mario, *Apostolisches Schreiben EVANGELII GAUDIUM des Heiligen Vaters Papst Franziskus: an die Bischöfe, an die Priester und Diakone, an die Personen geweihten Lebens und an die christgläubigen Laien.* Hrsg. vom Sekretariat der Deutschen Bischofskonferenz. Verlautbarungen des Apostolischen Stuhls 194. Bonn: Libreria Editrice Vaticana, 2013; über die Verkündigung des Evangeliums in der Welt von heute.

Beuys, Joseph und Clara Bodemann-Ritter, *Jeder Mensch ein Künstler: Gespräche auf der documenta 5/1972,* Geringfügig veränd. Ausg., 5. Aufl. Ullstein-Buch Sachbuch 34450. Frankfurt am Main: Ullstein, 1994.

Bitkom, »Big Data im Praxiseinsatz – Szenarien, Beispiele, Effekte.« (2012). https://www.bitkom.org/sites/default/files/file/import/BITKOM-LF-big-data-2012-online1.pdf (letzter Zugriff: 6. April 2022).

Bloch, Ernst, *Geist der Utopie,* Nachdruck. suhrkamp taschenbuch wissenschaft 552. Berlin: Suhrkamp, 2011; Bearb. Neuaufl. der 2. Fassung von 1923.

——, *Das Prinzip Hoffnung,* 12. Aufl. suhrkamp taschenbuch wissenschaft 554. Berlin: Suhrkamp, 2013.

Breidenbach, Joana und Marie Gamillscheg, »Die Post-Corona-Welt kann menschlicher und nachhaltiger sein.« *ZEITonline* (13.05.2020). https://www.zeit.de/arbeit/2020-04/joana-breidenbach-homeoffice-digitale-innovation-arbeitsmarkt (letzter Zugriff: 13. Mai 2020).

Bundesministerium für Arbeit und Soziales, *Lebenslagen in Deutschland: Der Sechste Armuts- und Reichtumsbericht der Bundesregierung.* 12.05.2021; Kurzfassung. https://www.armuts-und-reichtumsbericht.de/SharedDocs/Downloads/Berichte/sechster-armuts-reichtumsbericht-kurzfassung.pdf.

Bundesministerium für Digitalisierung und Wirtschaftsstandort, Wien, »Bundes-Verfassungsgesetz: Erstes Hauptstück.«. https://www.ris.bka.gv.at/GeltendeFassung.wxe?Abfrage=Bundesnormen&Gesetzesnummer=10000138 (letzter Zugriff: 2. Februar 2022).

Bundeszentrale für politische Bildung, »Das Lexikon der Wirtschaft: Kapitalismus.«. https://www.bpb.de/nachschlagen/lexika/lexikon-der-wirtschaft/19938/kapitalismus (letzter Zugriff: 22. März 2021).

Carmesin, Jannis, »«Donut-Theorie»: Amsterdam will ökonomische Neuordnung: Nachhaltige Wirtschaft für Mensch und Umwelt.« *Deutschlandfunk Nova* (21.05.2020). https://www.deutschlandfunknova.de/beitrag/donut-theorie-eine-wirtschaft-fuer-mensch-und-umwelt-erschaffen (letzter Zugriff: 12. Dezember 2021).

Credit Suisse Research Institute, »Global wealth report 2019.« (Oktober 2019). https://www.credit-suisse.com/media/assets/corporate/docs/about-us/research/publications/global-wealth-report-2019-en.pdf (letzter Zugriff: 6. April 2021).

Crouch, Colin, *Postdemokratie.* Edition Suhrkamp. Berlin, Frankfurt am Main: Suhrkamp, 2008.

Cullmann, Astrid, Maria Nieswand, Stefan Seifert und Caroline Stiel, »Keine Effizienzunterschiede zwischen öffentlichen und privaten Energieversorgungsunternehmen: Effizienzvergleich.« *DIW Wochenbericht,* 20/2016 (19.05.2016): S. 448–453. https://www.diw.de/documents/publikationen/73/diw_01.c.533993.de/16-20-3.pdf.

Darwin, Charles, *On the Origin of Species by Means of Natural Selection: Or The Preservation of Favoured Races in the Struggle for Life.* London: John Murray, 1859. https://www.google.de/books/edition/On_the_Origin_of_Species_by_Means_of_Nat/jTZbAAAAQAAJ.

Davis, Mike, »In a Plague Year.« *Jacobin* (14.03.2020). https://jacobinmag.com/2020/03/mike-davis-coronavirus-outbreak-capitalism-left-international-solidarity (letzter Zugriff: 2. Februar 2022).

democratizing.org, »Die Zukunft der Arbeit nach Corona: Wirtschaften nach der Pandemie.« *ZEITonline* (15.05.2020).

https://www.zeit.de/kultur/2020-05/wirtschaften-nach-der-pandemie-demokratie-dekommodifizierung-nachhaltigkeit-manifest (letzter Zugriff: 15. Mai 2020).

Die Grünen, »Bundesprogramm.«. https://www.boell.de/sites/default/files/assets/boell.de/images/download_de/publikationen/1980_001_Grundsatz-programm_Die_Gruenen.pdf?dimension1=division_agg (letzter Zugriff: 7. März 2022).

——, »Mündige Demokratie durch Volksentscheid: Dokumentation und Arbeitsmaterialien.«. https://www.stiftung-gw3.de/wp-content/uploads/1984-gruene-muendige-demokratie.pdf (letzter Zugriff: 26. April 2022).

Die Zeit, »Grüne lehnen bundesweite Volksentscheide ab: Grünen-Parteitag.« *Zeitonline* (22.11.2020). https://www.zeit.de/politik/deutschland/2020-11/gruene-bundesparteitag-volksentscheide-buergerraete-grundsatzprogramm (letzter Zugriff: 2. Februar 2022).

Diefenbacher, Hans, Sebastian Gechert, Katja Rietzler, Christoph Gran, Kai Neumann, Manuel Linsenmeier, Malte Oehlmann und Roland Zieschank, »Analyse einer Integration von Umweltindikatoren und alternativen Wohlfahrtsmaßen in ökonomische Modelle: Abschlussbericht.« *Umweltbundesamt, Texte,* 189/2020 (Oktober 2020). https://www.umweltbundesamt.de/sites/default/files/medien/5750/publikationen/2020-10_23_texte_189_2020_umweltindikatoren-wohlfahrtsmassnahmen.pdf (letzter Zugriff: 12. Januar 2022).

Diendorfer, Gertraud, Hrsg., *Direkte Demokratie: Forderungen – Initiativen – Herausforderungen.* Working Paper des Demokratiezentrum Wien Heft 1. Wien. http://demokratiezentrum.org/wp-content/uploads/2021/04/WP1_DirekteDemokratie_final_download.pdf (letzter Zugriff: 2. Februar 2022).

Döhrn, Roland et al., »Steuer- und Abgabenlast in Deutschland.« RWI–Leibniz-Institut für Wirtschaftsforschung, 25.03.2017. https://www.rwi-essen.de/media/content/pages/publikationen/rwi-projektberichte/rwi-pb_steuer-_und_abgabenlast.pdf (letzter Zugriff: 24. Mai 2021).

dpa, »Fast jeder siebte Deutsche gibt 40 Prozent seines Einkommens fürs Wohnen aus: Bundesinnenministerium.« *Handelsblatt* (30.08.2019). https://www.handelsblatt.com/politik/deutschland/bundesinnenministerium-fast-jeder-siebte-deutsche-gibt-40-prozent-seines-einkommens-fuers-wohnen-aus/24959858.html (letzter Zugriff: 7. März 2022).

Duchrow, Ulrich, »Kann ein Mensch seine Mutter besitzen? Interkulturelle Alternativen zum westlichen Eigentumsindividualismus.« in *Wem gehört die Welt? Zur Wiederentdeckung der Gemeingüter,* hrsg. von Silke Helfrich und Heinrich-Böll-Stiftung. 2. Aufl., S. 56–66. München: Oekom, 2009.

Dunz, Kristina und Gregor Mayntz, »Müller fordert Abkehr von traditionellem Kapitalismus: Erdüberlastungstag.« *RPonline* (02.05.2020). https://

rp-online.de/politik/deutschland/mueller-fordert-zum-erdueberlastungs-tag-abkehr-von-kapitalismus_aid-50338885 (letzter Zugriff: 5. Mai 2020).

Durkheim, Émile, Über soziale Arbeitsteilung: *Studie über die Organisation höherer Gesellschaften,* 6. Aufl. suhrkamp taschenbuch wissenschaft 1005. Frankfurt a. M.: Suhrkamp, 2012.

Eisenstein, Charles, Ökonomie der Verbundenheit: *Wie das Geld die Welt an den Abgrund führte – und sie dennoch jetzt retten kann.* Berlin, München: Scorpio Verlag, 2013; Vorwort v. Margrit Kennedy. https://d-nb.info/1028630190/04 (letzter Zugriff: 27. Dezember 2021).

Falk, Armin, »Ich und das Klima.« *Die Zeit* (21.11.2019). https://news.briq-institute.org/wp-content/uploads/2019/11/DIE-ZEIT-48-2019-21.11.201931.pdf (letzter Zugriff: 9. März 2022).

Felber, Christian, *Die Gemeinwohl-Ökonomie: Eine demokratische Alternative wächst,* Aktualisierte und erw. Neuausgabe. Frankfurt am Main: Büchergilde Gutenberg, 2012.

——, *This is not economy: Aufruf zur Revolution der Wirtschaftswissenschaft.* Wien: Deuticke, 2019.

Fine, David, James Manyika, Pal Erik Sjatil, Tilman Tacke, Karim Tadjeddine und Maggie Desmond, »Inequality: A persisting challenge and its implications.«. Discussion Paper; McKinsey Global Institute. https://www.mckinsey.com/~/media/mckinsey/industries/public%20and%20social%20sector/our%20insights/inequality%20a%20persisting%20challenge%20and%20its%20implications/inequality-a-persisting-challenge-and-its-implications.pdf (letzter Zugriff: 22. März 2021).

Finke, Björn, »Worum es im Disput um Hilfspakete und Coronaanleihen geht: Europäische Union.« *Süddeutsche, SZ.de* (22.04.2020). https://www.sueddeutsche.de/politik/coronavirus-eu-hilfspakete-coronaanleihen-1.4882439 (letzter Zugriff: 29. November 2021).

Fontenot, Kayla, Jessica Semega und Melissa Kollar, »Income and Poverty in the United States: 2017.«. https://www.census.gov/content/dam/Census/library/publications/2018/demo/p60-263.pdf (letzter Zugriff: 12. Januar 2022).

Geißler, Heiner, »Der Kapitalismus ist genauso falsch wie der Kommunismus.«, 17. Februar 2010. http://www.heiner-geissler.de/documents/heiner-geissler.de_thema_kapitalismus-kommunismus.pdf (letzter Zugriff: 17. Februar 2016).

Göpel, Maja, *Unsere Welt neu denken: Eine Einladung.* Berlin: Ullstein, 2020.

Govrin, Jule, »Der Markt regelt das nicht: Pandemie.« *Zeitonline,* 9. April 2020. https://www.zeit.de/kultur/2020-04/pandemie-coronavirus-kapitalismus-wirtschaft-wachstum-deutschland (letzter Zugriff: 2. März 2021).

Gran, Christoph, *Perspektiven einer Wirtschaft ohne Wachstum: Adaption des kanadischen Modells LowGrow an die deutsche Volkswirtschaft.* Marburg: Metropolis-Verlag, 2017.

Gross, Andreas, »Deutschland kann mehr Direkte Demokratie wagen!« *SWI swissinfo.ch* (06.10.2014). https://www.swissinfo.ch/ger/direkte-demokratie/standpunkt_deutschland-kann-mehr-direkte-demokratie-wagen-/40874980 (letzter Zugriff: 4. Januar 2022).

Haas, Christine, »Politiker und Ökonomen, die Entwarnung geben wollten, liegen falsch.« *Welt.de* (07.10.2019). https://www.welt.de/wirtschaft/article201469314/Einkommensverteilung-Der-Streit-der-Oekonomen-um-den-Gini-Koeffizient.html (letzter Zugriff: 2. Mai 2022).

Hardin, Garret, »The Tragedy of the Commons.« *Science,* Nr. 162 (1968): 1243–1248. http://www.garretthardinsociety.org/articles/art_tragedy_of_the_commons.html (letzter Zugriff: 16. Oktober 2017).

Hayek, Friedrich August von, »Interviewfilm Inside the Hayek-Equation: Passage frei übersetzt von Roland Baader.« *World Research* (1979). http://hayek.de/friedrich-a-von-hayek/zitate/ (letzter Zugriff: 6. April 2022).

Heidt, Wilfried, »Der Kampf ums Plebiszit – oder: Eintreten für das Selbstverständliche.« *Neue Politik* 29. Jg., XI (1984). https://www.stiftung-gw3.de/wp-content/uploads/1984-kampf-ums-plebiszit.pdf (letzter Zugriff: 26. April 2022).

Heinrich-Böll-Stiftung, »Bedingungsloses Grundeinkommen.« *Heinrich-Böll-Stiftung* (21.04.2008). https://www.boell.de/de/navigation/wirtschaft-soziales-2987.html.

Helfrich, Silke, »Acht Orientierungspunkte für das Commoning.« in *Die Welt der Commons: Muster gemeinsamen Handelns,* hrsg. von Silke Helfrich, David Bollier und Heinrich-Böll-Stiftung, S. 57–58. Bielefeld: transcript, 2015. https://commons.blog/2012/08/21/wie-sich-commons-entfalten-konnen/ (letzter Zugriff: 15. Januar 2022).

Helfrich, Silke, David Bollier und Heinrich-Böll-Stiftung, Hrsg., *Die Welt der Commons: Muster gemeinsamen Handelns.* Bielefeld: transcript, 2015.

Helfrich, Silke und Jörg Haas, »Gemeingüter – Eine große Erzählung: Statt eines Nachworts.« in *Wem gehört die Welt? Zur Wiederentdeckung der Gemeingüter,* hrsg. von Silke Helfrich und Heinrich-Böll-Stiftung. 2. Aufl., S. 251–267. München: Oekom, 2009.

Helfrich, Silke und Heinrich-Böll-Stiftung, Hrsg., *Wem gehört die Welt? Zur Wiederentdeckung der Gemeingüter,* 2. Aufl. München: Oekom, 2009.

——, Hrsg., *Commons: Für eine neue Politik jenseits von Markt und Staat,* 2. Aufl. Bielefeld: transcript, 2014.

Herrmann, Ulrike, *Der Sieg des Kapitals*: *Wie der Reichtum in die Welt kam: die Geschichte von Wachstum, Geld und Krisen*, 2. Aufl. Frankfurt am Main: Westend, 2013.

——, »Ende einer Theorie: Corona-Dämmerung für Neoliberalismus.« *taz*, 21. März 2020. https://taz.de/Corona-Daemmerung-fuer-Neoliberalismus/!5669238/ (letzter Zugriff: 9. Mai 2020).

——, »Eine Erbschaft für alle: Thomas Pikettys ›Kapital und Ideologie‹.« *taz. de* (26.03.2020). https://taz.de/Thomas-Pikettys-Kapital-und-Ideologie/ !5667261/ (letzter Zugriff: 14. Januar 2022).

——, »Der neue Charme der Planwirtschaft.« *Die Tageszeitung (taz)*, 22. Juni 2021; S. 13.

Herrmann, Ulrike und Thilo Jung, *Wirtschaftsjournalistin Ulrike Herrmann*. Jung & Naiv, Folge 451 (12.01.2020). https://www.youtube.com/ watch?v=TAaUZcZUmnI (letzter Zugriff: 12. Januar 2022).

Herzog, Lisa, *Die Rettung der Arbeit*: *Ein politischer Aufruf*. Berlin: Hanser, 2019.

Herzog, Lisa, Anke Hassel und Simone Miller, »Weniger Markt, mehr Mitbestimmung: Manifest zur Zukunft der Arbeit.« *Deutschlandfunk Kultur* (14.06.2020); Gesprächszusammenfassung. https://www.deutschlandfunkkultur.de/manifest-zur-zukunft-der-arbeit-weniger-markt-mehr-100.html (letzter Zugriff: 30. August 2020).

Herzog, Lisa und Bernd Kramer, »Wir übersehen die positiven Seiten der Arbeit.« *ZEITonline* (21.02.2019). https://www.zeit.de/arbeit/2019-02/ lisa-herzog-philosophin-arbeit-job-berufsleben-interview (letzter Zugriff: 8. Juni 2021).

Huber, Thomas, Andreas Steinle, Franziska Steinle und Doris Armellini, *Die Zukunft des Konsums*: *Wie Meta-Services die Wirtschaft umkrempeln (Trendstudie)*. Unter Mitarbeit von Matthias Horx. Zukunftsinstitut / Matthias Horx, 2013.

Initiative für komplementäre Demokratie, »Die komplementäre Ergänzung der repräsentativen Demokratie durch dreistufige Volksgesetzgebung: Der konkrete Vorschlag.«. https://volksgesetzgebung.at/der-konkrete-vorschlag (letzter Zugriff: 2. Februar 2022).

Jackson, Tim, *Wohlstand ohne Wachstum – das Update*: *Grundlagen für eine zukunftsfähige Wirtschaft*, Deutsche Erstausg., 3. Aufl. München: Oekom, 2017.

Jaeggi, Rahel und Simone Miller, »Was ist falsch am Kapitalismus? Gesellschaft in der Dauerkrise.« *Deutschlandfunk Kultur* (03.05.2020). https://www. deutschlandfunkkultur.de/gesellschaft-in-der-dauerkrise-was-ist-falsch-am.2162.de.html?dram:article_id=475824 (letzter Zugriff: 13. Mai 2020).

Julius Raab Stiftung und René Schmidpeter, »Anschlag auf unseren Wohlstand? Wie die Gemeinwohl-Ökonomie unsere Soziale Marktwirtschaft zerstören will.«.

Kahneman, Daniel, *Schnelles Denken, langsames Denken*, 1. Aufl. München: RM Buch und Medien Vertrieb, Buchgemeinschaftsausgabe, 2012.

Kahneman, Daniel und Angus Deaton, »High income improves evaluation of life but not emotional well-being.« *PNAS Proceedings of the National Academy of Sciences* (21.09.2010). https://www.pnas.org/content/107/38/16489 (letzter Zugriff: 12. April 2021).

Klein, Naomi, »Coronavirus Capitalism: Naomi Klein's Case for Transformative Change Amid Coronavirus Pandemic.« *Democracy now!* (19.03.2020). https://www.democracynow.org/2020/3/19/naomi_klein_coronavirus_capitalism (letzter Zugriff: 2. Februar 2022).

Kröger, Michael und dpa, »Kardinal Marx ruft zum Kampf gegen den Kapitalismus auf: Katholikentag in Regensburg.« *SPON* (28.05.2014). https://www.spiegel.de/wirtschaft/soziales/kardinal-marx-ruft-zum-kampf-gegen-den-kapitalismus-auf-a-972335.html (letzter Zugriff: 6. April 2021).

Krol, Beate, »Zinsen.« *planet wissen, Südwestrundfunk* (15.08.2018). https://www.planet-wissen.de/gesellschaft/wirtschaft/geld/pwiederpreisdesgeldes100.html (letzter Zugriff: 24. Mai 2021).

Leber, Stefan, Hrsg., *Eigentum: Die Frage nach der Sozialbindung des Eigentums an Boden und Unternehmen.* Sozialwissenschaftliches Forum Bd. 5. Stuttgart: Verlag Freies Geistesleben, 2000.

Löbl, Eugen, *Wirtschaft am Wendepunkt: Wegweiser in eine soziale Zukunft ohne Inflation und Arbeitslosigkeit.* Perspektiven der Humanität 1. Achberg, Köln: Achberger Vlg.-Anst. [u. a.], 1975.

Lütge, Christoph und Matthias Uhl, *Wirtschaftsethik.* München: Verlag Franz Vahlen, 2018. Mai, Jochen, »Bedürfnispyramide nach Maslow: Kritik an der Bedürfnispyramide.«. https://karrierebibel.de/beduerfnispyramide-maslow/#Kritik-an-der-Beduerfnispyramide (letzter Zugriff: 24. Mai 2021).

——, »Macht Geld glücklich? Das sagt die Wissenschaft.«. https://karrierebibel.de/macht-geld-gluecklich/#Macht-Geld-gluecklich-Das-sagt-die-Wissenschaft (letzter Zugriff: 24. Mai 2021).

Mankiw, Nicholas Gregory und Mark P. Taylor, *Grundzüge der Volkswirtschaftslehre,* 6., überarb. u. erweit. Auflage. Stuttgart: Schäffer-Poeschel, 2016.

Mason, Paul, »Nach dem Kapitalismus?!« *Blätter für deutsche und internationale Politik,* Nr. 5 (2016): S. 45–59.

Matrix-Entwicklungsteam, Hrsg., *Arbeitsbuch zur Gemeinwohl-Bilanz 5.0: Vollbilanz.* Gemeinwohl-Ökonomie, April 2017. https://web.ecogood.org/

media/filer_public/73/da/73dab961-6125-4f69-bf7a-3c8613a90739/ gwoe_arbeitsbuch_5_0_vollbilanz.pdf (letzter Zugriff: 15. Dezember 2021).

Mazzucato, Mariana, *Das Kapital des Staates: Eine andere Geschichte von Innovation und Wachstum.* Frankfurt am Main [u. a.]: Büchergilde Gutenberg, 2014.

Mehr Demokratie, »Gesetzentwurf zur Einführung von Volksinitiative, Volksbegehren und Volksentscheid sowie fakultativen und obligatorischen Referenden auf Bundesebene.«. https://www.mehr-demokratie.de/fileadmin/ pdf/MD-Gesetzentwurf_Volksentscheid.pdf (letzter Zugriff: 30. April 2022).

Mende, Silke, *›Nicht rechts, nicht links, sondern vorn‹: Eine Geschichte der Gründungsgrünen.* Ordnungssysteme 33. München: Oldenbourg, 2011.

Meretz, Stefan, »Ubuntu-Philosophie: Die strukturelle Gemeinschaftlichkeit der Commons.« in *Commons: Für eine neue Politik jenseits von Markt und Staat,* hrsg. von Silke Helfrich und Heinrich-Böll-Stiftung. 2. Aufl., S. 58–65. Bielefeld: transcript, 2014.

Müller, Wolfgang, »Coronakrise: Warum die Aktienkurse trotz Rezession nicht fallen wollen.« *Finanzmarktwelt* (30.04.2020). https://finanzmarktwelt. de/coronakrise-warum-die-aktienkurse-trotz-rezession-nicht-fallen-wollen-165874/ (letzter Zugriff: 18. Januar 2022).

——, »Aktienmärkte: Warum die Kurse seit Wochen steigen.« *Finanzmarktwelt* (11.05.2020). https://finanzmarktwelt.de/aktienmaerkte-warum-die-aktienmaerkte-seit-wochen-steigen-166905/ (letzter Zugriff: 18. Januar 2022).

——, »Fed verlängert für Banken Verbot von Aktienrückkäufen – die Folgen.« *Finanzmarktwelt* (02.10.2020). https://finanzmarktwelt.de/fed-verlaengert-fuer-banken-verbot-von-aktienrueckkaeufen-die-folgen-180080/ (letzter Zugriff: 2. Februar 2022).

Omnibus für direkte Demokratie, »Gesetzentwurf zur Einführung der Volksabstimmung auf Bundesebene mit Volksinitiative, Volksbegehren und Volksentscheid sowie fakultativen und obligatorischen Referenden.«. https:// www.omnibus.org/fileadmin/user_upload/pdf/Infomaterial/Volksabstimmung-Gesetzentwurf_OMNIBUS.pdf (letzter Zugriff: 2. Februar 2022).

Ostrom, Elinor, *Was mehr wird, wenn wir teilen: Vom gesellschaftlichen Wert der Gemeingüter.* München: Oekom, 2011; Silke Helfrich (Hrsg.).

——, »Prize Lecture: Beyond Markets and States: Polycentric Governance of Complex Economic Systems.« (2014); Rede am 8. Dezember 2009 zur Verleihung des Alfred-Nobel-Gedächtnispreises für Wirtschaftswissenschaften. https://www.nobelprize.org/nobel_prizes/economic-sciences/laureates/2009/ostrom-lecture.html (letzter Zugriff: 19. Oktober 2017).

Ötsch, Walter Otto, *Mythos Markt. Mythos Neoklassik: Das Elend des Marktfundamentalismus.* Kritische Studien zu Markt und Gesellschaft Band 11. Marburg: Metropolis, 2019.

Ott, Franziskus M., *Befristetes Eigentum als Resultat empirischer Rechtsanschauung.* Zürich: Juris Druck + Verlag, 1977; zugl.: Zürich, Univ., Diss., 1976.

Paech, Niko, »Ökologischen Anstand üben: Wachstumskritik im Wandel.« *Politische Ökologie,* 157–158 (01.01.2019): S. 28–33. http://www.postwachstumsoekonomie.de/wp-content/uploads/Paech-2019-P%C3%96.pdf.

Parseval, Alexander von, »Aktienrückkäufe – so funktioniert legaler Betrug.« *ErfolgsAnleger* (21.01.2020). https://erfolgs-anleger.de/?s=Aktienr%C3%BCckk%A4ufe+%E2%80%93+so+funktioniert+legaler+Betrug (letzter Zugriff: 2. Februar 2022).

Phillips, Leigh und Michal Rozworski, *People's republic of Walmart: How the world's biggest corporations are laying the foundation for socialism.* New York: Verso, 2019.

Pickartz, Elke, »Abrechnung mit dem Homo oeconomicus.« *wiwo.de* (09.10.2011). https://www.wiwo.de/politik/konjunktur/wirtschaftswissenschaft-abrechnung-mit-dem-homo-oeconomicus/5754646.html (letzter Zugriff: 28. Dezember 2021).

Piketty, Thomas, *Das Kapital im 21. Jahrhundert.* München: Beck, 2014.

——, *Kapital und Ideologie.* München: C. H. Beck, 2020.

Pirkl, Bernhard, »»Kapitalismus funktioniert nur in der Theorie«: Leigh Phillips' & Michael Rozworskis People's Republic of Walmart.«. https://www.designing-history.world/theorie/review-phillips-rozworski-peoples-republic-of-walmart/ (letzter Zugriff: 13. Juni 2020).

Polanyi, Karl, *The Great Transformation: The Political and Economic Origins of Our Time.* Boston, Mass.: Beacon Press, 2001. https://inctpped.ie.ufrj.br/spiderweb/pdf_4/Great_Transformation.pdf (letzter Zugriff: 6. April 2022).

Precht, Richard David, »Das große Erwachen: Corona-Pandemie.« *ZEIT online* (04.04.2020). https://www.zeit.de/2020/15/corona-pandemie-politische-entscheidungen-richard-david-precht (letzter Zugriff: 9. Mai 2020).

Precht, Richard David, *Künstliche Intelligenz und der Sinn des Lebens.* München: Goldmann, 2020.

Purpose Stiftung (Hrsg.), »Verantwortungseigentum: Unternehmenseigentum für das 21. Jahrhundert.« PDF-Download. https://purpose-economy.org/de/ (letzter Zugriff: 5. November 2020).

PWC Price Waterhouse Cooper, »Big Data – Bedeutung Nutzen Mehrwert.«. https://www.pwc.de/de/prozessoptimierung/assets/pwc-big-data-bedeutung-nutzen-mehrwert.pdf (letzter Zugriff: 8. März 2022).

Raworth, Kate, *Die Donut-Ökonomie: Endlich ein Wirtschaftsmodell, das den Planeten nicht zerstört*. Sonderausgabe f. d. Landeszentralen für politische Bildung. München: Carl Hanser Verlag, 2018.

——, »Ökologisch und sozial: Eine Ökonomie des guten Lebens.« *Blätter für deutsche und internationale Politik* (Mai 2018): S. 97–108.

Rifkin, Jeremy, *Access, das Verschwinden des Eigentums: Warum wir weniger besitzen und mehr ausgeben werden*, 2. Aufl. Frankfurt/M: Campus-Verlag, 2000.

Rogers, Austin, »This Is Not Capitalism.« *Seeking Alpha*, 19. November 2019. https://seekingalpha.com/article/4307705-this-is-not-capitalism (letzter Zugriff: 4. März 2021).

Rosa, Hartmut, »Wir können die Welt verändern: Corona-Pandemie.« *ZEIT-online (Christ & Welt)* (04.05.2020). https://www.zeit.de/2020/19/corona-pandemie-oekonomie-zukunft-klimakrise (letzter Zugriff: 9. Mai 2020).

Sachverständigenrat zur Begutachtung der gesamtwirtschaftlichen Entwicklung, »Aufgaben.«. https://www.sachverstaendigenrat-wirtschaft.de/ueber-uns/aufgaben.html (letzter Zugriff: 12. Februar 2022).

Sauermann, Heinz, *Einführung in die Volkswirtschaftslehre*, 2., durchges. Aufl. Die Wirtschaftswissenschaften Band I. Wiesbaden: Gabler, 1965.

Schaffer, Tom, »6 schockierende Dinge, die du über deine Mode nicht wusstest.« *Momentum Institut* (24.08.2020). https://www.moment.at/story/6-schockierende-dinge-die-du-ueber-deine-mode-nicht-wusstest (letzter Zugriff: 6. April 2022).

Schmundt, Wilhelm, *Zeitgemäße Wirtschaftsgesetze: Über die Rechtsgrundlagen einer nach-kapitalistischen, freien Unternehmensordnung, Entwurf einer Einführung*, 2. Aufl., erweitert um Bemerkungen zur Geldordnung. Achberg: Achberger Verlag, 1980.

Schubert, Klaus und Martina Klein, »Kapitalismus.« *Bundeszentrale für politische Bildung; Das Politiklexikon*. http://www.bpb.de/nachschlagen/lexika/politiklexikon/17696/kapitalismus (letzter Zugriff: 26. Februar 2015).

Schuster, Gerhard, »Komplementäre Demokratie.« in *Direkte Demokratie: Forderungen – Initiativen – Herausforderungen*, hrsg. von Gertraud Diendorfer, S. 28–34, Working Paper des Demokratiezentrum Wien Heft 1. Wien. http://demokratiezentrum.org/wp-content/uploads/2021/04/WP1_DirekteDemokratie_final_download.pdf (letzter Zugriff: 2. Februar 2022).

Siefkes, Christian, »Die Commons der Zukunft: Bausteine für eine commons-basierte Gesellschaft.« in *Wem gehört die Welt? Zur Wiederentdeckung der Gemeingüter*, hrsg. von Silke Helfrich und Heinrich-Böll-Stiftung. 2. Aufl., S. 208–215. München: Oekom, 2009.

Šik, Ota, *Argumente für den Dritten Weg*. Standpunkt – Analysen, Dokumente, Pamphlete. Hamburg: Hoffmann und Campe, 1973.

Šik, Ota und George R. Urban, *Bürokratisierung oder Humanisierung? Ein Gespräch über die Zukunft einer Gesellschaft jenseits von Kapitalismus und Kommunismus.* wissenschaft 2. Achberg: edition dritter weg, 1973.

Sinn, Hans-Werner und Uwe Westdörp, »ifo-Chef Sinn: Man muss das Kapital hätscheln: Interview.« *Neue Osnabrücker Zeitung (Webseite H. W. Sinn)* (19.04.2005). https://www.hanswernersinn.de/archiv-hws/presseinterview/medienecho_369009_ifointerview-NeueOsnabrueckerZeitung-19-04-05.html (letzter Zugriff: 14. Februar 2022).

Smith, Adam, *Natur und Ursachen des Volkswohlstandes: Zweiter Band, Erstes Buch*, II. Aufl. Berlin: Elwin Staude, 1882. https://books.google.de/books?id=tbgi10-1cIoC&printsec=frontcover&hl=de&source=gbs_ge_summary_r&cad=0#v=onepage&q&f=false (letzter Zugriff: 6. Mai 2022).

——. »An Inquiry into the Nature and Causes of the Wealth of Nations.« The Electronic Classics Series, The Pennsylvania State University, 2005. https://eet.pixel-online.org/files/etranslation/original/The%20Wealth%20of%20Nations.pdf (letzter Zugriff: 10. März 2021).

Sommer, Bernd und Harald Welzer, *Transformationsdesign: Wege in eine zukunftsfähige Moderne.* Transformationen 1. München: Oekom, 2014.

Springer Gabler Verlag (Hrsg.), »Gabler Wirtschaftslexikon: Stichwort ›Just in Time (JIT)‹.« http://wirtschaftslexikon.gabler.de/Archiv/57306/just-in-time-jit-v9.html (letzter Zugriff: 9. Juli 2014).

Statista, »Anzahl der weltweit abgesetzten Elektroautos von Tesla von 2010 bis 2021.« https://de.statista.com/statistik/daten/studie/277932/umfrage/automobil-absatz-von-tesla/ (letzter Zugriff: 31. Januar 2022).

——, »Börsenwert von Apple in den Jahren 2001 bis 2021.« https://de.statista.com/statistik/daten/studie/219902/umfrage/marktkapitalisierung-von-apple/ (letzter Zugriff: 7. April 2022).

——, »Durchschnittliche Eigenkapitalquoten von mittelständischen Unternehmen in Deutschland nach Beschäftigtengrößenklassen von 2006 bis 2020.« https://de.statista.com/statistik/daten/studie/150148/umfrage/durchschnittliche-eigenkapitalquote-im-deutschen-mittelstand/ (letzter Zugriff: 1. Februar 2022).

——, »Finanzmarkt.« https://de.statista.com/statistik/kategorien/kategorie/11/themen/808/branche/finanzmarkt/ (letzter Zugriff: 1. Februar 2022).

——, »Marktkapitalisierung der börsennotierten Unternehmen weltweit von 1980 bis 2019.« https://de.statista.com/statistik/daten/studie/604732/umfrage/marktkapitalisierung-der-boersennotierten-unternehmen-weltweit/ (letzter Zugriff: 1. Februar 2022).

——, »Wachstum des weltweiten realen Bruttoinlandsprodukts (BIP): von 1980 bis 2023.«. https://de.statista.com/statistik/daten/studie/197039/umfrage/veraenderung-des-weltweiten-bruttoinlandsprodukts/ (letzter Zugriff: 31. Januar 2022).

——, »Weltweites Bruttoinlandsprodukt (BIP): von 1980 bis 2020 und Prognosen bis 2026.«. https://de.statista.com/statistik/daten/studie/159798/umfrage/entwicklung-des-bip-bruttoinlandsprodukt-weltweit/ (letzter Zugriff: 31. Januar 2022).

Statistisches Bundesamt, »Für 28 % der Haushalte Realität: Der Traum vom eigenen Einfamilienhaus.«. https://www.destatis.de/DE/ZahlenFakten/GesellschaftStaat/EinkommenKonsumLebensbedingungen/Wohnen/Aktuell_EVS.html (letzter Zugriff: 27. Januar 2015).

Steigenberger, Karin, »Gemeinwohlökonomie am Prüfstand: Eine umfassende und kritische Analyse.«. Wirtschaftskammer Österreich, Dossier Wirtschaftspolitik.

Steverman, Ben, »Americans to Inherit $ 764 Billion This Year, Mostly Tax-Free.« *Bloomberg Europe Edition* (28.01.2020). https://www.bloomberg.com/news/articles/2020-01-28/americans-will-inherit-764-billion-this-year-mostly-tax-free (letzter Zugriff: 6. April 2022).

Stiftung Familienunternehmen, »Die volkswirtschaftliche Bedeutung der Familienunternehmen.« *Stiftung Familienunternehmen* (Dezember 2021). https://www.familienunternehmen.de/media/public/pdf/daten-zahlen-fakten/sfu-daten-zahlen-fakten_de.pdf (letzter Zugriff: 15. Dezember 2021).

Stiglitz, Joseph E., *Der Preis der Ungleichheit: Wie die Spaltung der Gesellschaft unsere Zukunft bedroht.* München: Siedler, 2012.

Strawe, Christoph, »Sozialbindung des Eigentums: Das Spannungsverhältnis zwischen dem § 903 BGB und dem Artikel 14 des Grundgesetzes.« in *Eigentum: Die Frage nach der Sozialbindung des Eigentums an Boden und Unternehmen,* hrsg. von Stefan Leber, 191–207, Sozialwissenschaftliches Forum Bd. 5. Stuttgart: Verlag Freies Geistesleben, 2000.

Tricario, Antonio und Heike Löschmann, »Finanzialisierung – ein Hebel zur Einhegung der Commons.« in *Commons: Für eine neue Politik jenseits von Markt und Staat,* hrsg. von Silke Helfrich und Heinrich-Böll-Stiftung. 2. Aufl., S. 184–195. Bielefeld: transcript, 2014.

Uchatius, Wolfgang, »Jan Müller hat genug.« *ZEITonline* (28.02.2013). http://www.zeit.de/2013/10/DOS-Konsum/komplettansicht (letzter Zugriff: 27. Januar 2015).

University of Illinois at Urbana-Champaign, »Ingredients of happiness around the world.« *ScienceDaily* (04.07.2011). https://www.sciencedaily.com/releases/2011/06/110629123039.htm (letzter Zugriff: 25. Mai 2021).

Volkswagen AG, »Mobilität für kommende Generationen: Geschäftsbericht 2019.«. https://geschaeftsbericht2019.volkswagenag.com/.

Weber, Andreas, »Wirtschaft der Verschwendung.« in *Commons: Für eine neue Politik jenseits von Markt und Staat,* hrsg. von Silke Helfrich und Heinrich-Böll-Stiftung. 2. Aufl., S. 32–38. Bielefeld: transcript, 2014.

Weingran, Markus, »US-Techriesen Apple, Amazon, Alphabet, Facebook und Microsoft büßen 250 Milliarden Dollar Börsenwert ein!« *Onvista* (24.02.2020). https://www.onvista.de/news/us-techriesen-apple-amazon-alphabet-facebook-und-microsoft-buessen-250-milliarden-dollar-boersen-wert-ein!-331698509 (letzter Zugriff: 16. Februar 2022).

Welter, Hanni und Anna Zwenger-Mathavan, *Altruismus versus Egoismus: oder was uns zu Egoisten macht.* ARD-alpha (2014). https://www.br.de/media-thek/video/altruismus-vs-egoismus-doku-reihe-oder-was-uns-zu-egoisten-macht-2-3-av:5d026a99275d84001a1d58cf.

Welzer, Harald und Richard David Precht, *Harald Welzer bei PRECHT.* PRECHT (29.11.2020); ZDF. https://www.youtube.com/watch?v=eUk-3j7YMaUI (letzter Zugriff: 24. November 2021).

Wiki Bildungsserver, »Kohlendioxid-Konzentration.«. https://wiki.bildungsserver. de/klimawandel/index.php/Kohlendioxid-Konzentration#:~:text=2015%20 wurde%20sogar%20die%20symbolische,im%20Vergleich%20zur%20vorin-dustriellen%20Zeit (letzter Zugriff: 14. Dezember 2021).

Wikibooks, »Wirtschaft: Wesentliche Prinzipien der Wirtschaft und des Wirt-schaftens.«. http://de.wikibooks.org/wiki/Betriebswirtschaft/_Grundla-gen/_Wirtschaft_und_Betriebswirtschaft (letzter Zugriff: 15. März 2014).

Wikipedia, »Draghi-Effekt.«. https://de.wikipedia.org/wiki/Draghi-Effekt (letz-ter Zugriff: 22. März 2021).

——, »Eidgenössische Volksinitiative ›1:12 – Für gerechte Löhne‹.«. https:// de.wikipedia.org/wiki/Eidgenössische_Volksinitiative_»1:12_–_Für_ gerechte_Löhne« (letzter Zugriff: 15. Dezember 2022).

——, »Eidgenössische Volksinitiative ›Für eine Schweiz ohne synthetische Pesti-zide‹.«. https://de.wikipedia.org/wiki/Eidgenössische_Volksinitiative_»Für_ eine_Schweiz_ohne_synthetische_Pestizide« (letzter Zugriff: 3. Februar 2022).

——, »Friedrich August von Hayek.«. https://de.wikipedia.org/wiki/Friedrich_ August_von_Hayek (letzter Zugriff: 29. September 2015).

——, »Initiative Grundeinkommen.«. https://de.wikipedia.org/wiki/Initiative_ Grundeinkommen (letzter Zugriff: 3. Februar 2022).

——, »Realwirtschaft.«. https://de.wikipedia.org/wiki/Realwirtschaft (letzter Zugriff: 1. Februar 2022).

Wilde, Oscar, *Die Seele des Menschen im Sozialismus*: *Ein Essay.* Hamburg: Edition Nautilus, 2017.

Wöhe, Günter, Ulrich Döring und Gerrit Brösel, *Einführung in die allgemeine Betriebswirtschaftslehre,* 26., überarb. u. aktual. Aufl. Vahlens Handbücher der Wirtschafts- und Sozialwissenschaften. München: Verlag Franz Vahlen, 2016.

Zipfel, Hannes, »Wohnungsmieten explodieren – Mitverantwortliche beschweren sich am lautesten.« *Finanzmarktwelt* (30.08.2019). https://finanzmarktwelt.de/wohnungsmieten-explodieren-138593/ (letzter Zugriff: 12. Juni 2021).

——, »Profit und Ethik an der Börse.« *Finanzmarktwelt* (07.09.2019). https://finanzmarktwelt.de/profit-ethik-boerse-139547/ (letzter Zugriff: 15. Juni 2021).